CÓMICS DE
CIENCIA

DINOSAURIOS
Fósiles y plumas

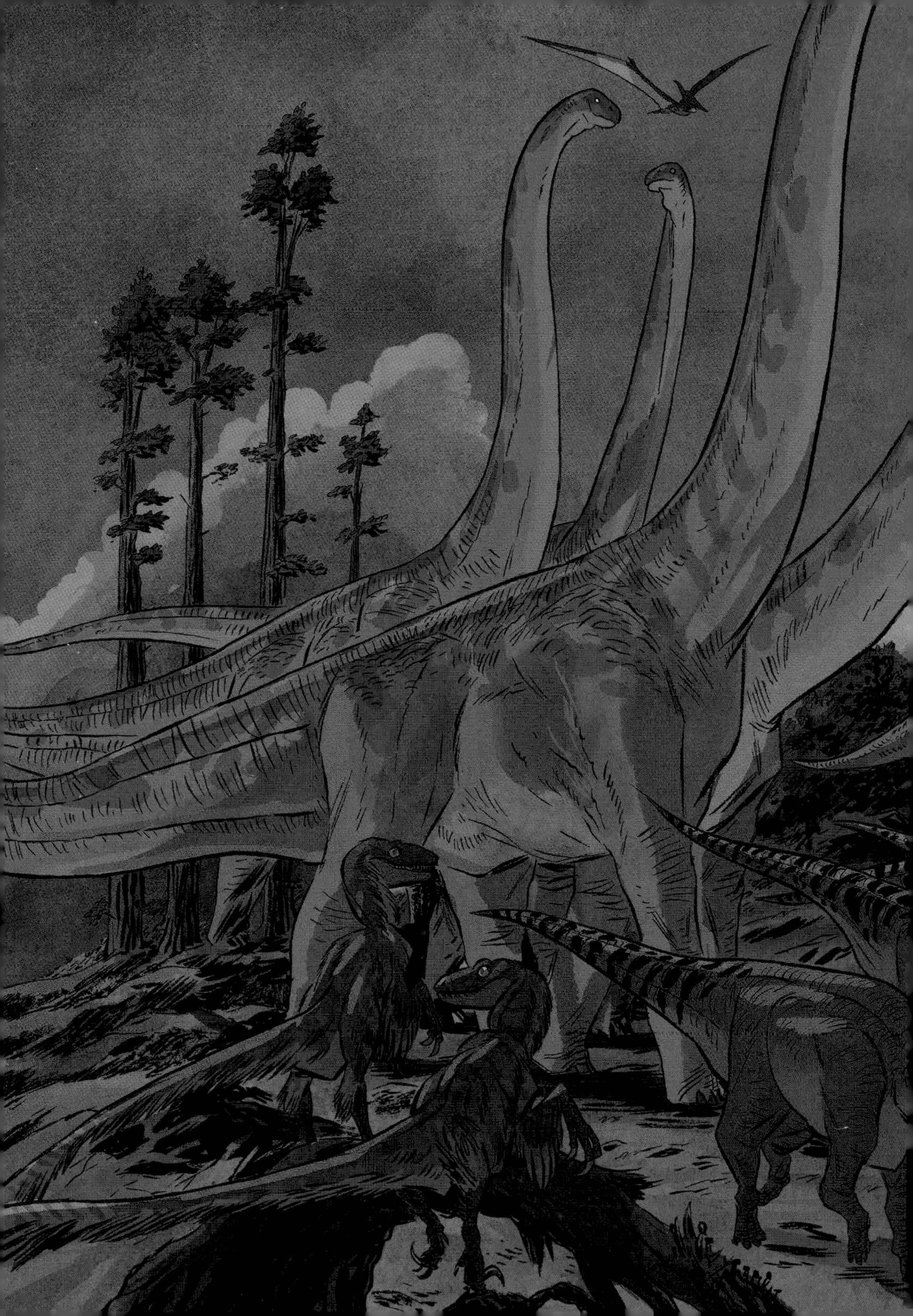

DINOSAURIOS

Fósiles y plumas

MK REED JOE FLOOD

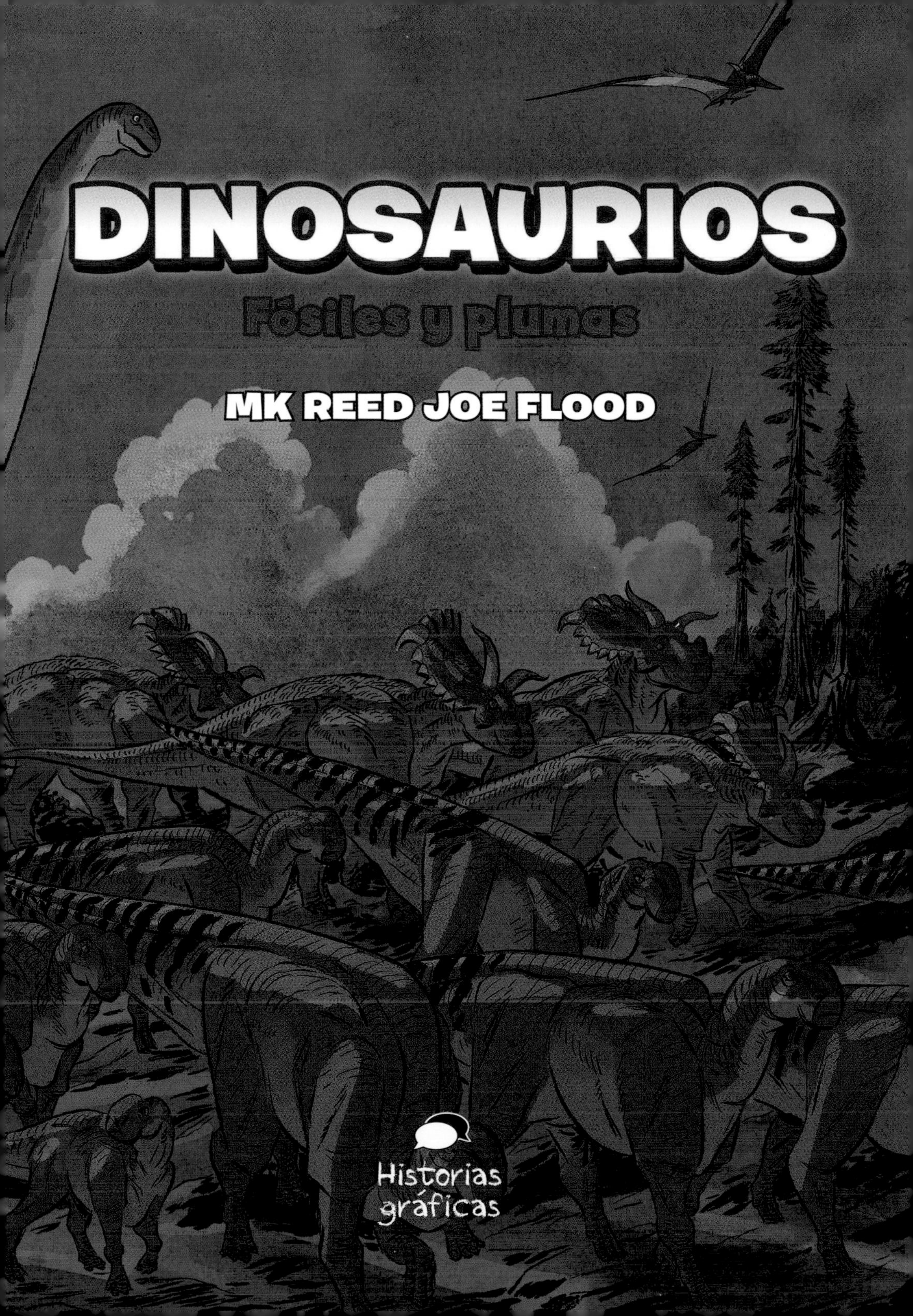

Historias gráficas

Dinosaurios. Fósiles y plumas

Título original: *Dinosaurs. Fossils and Feathers*

© 2016 MK Reed (texto)
© 2016 Joe Flood (ilustraciones)

Esta edición se publicó según acuerdo con First Second, un sello de Roaring Brook Press,
una división de Holtzbrink Publishing Holdings Limited Partnership. Todos los derechos reservados

Traducción: Juan Cristóbal Álvarez

D.R. © Editorial Océano, S.L.
C/Calabria 168-174 Escalera B Entl. 2ª
08015 Barcelona, España
www.oceano.com

D.R. © Editorial Océano de México, S.A. de C.V.
Guillermo Barroso 17-5, col. Industrial Las Armas
Tlalnepantla de Baz, 54080, Estado de México
www.oceano.mx
www.oceanotravesia.mx

Primera edición: 2021
Primera reimpresión: agosto, 2023

ISBN: 978-607-557-316-8

IMPRESO EN MÉXICO/*PRINTED IN MEXICO*

Litográfica Ingramex, S.A. de C.V. Centeno 162-1,
Col. Granjas Esmeralda, C.P. 09810, Iztapalapa, Ciudad de México.

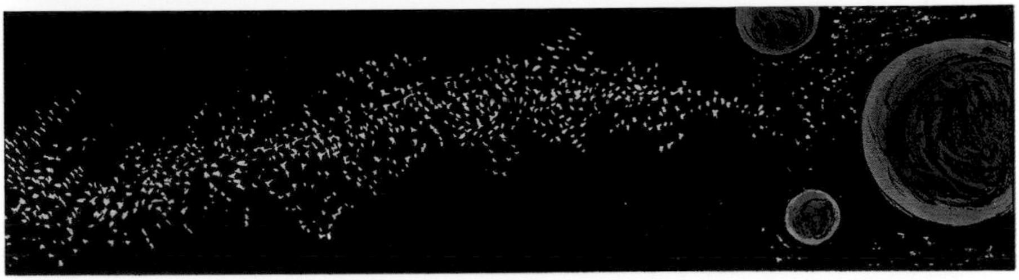

Cuando era niño dibujé un *Deinonychus*. Era muy normal para mí. Cuando aprendí a tomar un lápiz, ya me encantaban los dinosaurios. Me acuerdo bien de ese *Deinonychus* por lo mucho que me esforcé en ser creativo para dibujarlo.

¿Por qué este dibujo requería de toda mi creatividad? ¡Porque mi *Deinonychus* tenía rayas! Aún más increíble, ¡rayas azules! Todos los dinosaurios que había visto dibujados eran grises, verdes o cafés. Me sentí un completo demente cuando saqué el crayón azul de la caja.

Ahora, en retrospectiva, sé que no exageraba tanto. De hecho no exageré lo suficiente. Si algo he aprendido y confirmado una y otra vez en los años desde aquel dibujo es que los dinosaurios son fantásticos.

La palabra *fantástico* quiere decir "parece que lo inventó alguien con mucha imaginación". Y el descubrimiento reciente más importante de la paleontología es que nos hemos limitado demasiado a la hora de imaginar dinosaurios. Ni en mis sueños me hubiera atrevido a imaginar el pelaje del *Yutyrannus*, los enormes dientes del *Incisivosaurus*, el peinado del *Kosmoceratops*, el cuello espinoso del *Amargasaurus* o las alas en los pies del *Microraptor*.

Busca ahora mismo las imágenes más recientes del *Deinocheirus*. Te apuesto a que ni con toda tu imaginación te esperabas eso. No se lo esperaba nadie.

Y siguen llegando hallazgos increíbles. Tejido blando en los huesos de tiranosaurio y en los huevos de saurópodo. Pigmentos coloridos en las plumas del dromeosaurio y las escamas del hadrosaurio. Ornitópodos que cavaban. Espinosaurios de agua. Dinosaurios árticos. Dinosaurios antárticos. Y con cada descubrimiento vamos entendiendo hasta qué punto nos quedamos cortos al imaginar a los dinosaurios.

Te preguntarás: ¿Será que todavía nos quedamos cortos al imaginar a los dinosaurios? ¿Qué descubrimiento increíble saldrá literalmente de la tierra mañana? Verás, los paleontólogos llevan siglos haciéndose estas preguntas.

Leer sobre ellos no sólo nos enseña cómo vivían los dinosaurios, sino también cómo vivimos nosotros.

Queremos creer que el descubrimiento es un proceso que limita las opciones.

Pensemos por ejemplo en cuando buscamos algo —digamos un dinosaurio de juguete— en un cuarto desordenado. Cuando empiezas a buscar, el juguete puede estar en cualquier parte: debajo de la cama, detrás de la puerta del armario, revuelto con otros juguetes. Y al buscar, vas eliminando posibilidades. Cuando descubres dónde estaba, dejas de imaginar en qué otra parte podría estar. Este método común de descubrimiento, eliminando opciones, es el que limita nuestra imaginación.

Cuando dibujé aquel *Deinonychus* soñaba con encontrarme un dinosaurio vivo. Iba en el asiento trasero del coche de mis papás, buscando dinosaurios en los árboles que pasaban. Estaba seguro de que si me fijaba bien podría ver la forma de alguno. Pero ya desde entonces sabía que los dinosaurios vivos eran pura fantasía.

Muchos años después fui a una clase sobre la ciencia y la filosofía de la evolución, en la que me prometieron que aprendería sobre los dinosaurios. Vaya que aprendí. Descubrí algo realmente fantástico, algo que verás más adelante en este libro. Descubrí que sí hay dinosaurios vivos que sobrevivieron a la extinción. Se llaman aves.

Este descubrimiento me permitió buscar dinosaurios en otras partes. Podía mirar desde las rocas bajo mis pies. Podía buscar en un charco o una rama o en el cielo. Había aprendido a encontrarlos, y eso cambió mi manera de ver a los pájaros y a los dinosaurios. Cambió mi manera de ver todo.

Lo que MK Reed y Joe Flood nos enseñan en este libro es que el descubrimiento científico es muy distinto al método común de descubrimiento. En lugar de limitar nuestra imaginación, la ciencia nos permite imaginar más sobre el mundo que nos rodea.

Hace trescientos años nadie sabía que existieron los dinosaurios. Hace doscientos, nadie sabía que habían existido en todo el mundo. Hace cien, nadie sabía que los continentes se habían movido. Estos descubrimientos cambiaron nuestra forma de entender el mundo. Y algún día descubriremos alguna otra cosa que desatará nuestra imaginación de nuevo. Eso es lo que hace la ciencia: nos muestra lo fantástico que es el mundo.

Ahora nos imaginamos a los dinosaurios con plumas. Y con rayas de colores. Para cuando termines este libro, te los imaginarás de maneras que nunca los habías pensado.

En este libro encontrarás muchos dinosaurios, dibujados como los imaginan los paleontólogos de hoy en día. Uno de esos dinosaurios es un *Deinonychus* actualizado. Joe Flood lo dibujó cubierto de plumas, acechando la frontera entre ave y reptil. Si mi yo infantil se creyó un demente por sacar el color azul, ¿qué pensaría hoy de Joe?

Algo sí puedo decir: el arte de Joe y los textos de MK Reed son tan fantásticos como los animales que los inspiraron. Su equilibrio de ciencia, filosofía e historia es informativo, divertido y, sobre todo, imaginativo. En cada página flota el espíritu del descubrimiento.

Recuerda eso al leer este libro. Ten eso en mente al acercarte a la página para leer los detalles de los rebaños de *Rhinorex*, o al detenerte a considerar que quizá los tiranosaurios tenían plumas. El espíritu del descubrimiento científico consiste en encontrar lo fantástico en todo. Mientras lees, el espíritu del descubrimiento vive en ti.

Suele decirse que la imaginación vuela si se la deja libre. Cuando des vuelta a esta página, verás que es verdad. Déjala volar. Encontrarás lo fantástico. Estarás con los dinosaurios.

—Dr. Leonard Finkelman
Profesor asistente de Filosofía de la Ciencia, Linfield College

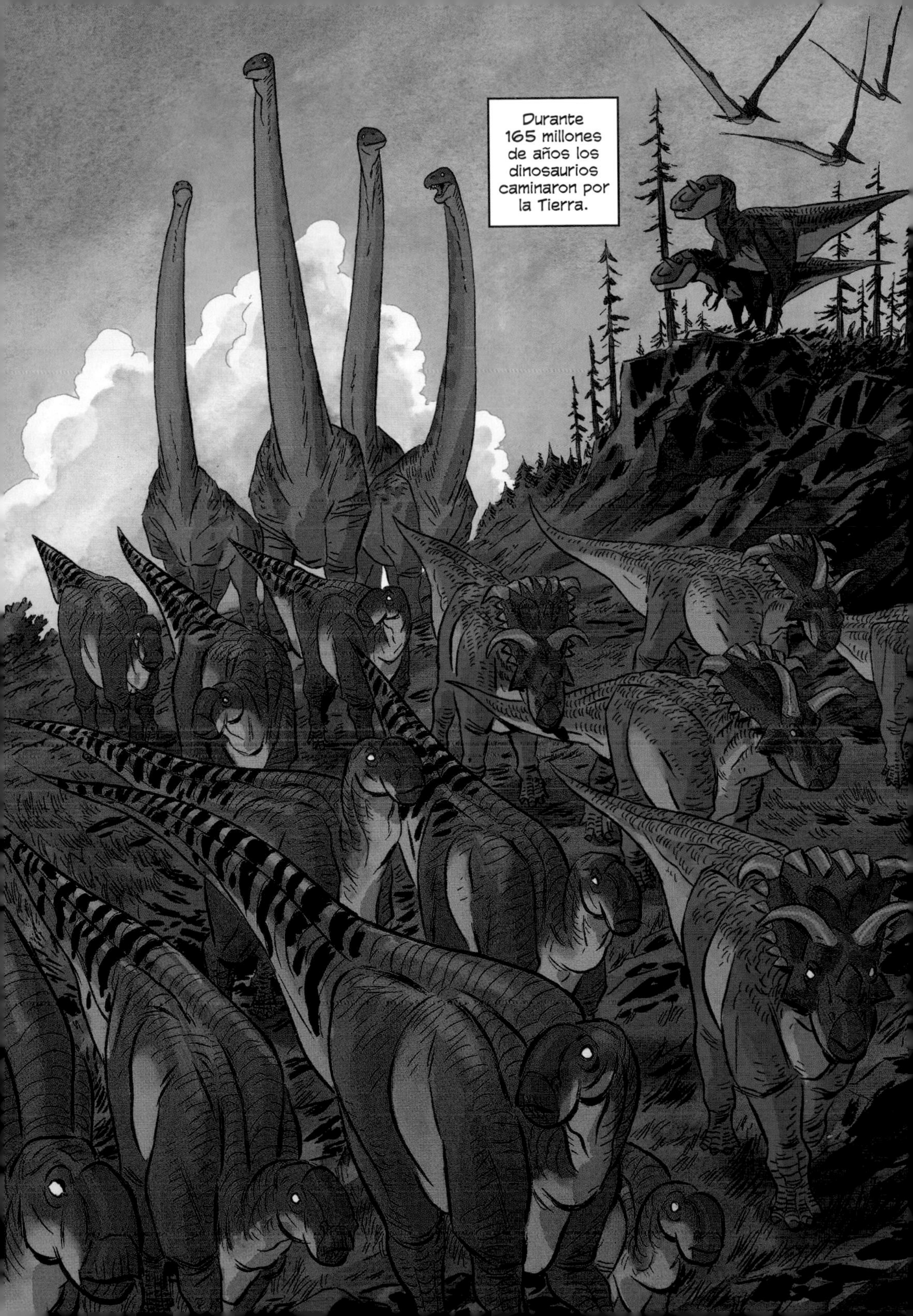
Durante 165 millones de años los dinosaurios caminaron por la Tierra.

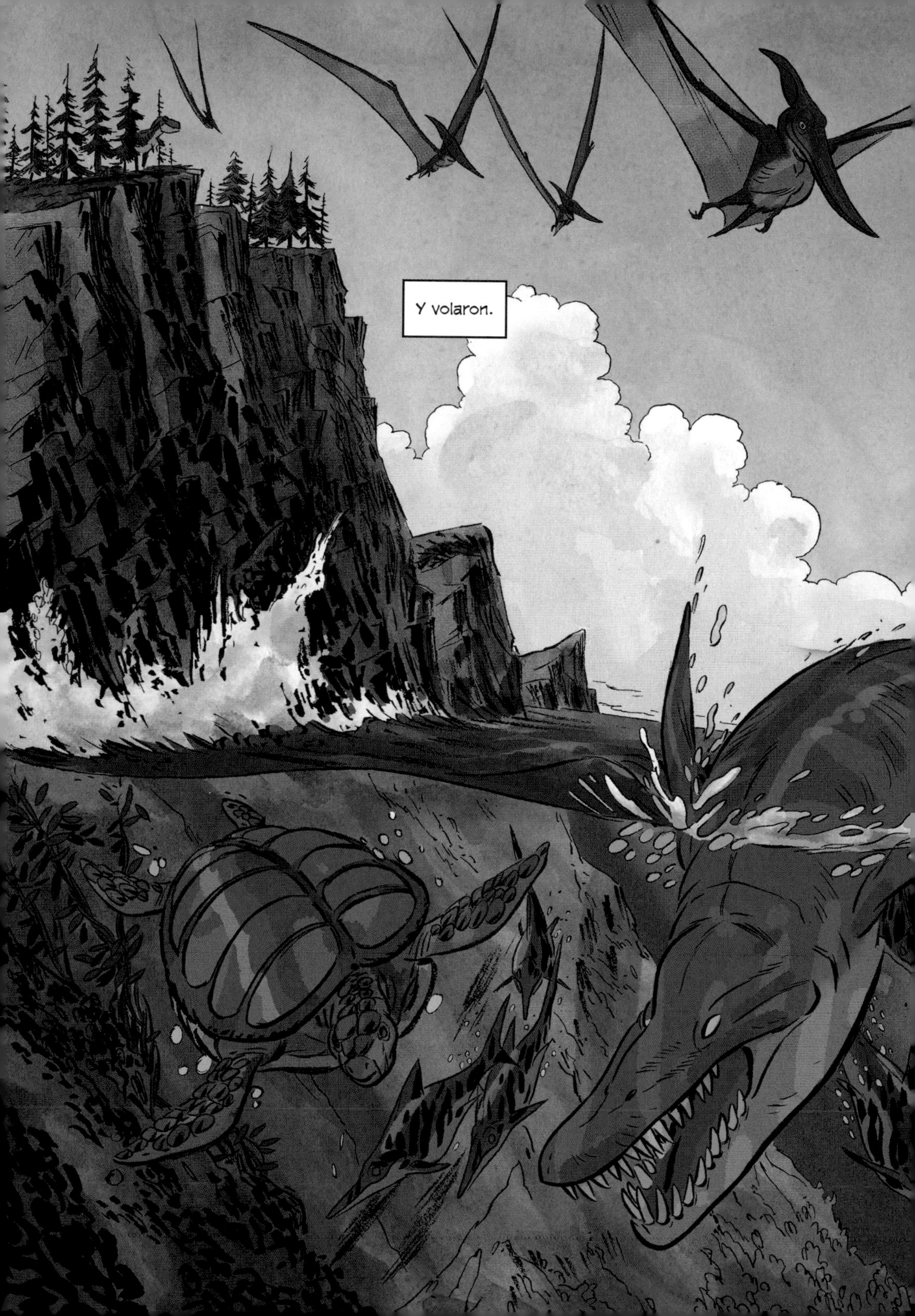
Y volaron.

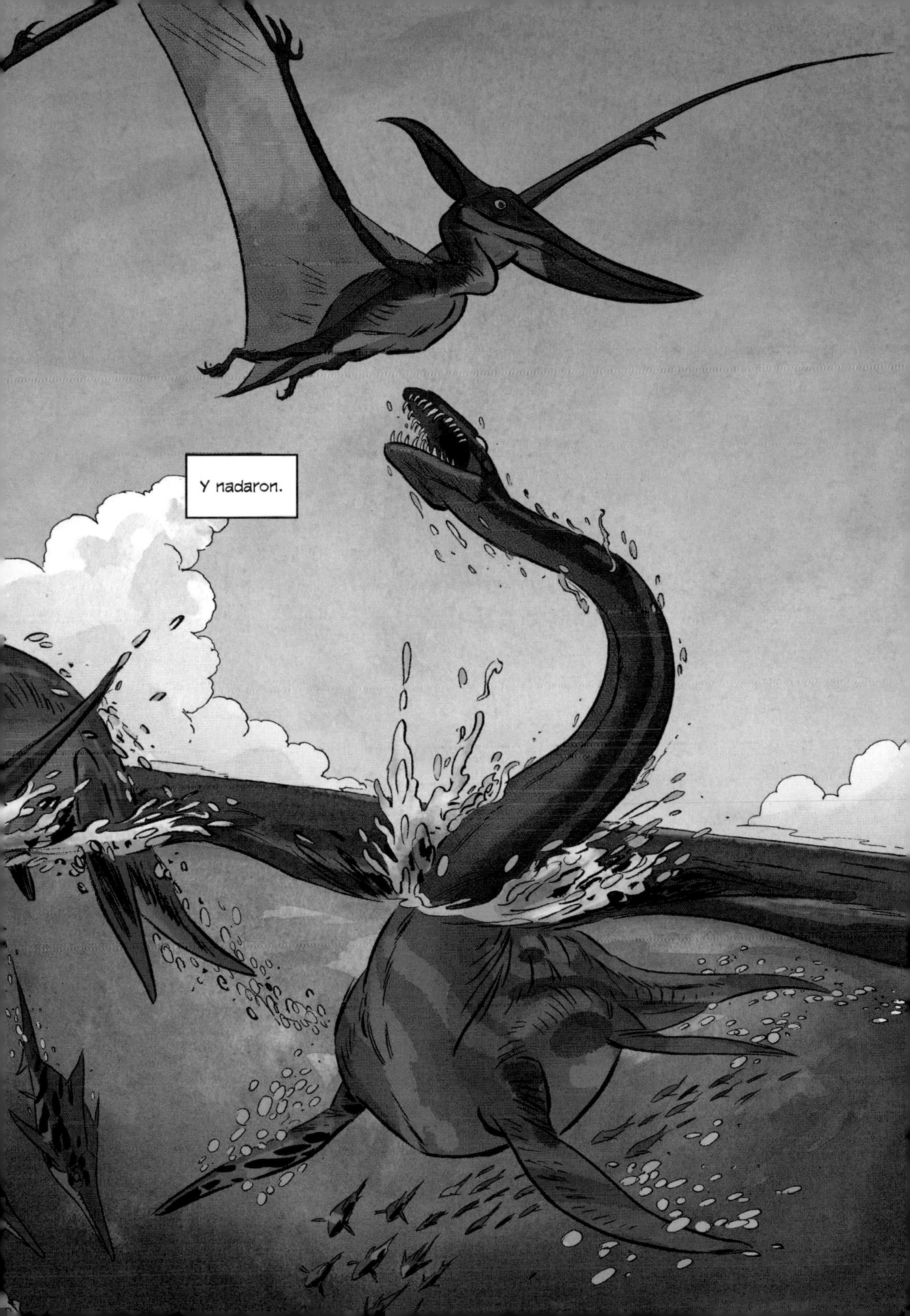
Y nadaron.

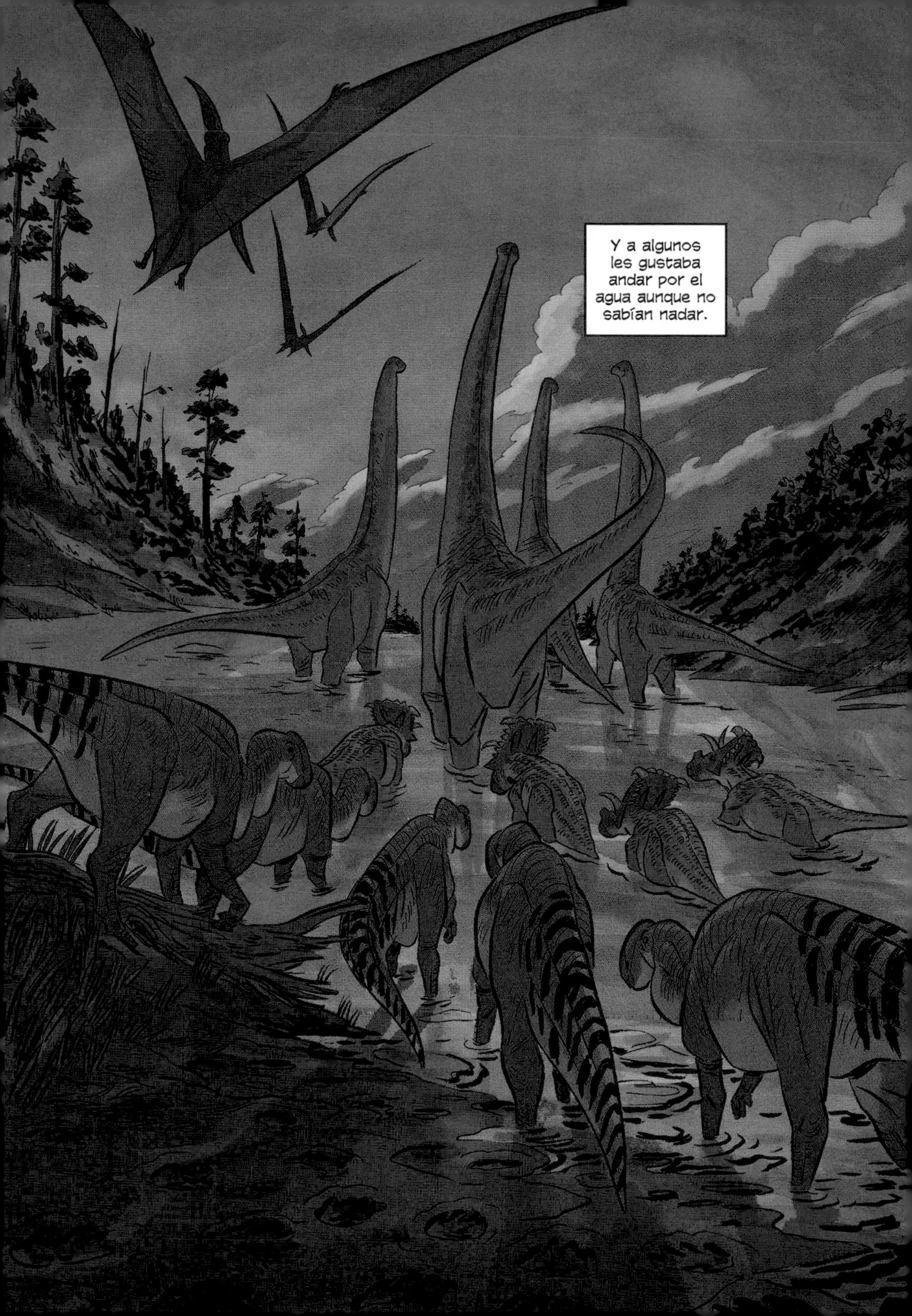
Y a algunos les gustaba andar por el agua aunque no sabían nadar.

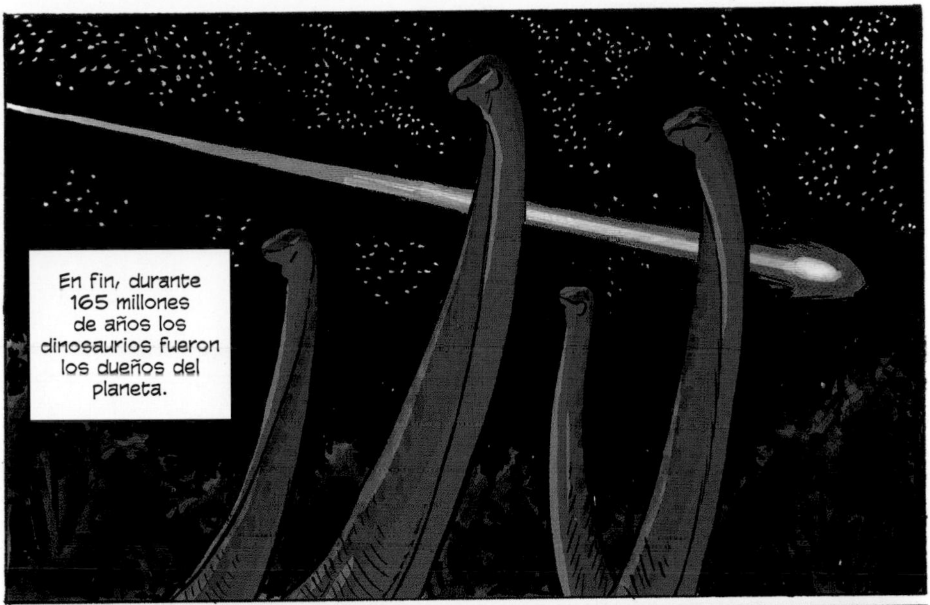
En fin, durante 165 millones de años los dinosaurios fueron los dueños del planeta.

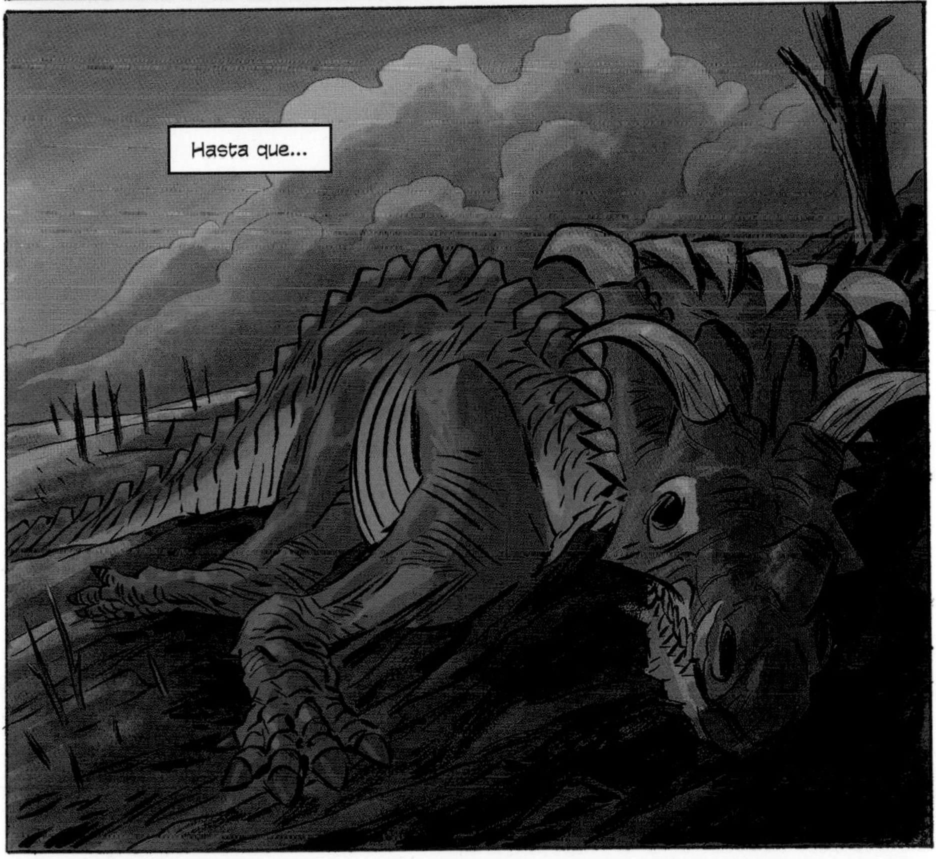
Hasta que...

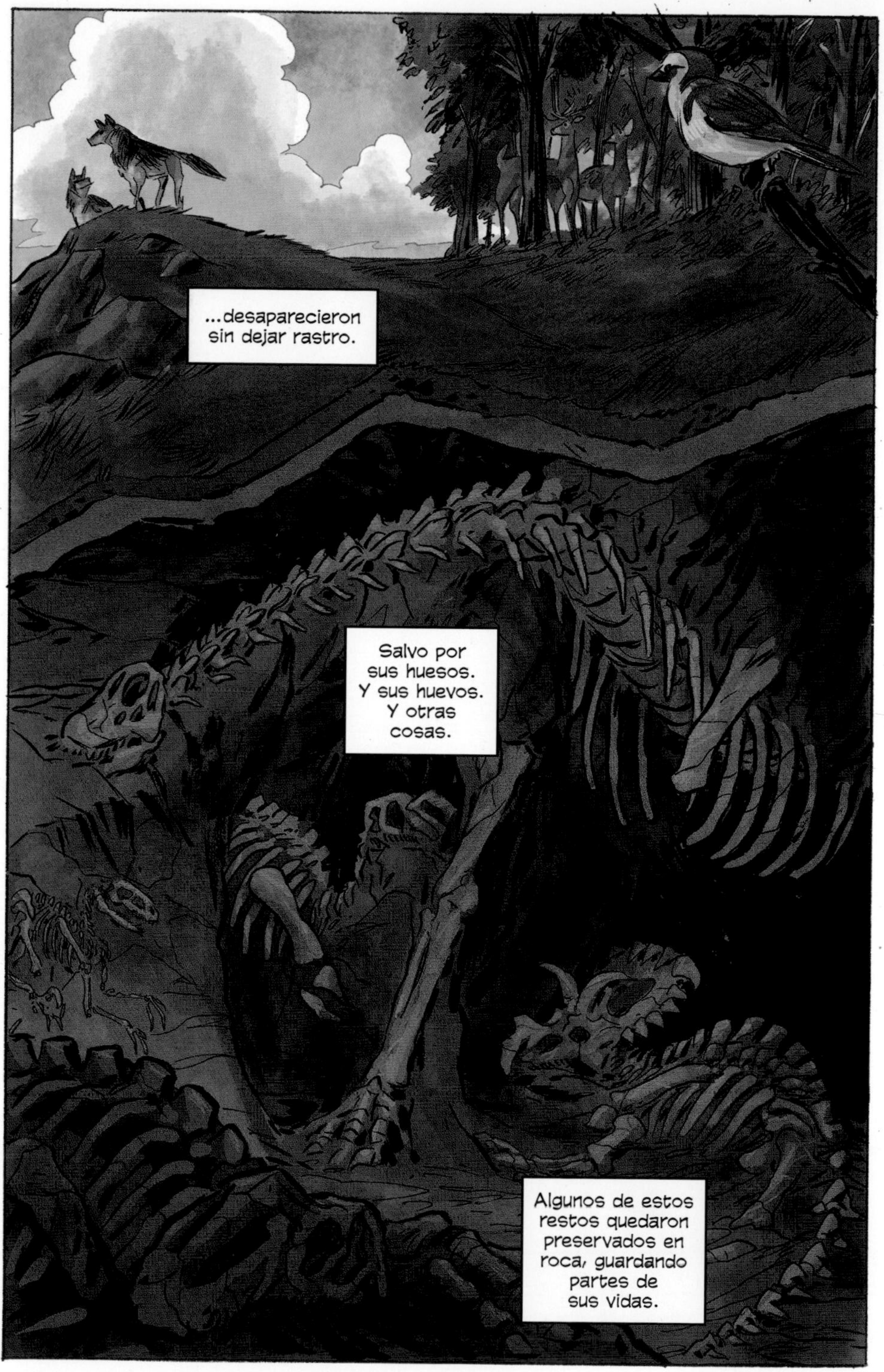
...desaparecieron sin dejar rastro.
Salvo por sus huesos. Y sus huevos. Y otras cosas.
Algunos de estos restos quedaron preservados en roca, guardando partes de sus vidas.

Los humanos evolucionamos 66 millones de años después del fin de los dinosaurios, y empezamos a notar huesos extraños y a tratar de explicarlos.

La gente pensaba que los huesos de elefante eran de gigantes o cíclopes.

No había modo de imaginar que una trompa ocupaba el espacio al frente del cráneo mucho menos si nunca habían visto un elefante.

Y estos esqueletos aparecían en partes de Europa donde el frío no permitía que hubiera elefantes.

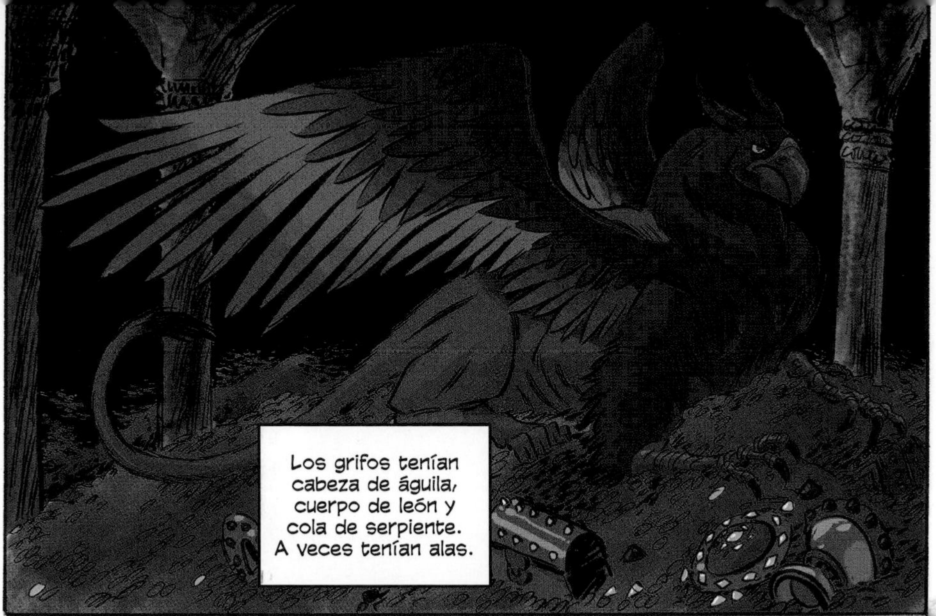
Los grifos tenían cabeza de águila, cuerpo de león y cola de serpiente. A veces tenían alas.

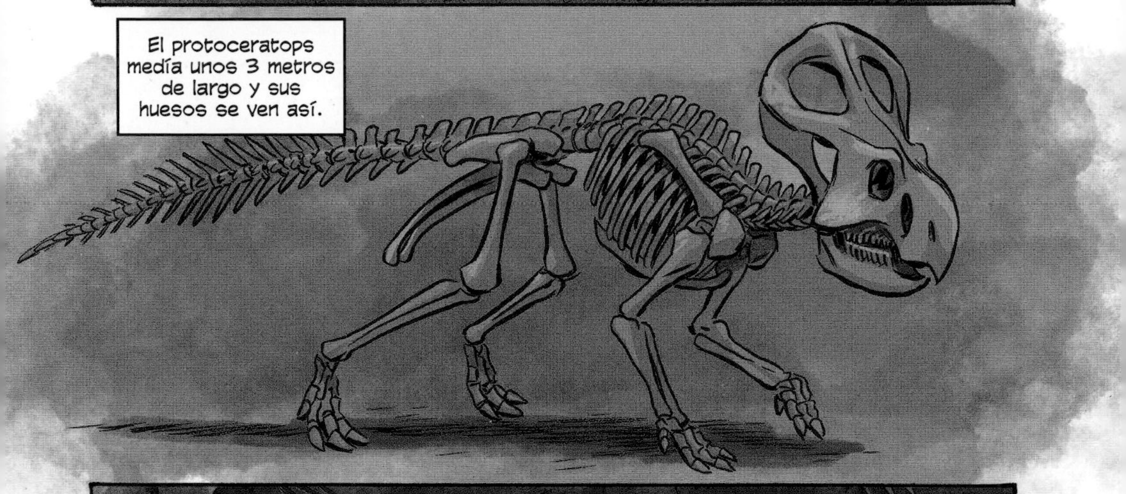
El protoceratops medía unos 3 metros de largo y sus huesos se ven así.

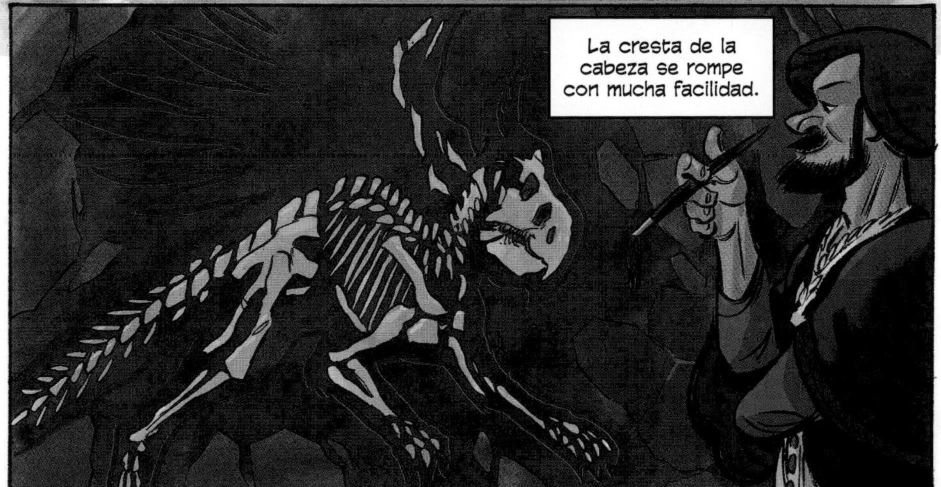
La cresta de la cabeza se rompe con mucha facilidad.

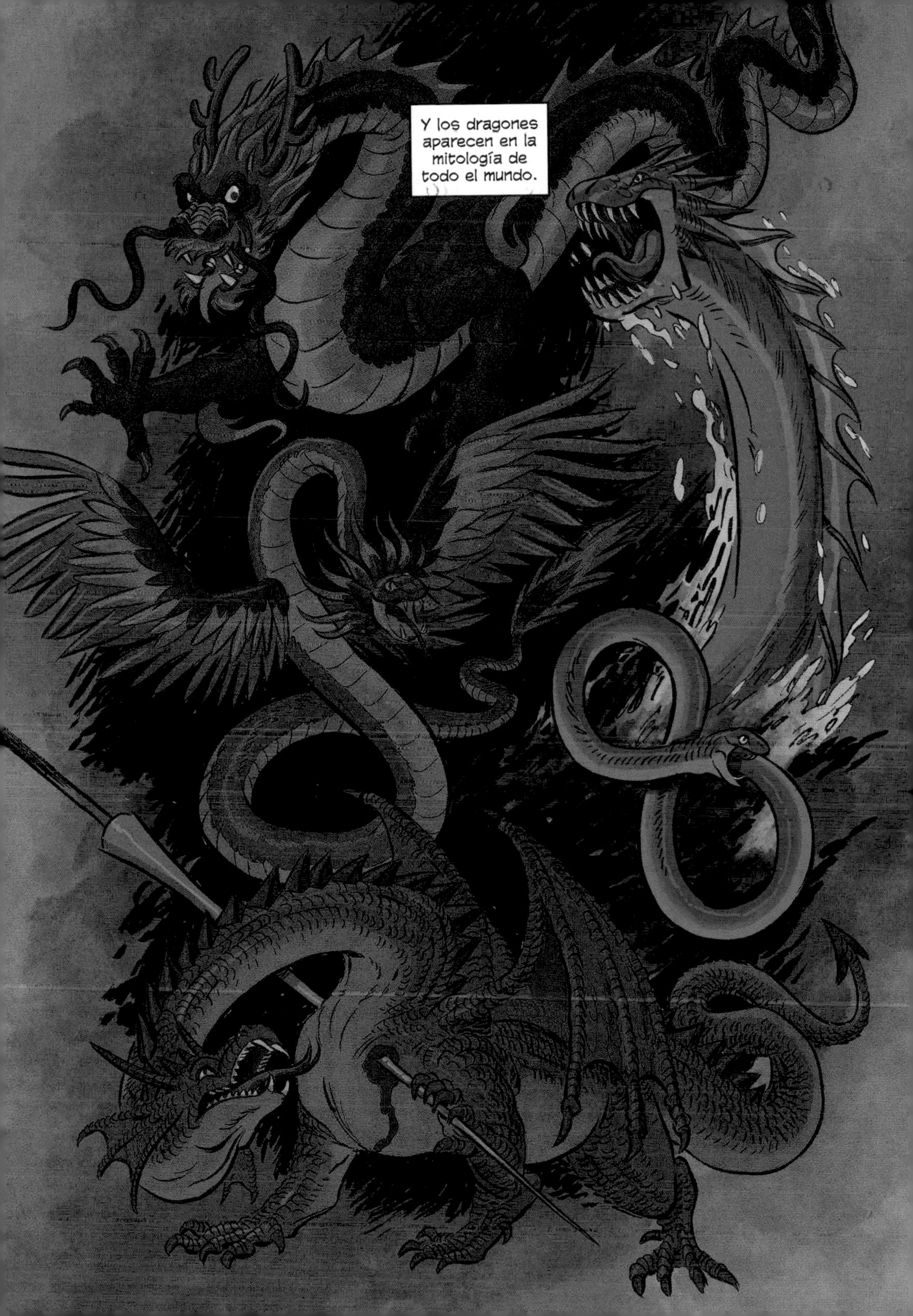
Y los dragones aparecen en la mitología de todo el mundo.

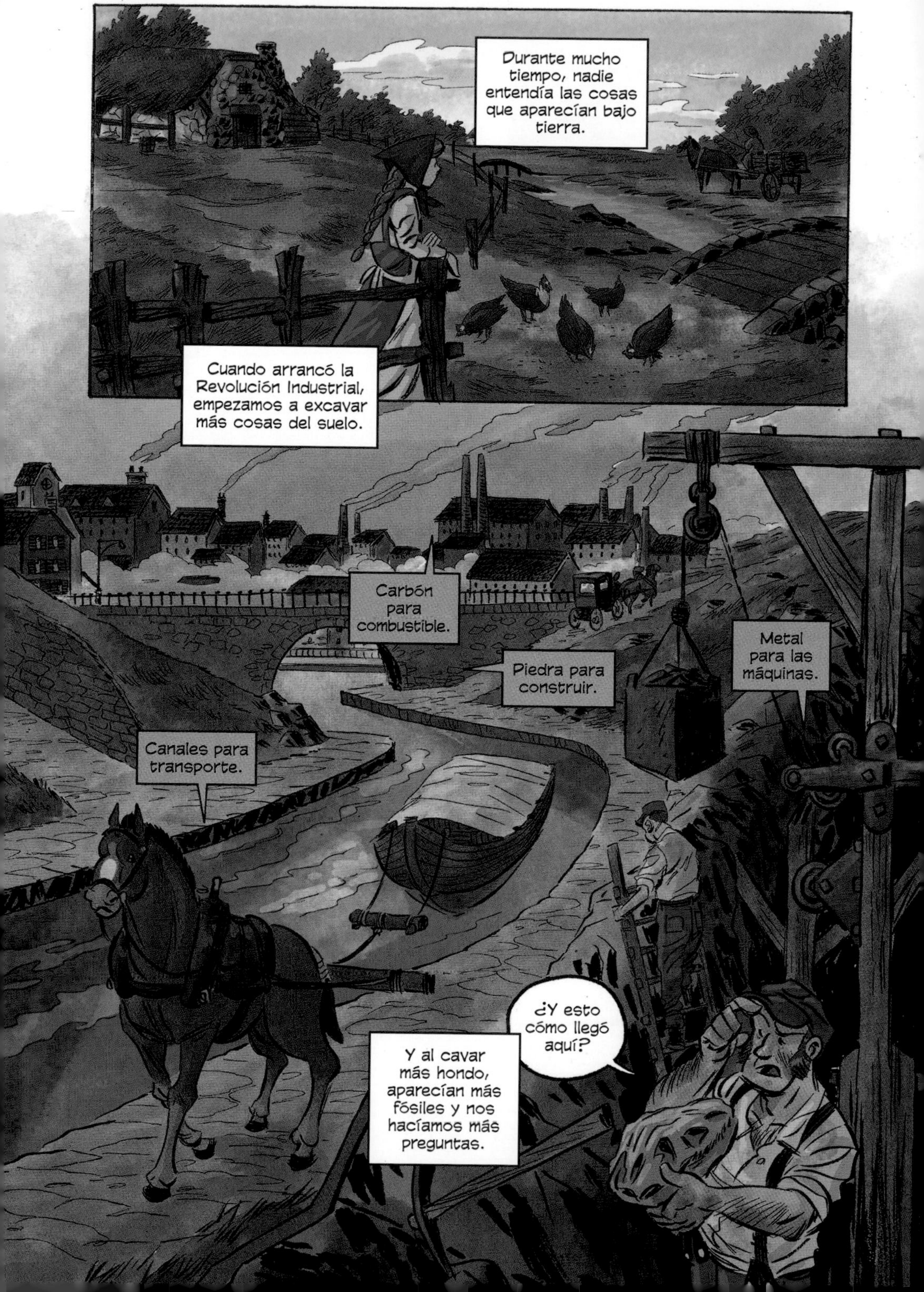
Durante mucho tiempo, nadie entendía las cosas que aparecían bajo tierra.
Cuando arrancó la Revolución Industrial, empezamos a excavar más cosas del suelo.
Carbón para combustible.
Piedra para construir.
Metal para las máquinas.
Canales para transporte.
¿Y esto cómo llegó aquí?
Y al cavar más hondo, aparecían más fósiles y nos hacíamos más preguntas.

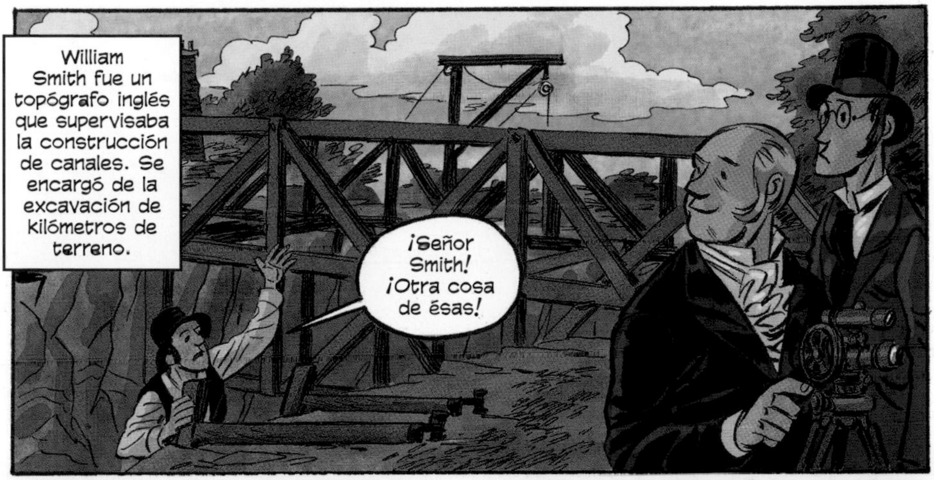
William Smith fue un topógrafo inglés que supervisaba la construcción de canales. Se encargó de la excavación de kilómetros de terreno.
¡Señor Smith! ¡Otra cosa de ésas!

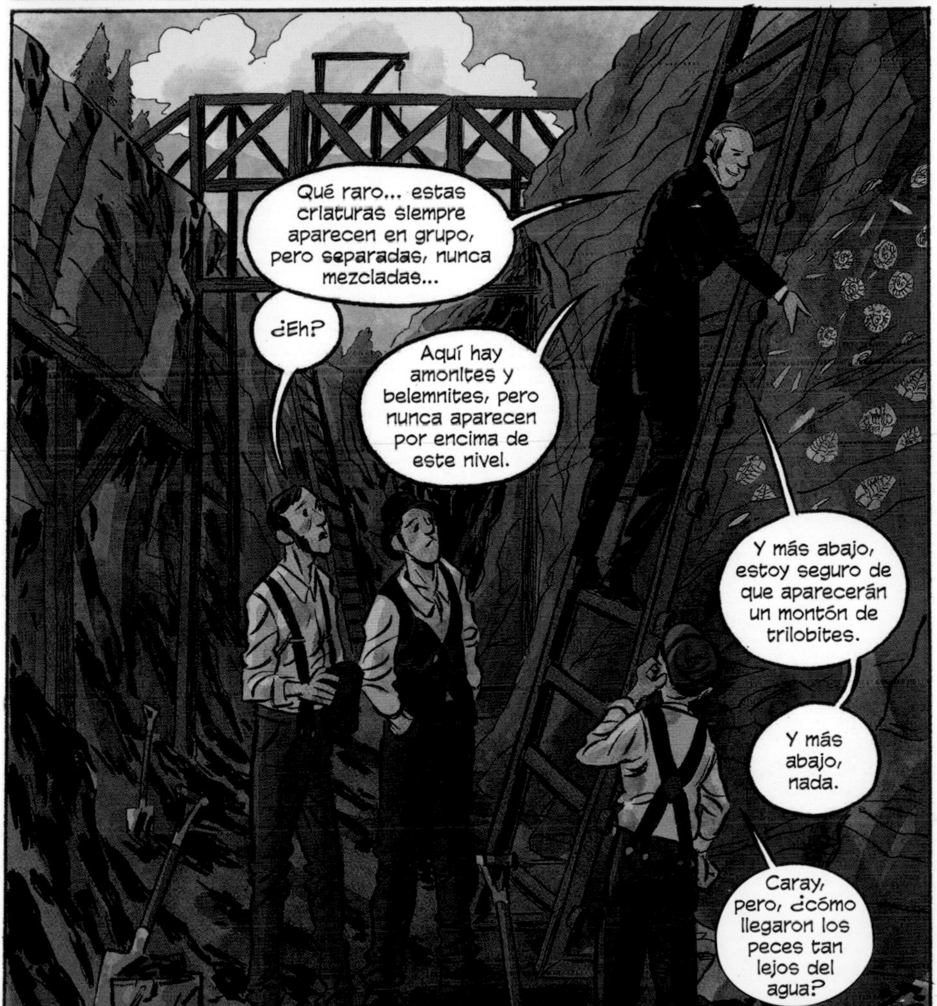
Qué raro... estas criaturas siempre aparecen en grupo, pero separadas, nunca mezcladas...
¿Eh?
Aquí hay amonites y belemnites, pero nunca aparecen por encima de este nivel.
Y más abajo, estoy seguro de que aparecerán un montón de trilobites.
Y más abajo, nada.
Caray, pero, ¿cómo llegaron los peces tan lejos del agua?

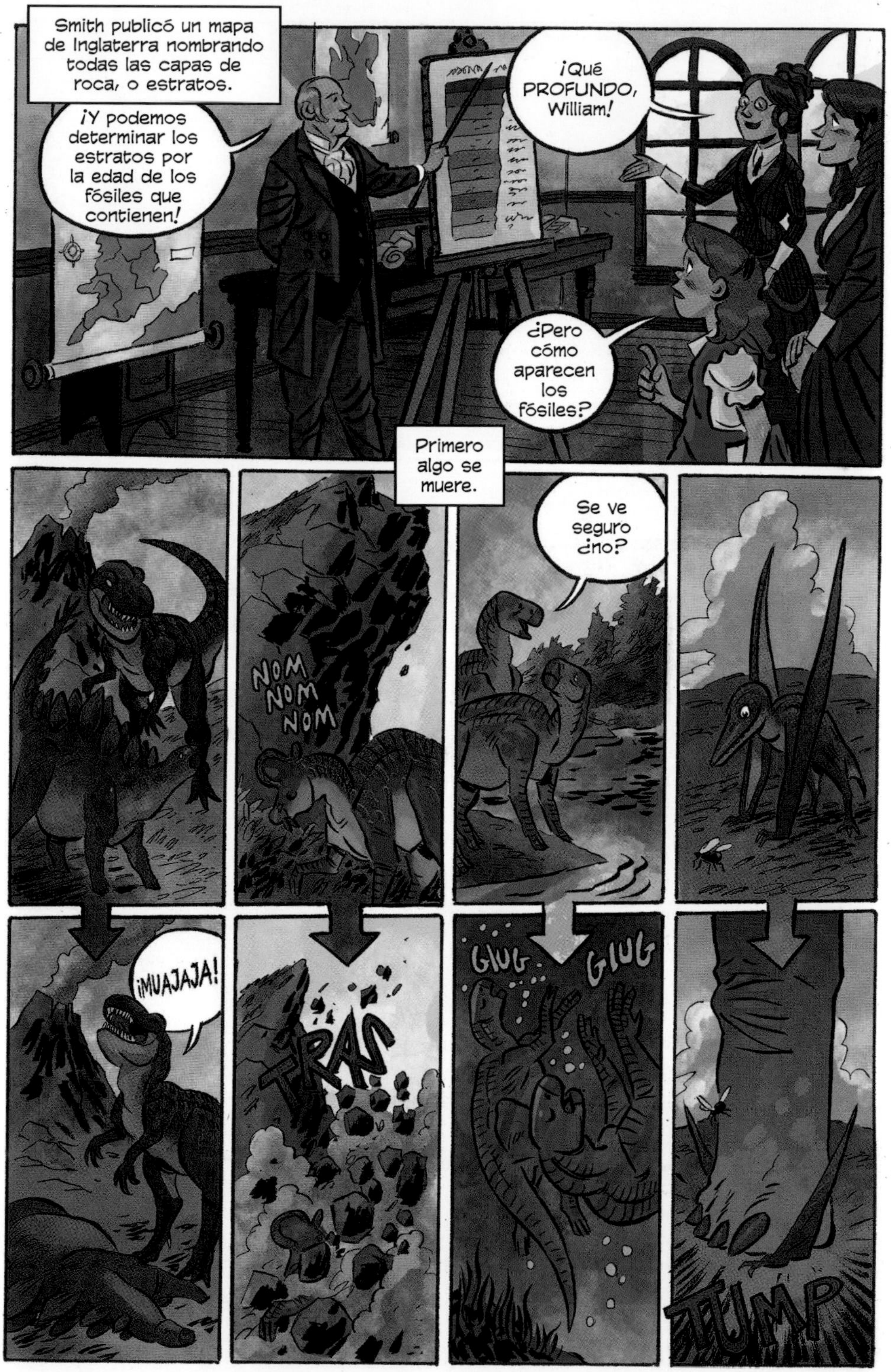
Smith publicó un mapa de Inglaterra nombrando todas las capas de roca, o estratos.
¡Y podemos determinar los estratos por la edad de los fósiles que contienen!
¡Qué PROFUNDO, William!
¿Pero cómo aparecen los fósiles?
Primero algo se muere.
NOM NOM NOM
Se ve seguro ¿no?
¡MUAJAJA!
TRAS
GLUG GLUG
TUMP

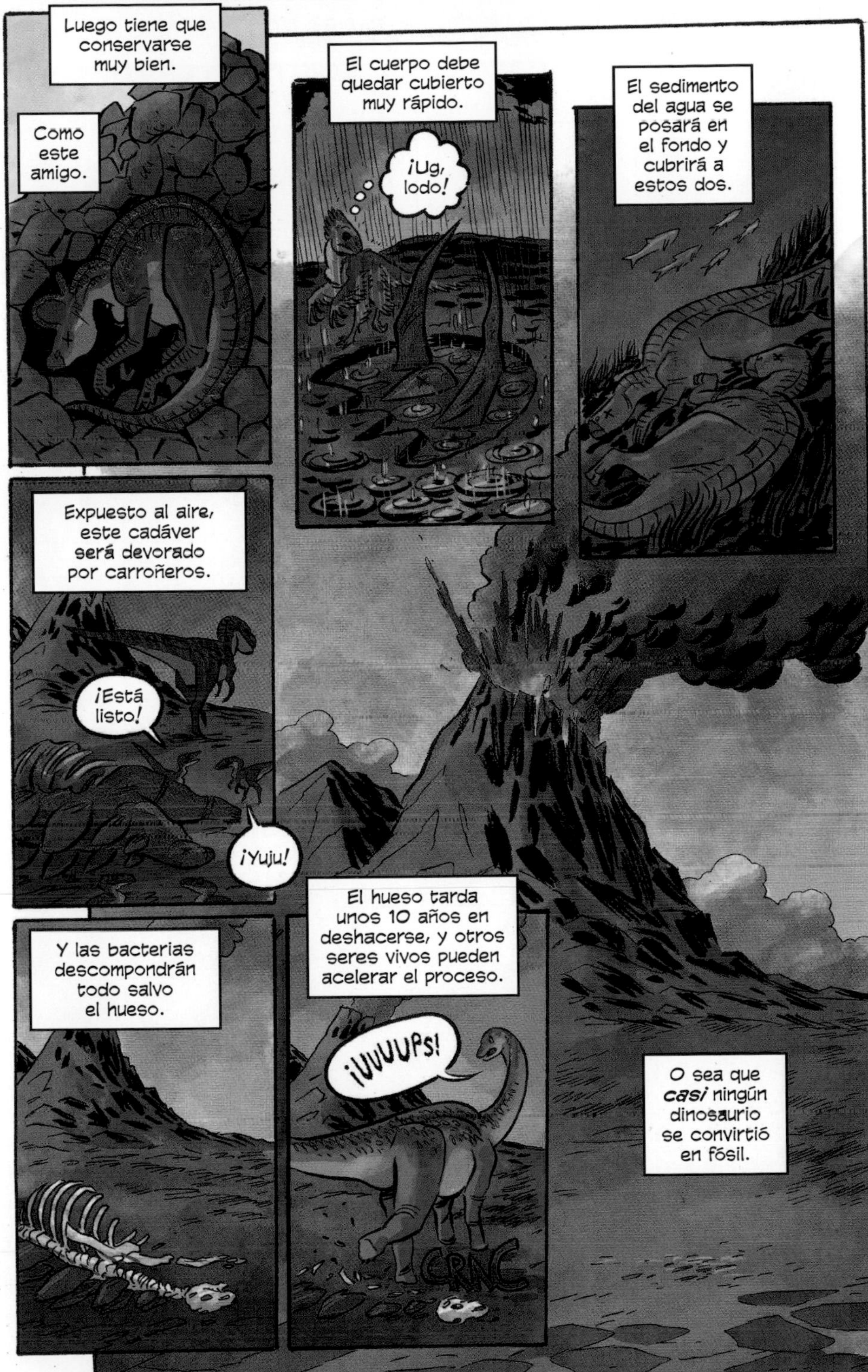
Luego tiene que conservarse muy bien.
Como este amigo.
El cuerpo debe quedar cubierto muy rápido.
¡Ug, lodo!
El sedimento del agua se posará en el fondo y cubrirá a estos dos.
Expuesto al aire, este cadáver será devorado por carroñeros.
¡Está listo!
¡Yuju!
Y las bacterias descompondrán todo salvo el hueso.
El hueso tarda unos 10 años en deshacerse, y otros seres vivos pueden acelerar el proceso.
¡UUUUPS!
CRNC
O sea que *casi* ningún dinosaurio se convirtió en fósil.

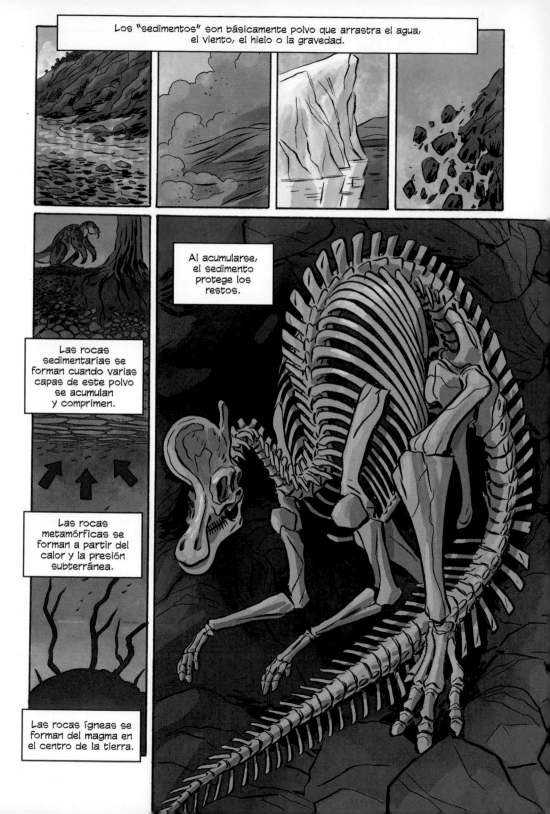

Los "sedimentos" son básicamente polvo que arrastra el agua, el viento, el hielo o la gravedad.

Al acumularse, el sedimento protege los restos.

Las rocas sedimentarias se forman cuando varias capas de este polvo se acumulan y comprimen.

Las rocas metamórficas se forman a partir del calor y la presión subterránea.

Las rocas ígneas se forman del magma en el centro de la tierra.

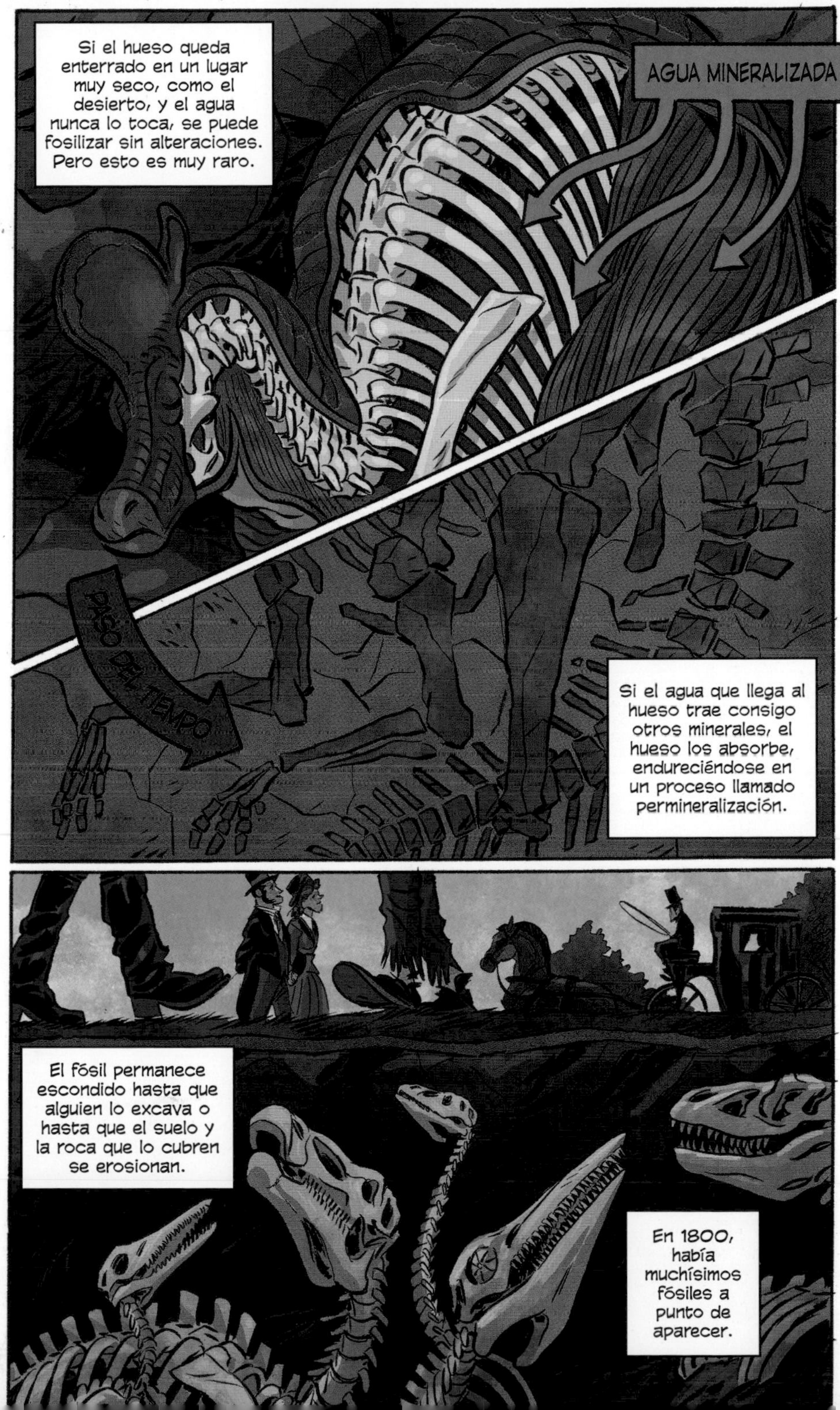
Si el hueso queda enterrado en un lugar muy seco, como el desierto, y el agua nunca lo toca, se puede fosilizar sin alteraciones. Pero esto es muy raro.
AGUA MINERALIZADA
PASO DEL TIEMPO
Si el agua que llega al hueso trae consigo otros minerales, el hueso los absorbe, endureciéndose en un proceso llamado permineralización.
El fósil permanece escondido hasta que alguien lo excava o hasta que el suelo y la roca que lo cubren se erosionan.
En 1800, había muchísimos fósiles a punto de aparecer.

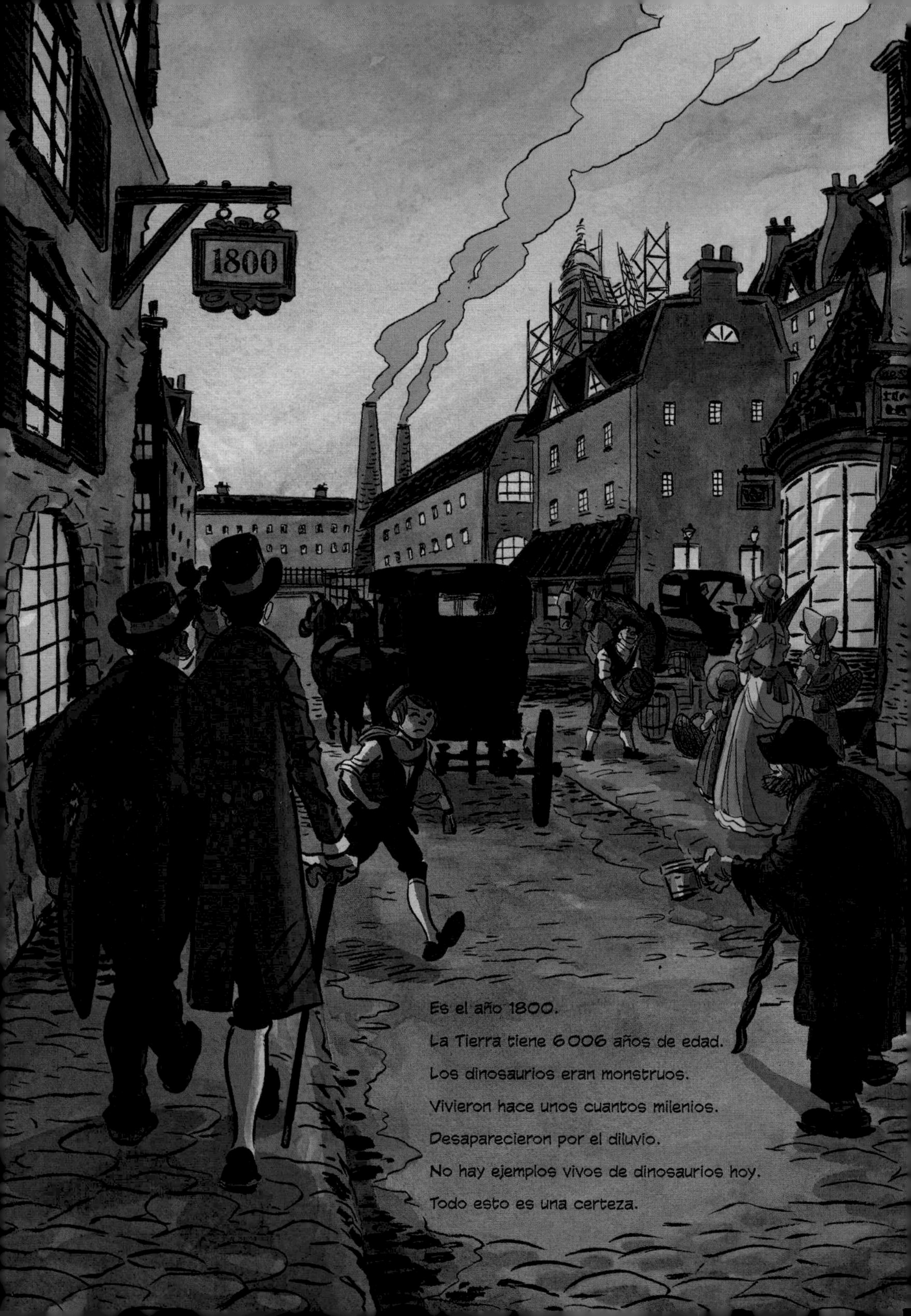
1800
Es el año 1800.
La Tierra tiene 6 006 años de edad.
Los dinosaurios eran monstruos.
Vivieron hace unos cuantos milenios.
Desaparecieron por el diluvio.
No hay ejemplos vivos de dinosaurios hoy.
Todo esto es una certeza.

¿CÓMO HAGO PARA QUE UN DINOSAURIO TENGA MI NOMBRE?

1. Estudia paleontología,* descubre especies nuevas y escríbelo.
2. ¡O gana un concurso! En 2005 el Museo de los Niños de Indianápolis realizó un concurso para ponerle nombre al *Dracorex hogwartsia*, es decir el "Rey Dragón de Hogwarts".

* También se puede encontrar y estudiar fósiles sin saber tanto, pero debes conocer al menos los términos técnicos y escribir un documento científico.

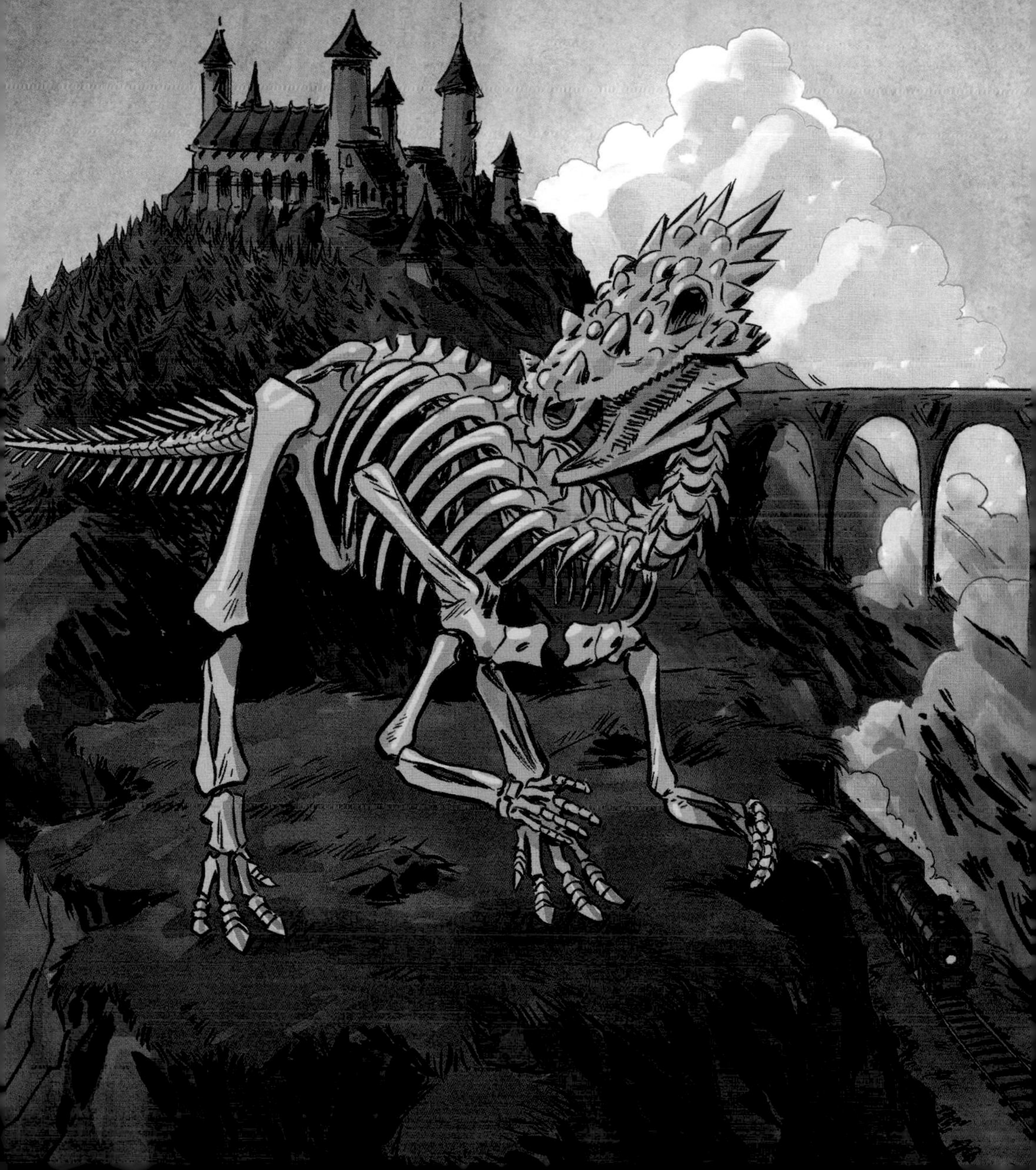

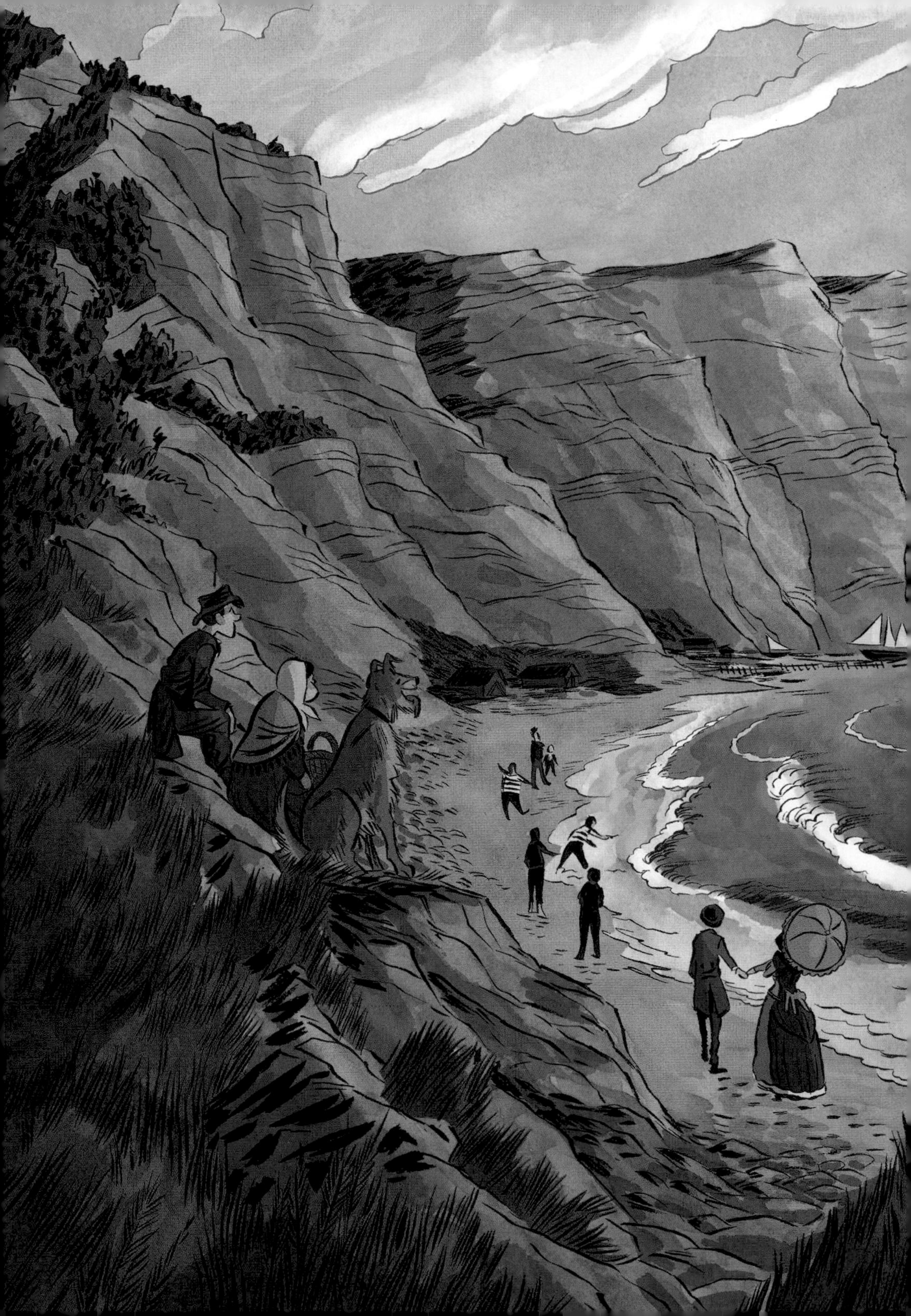

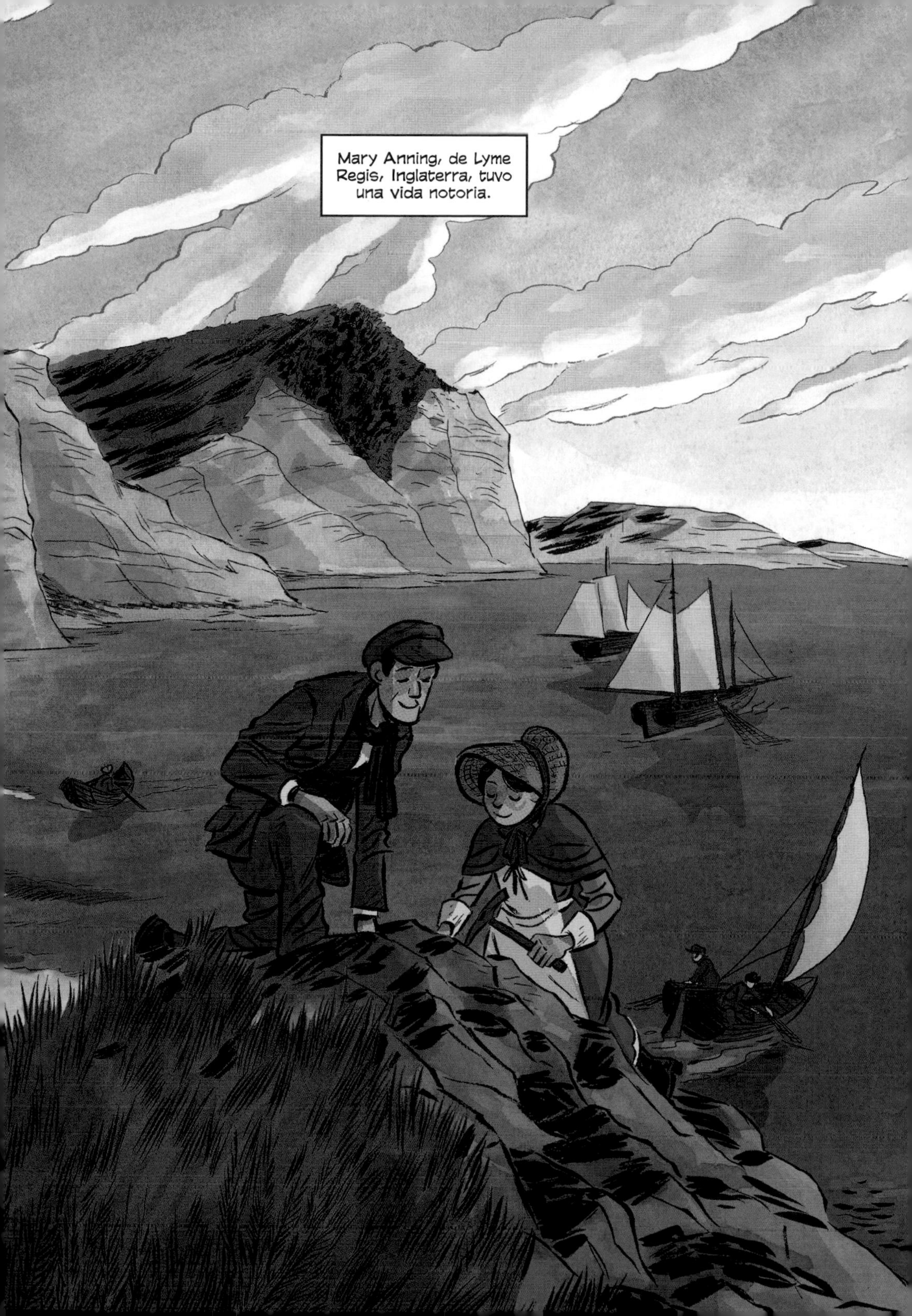
Mary Anning, de Lyme Regis, Inglaterra, tuvo una vida notoria.

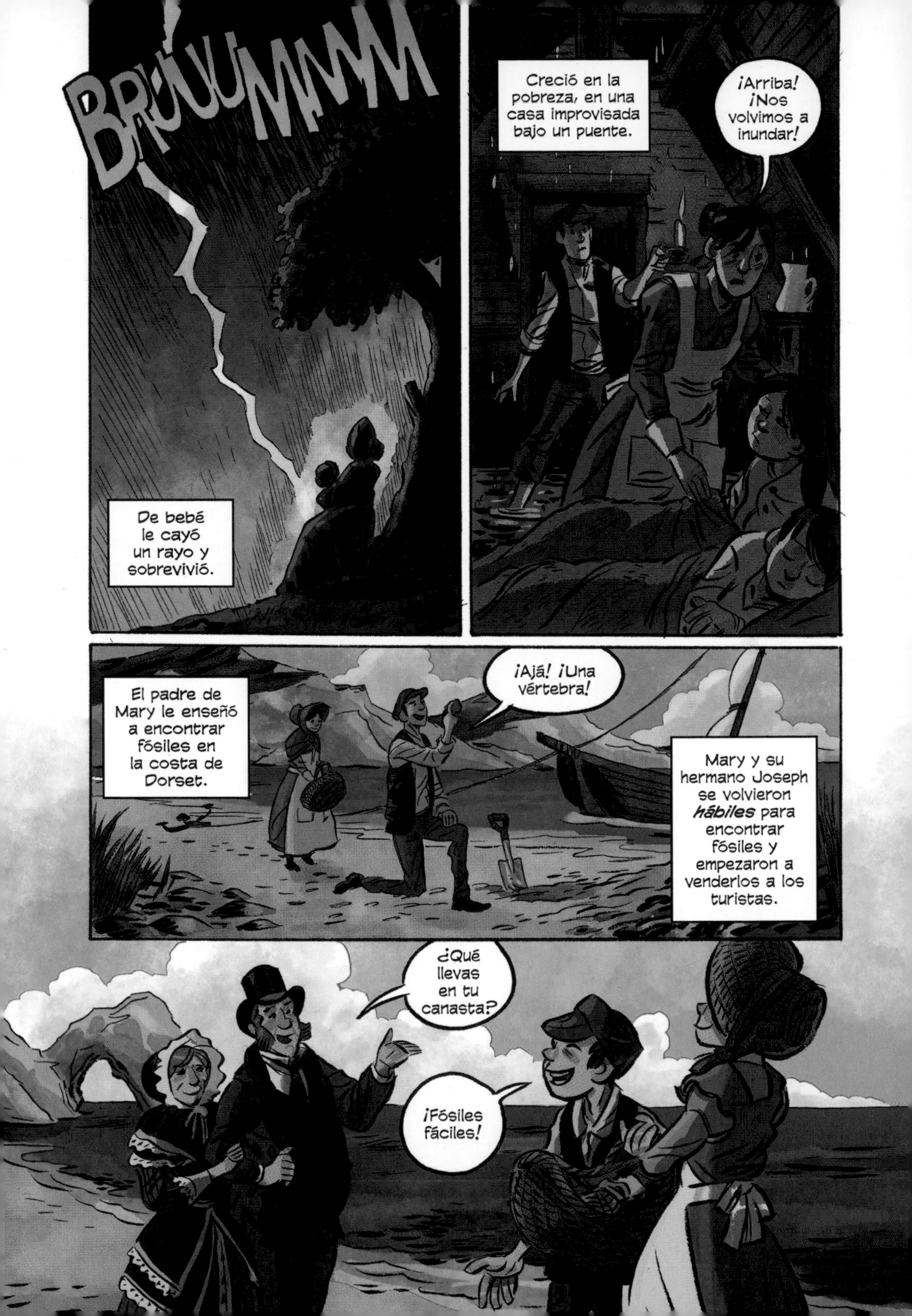
BRÚUUMMMM
De bebé le cayó un rayo y sobrevivió.
Creció en la pobreza, en una casa improvisada bajo un puente.
¡Arriba! ¡Nos volvimos a inundar!
El padre de Mary le enseñó a encontrar fósiles en la costa de Dorset.
¡Ajá! ¡Una vértebra!
Mary y su hermano Joseph se volvieron ***hábiles*** para encontrar fósiles y empezaron a venderlos a los turistas.
¿Qué llevas en tu canasta?
¡Fósiles fáciles!

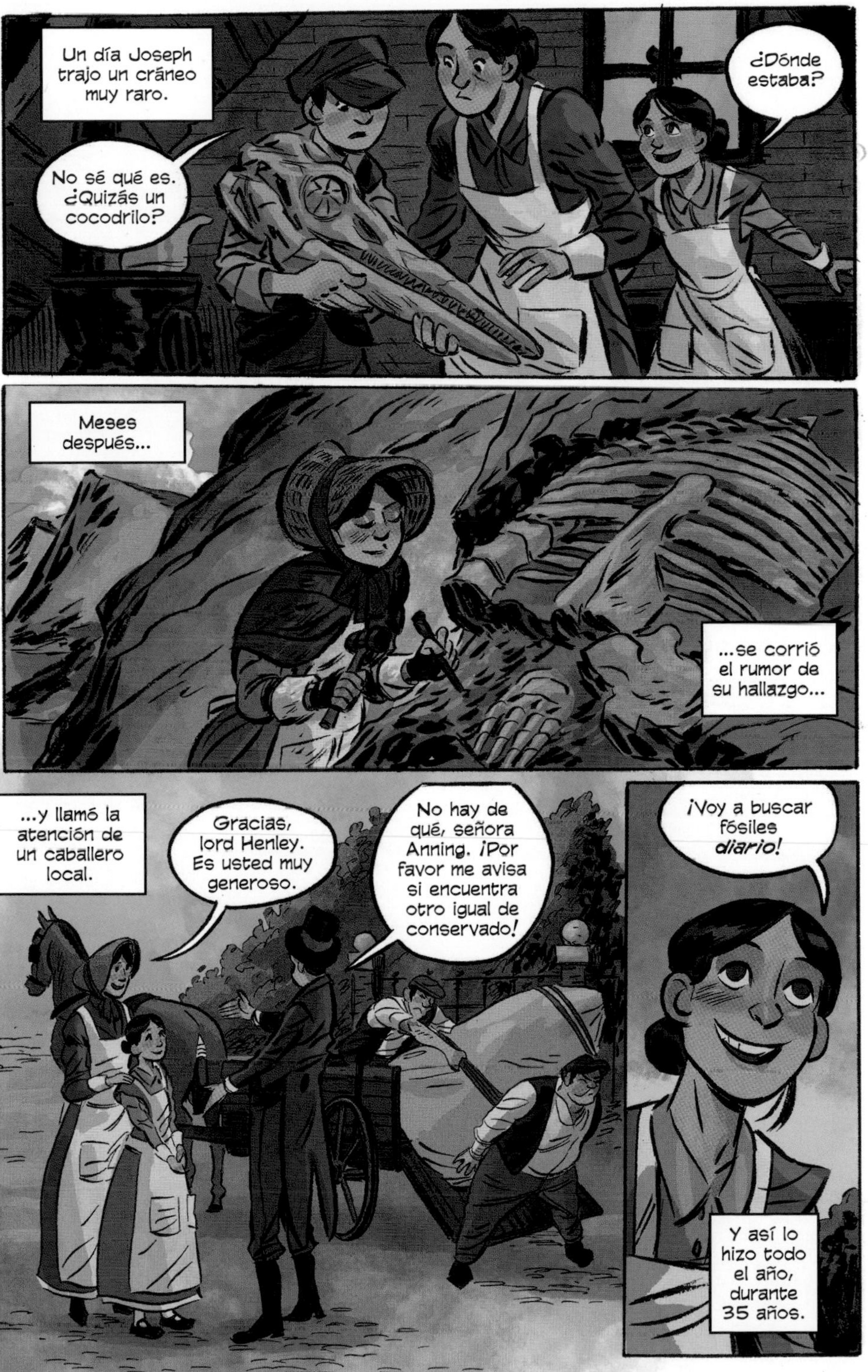
Un día Joseph trajo un cráneo muy raro.
No sé qué es. ¿Quizás un cocodrilo?
¿Dónde estaba?
Meses después...
...se corrió el rumor de su hallazgo...
...y llamó la atención de un caballero local.
Gracias, lord Henley. Es usted muy generoso.
No hay de qué, señora Anning. ¡Por favor me avisa si encuentra otro igual de conservado!
¡Voy a buscar fósiles *diario*!
Y así lo hizo todo el año, durante 35 años.

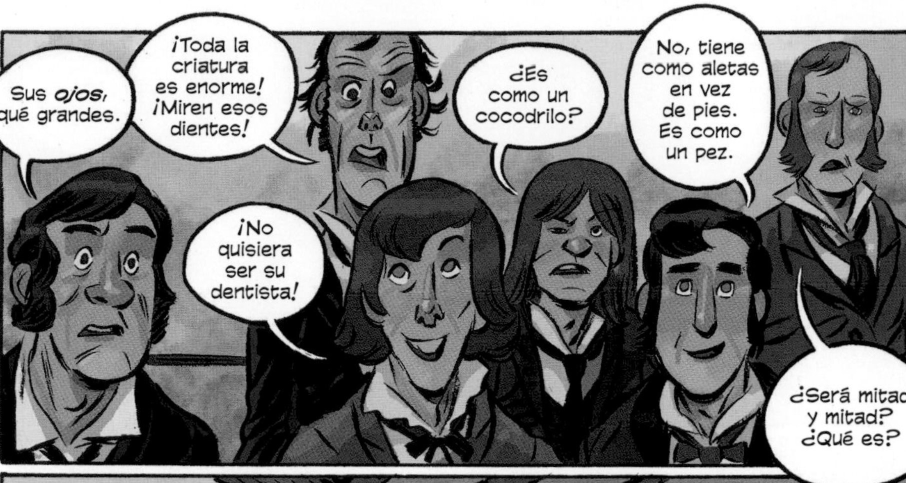
Sus *ojos*, qué grandes.
¡Toda la criatura es enorme! ¡Miren esos dientes!
¡No quisiera ser su dentista!
¿Es como un cocodrilo?
No, tiene como aletas en vez de pies. Es como un pez.
¿Será mitad y mitad? ¿Qué es?

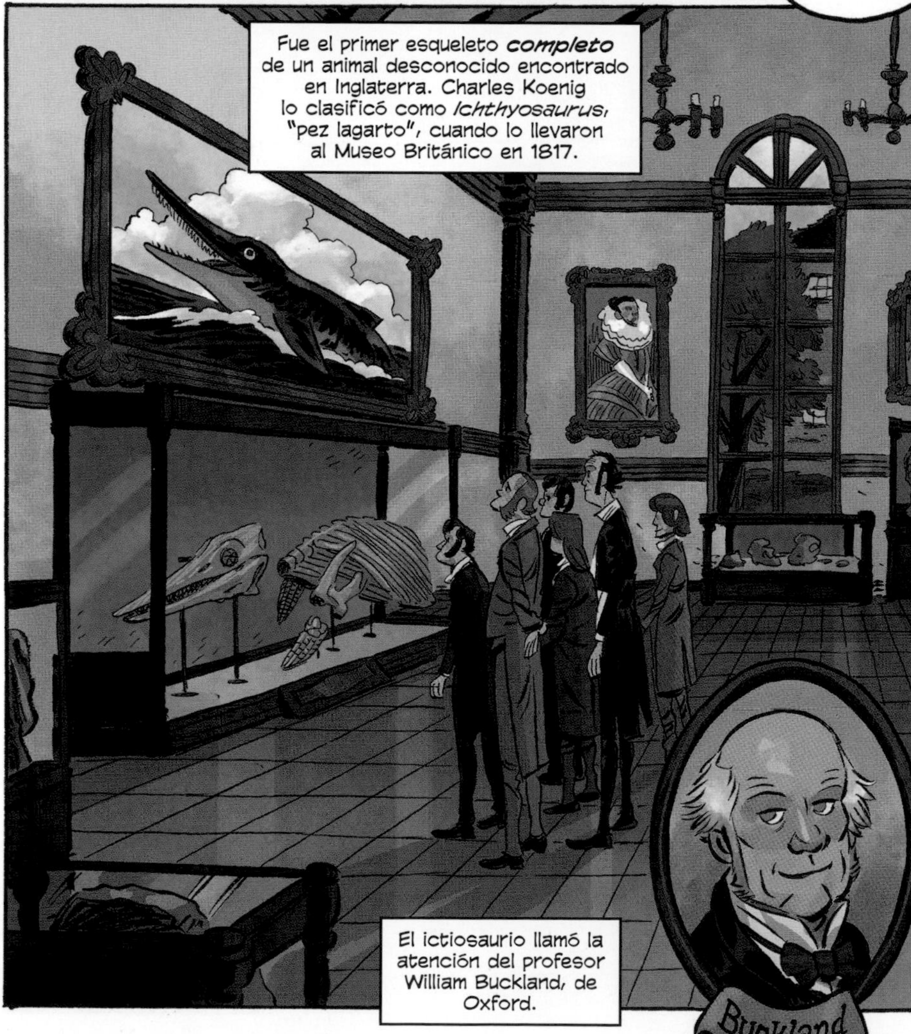
Fue el primer esqueleto ***completo*** de un animal desconocido encontrado en Inglaterra. Charles Koenig lo clasificó como *Ichthyosaurus*, "pez lagarto", cuando lo llevaron al Museo Británico en 1817.
El ictiosaurio llamó la atención del profesor William Buckland, de Oxford.
Buckland

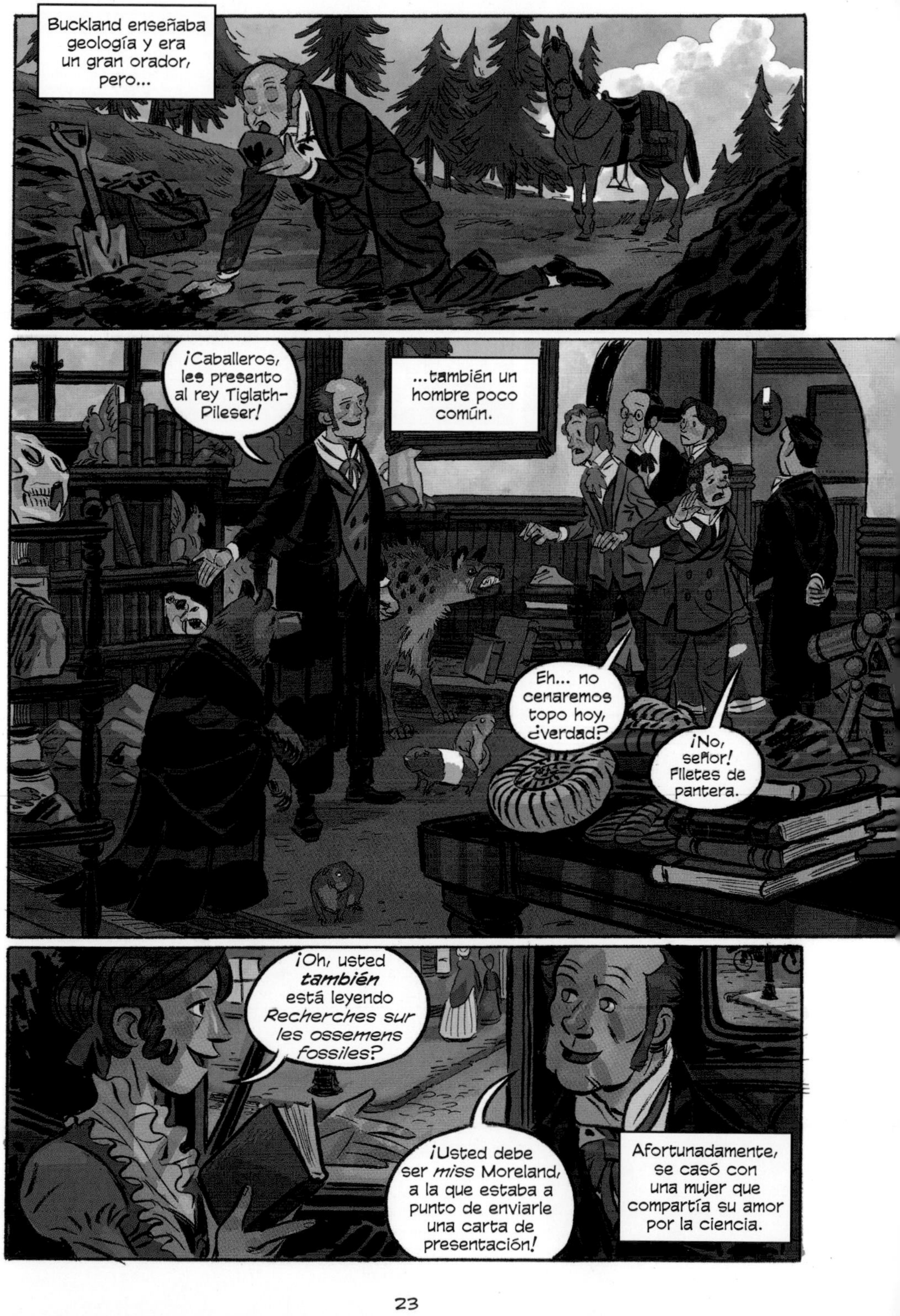
Buckland enseñaba geología y era un gran orador, pero...
¡Caballeros, les presento al rey Tiglath-Pileser!
...también un hombre poco común.
Eh... no cenaremos topo hoy, ¿verdad?
¡No, señor! Filetes de pantera.
¡Oh, usted *también* está leyendo *Recherches sur les ossemens fossiles*?
¡Usted debe ser *miss* Moreland, a la que estaba a punto de enviarle una carta de presentación!
Afortunadamente, se casó con una mujer que compartía su amor por la ciencia.

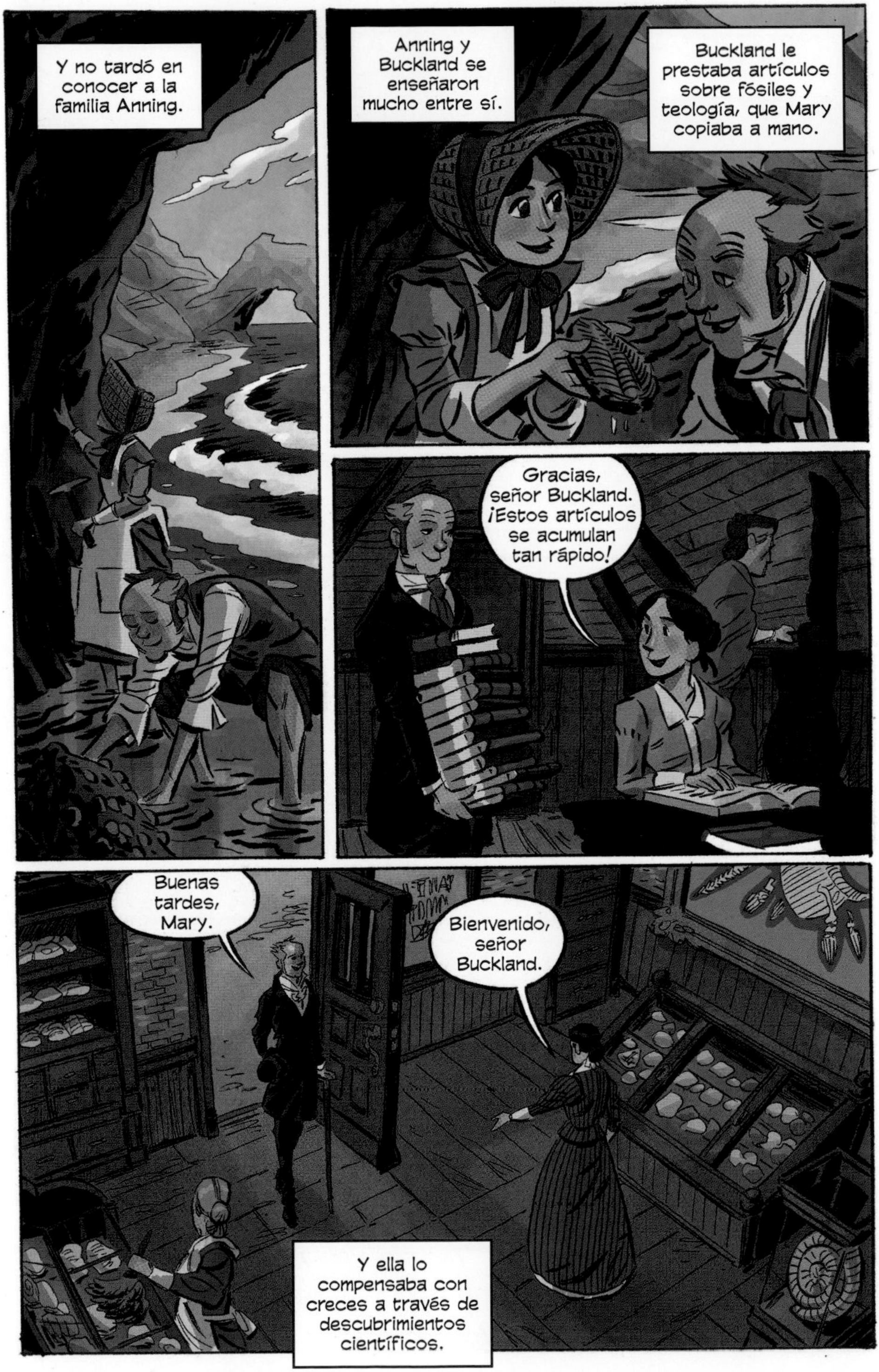
Y no tardó en conocer a la familia Anning.
Anning y Buckland se enseñaron mucho entre sí.
Buckland le prestaba artículos sobre fósiles y teología, que Mary copiaba a mano.
Gracias, señor Buckland. ¡Estos artículos se acumulan tan rápido!
Buenas tardes, Mary.
Bienvenido, señor Buckland.
Y ella lo compensaba con creces a través de descubrimientos científicos.

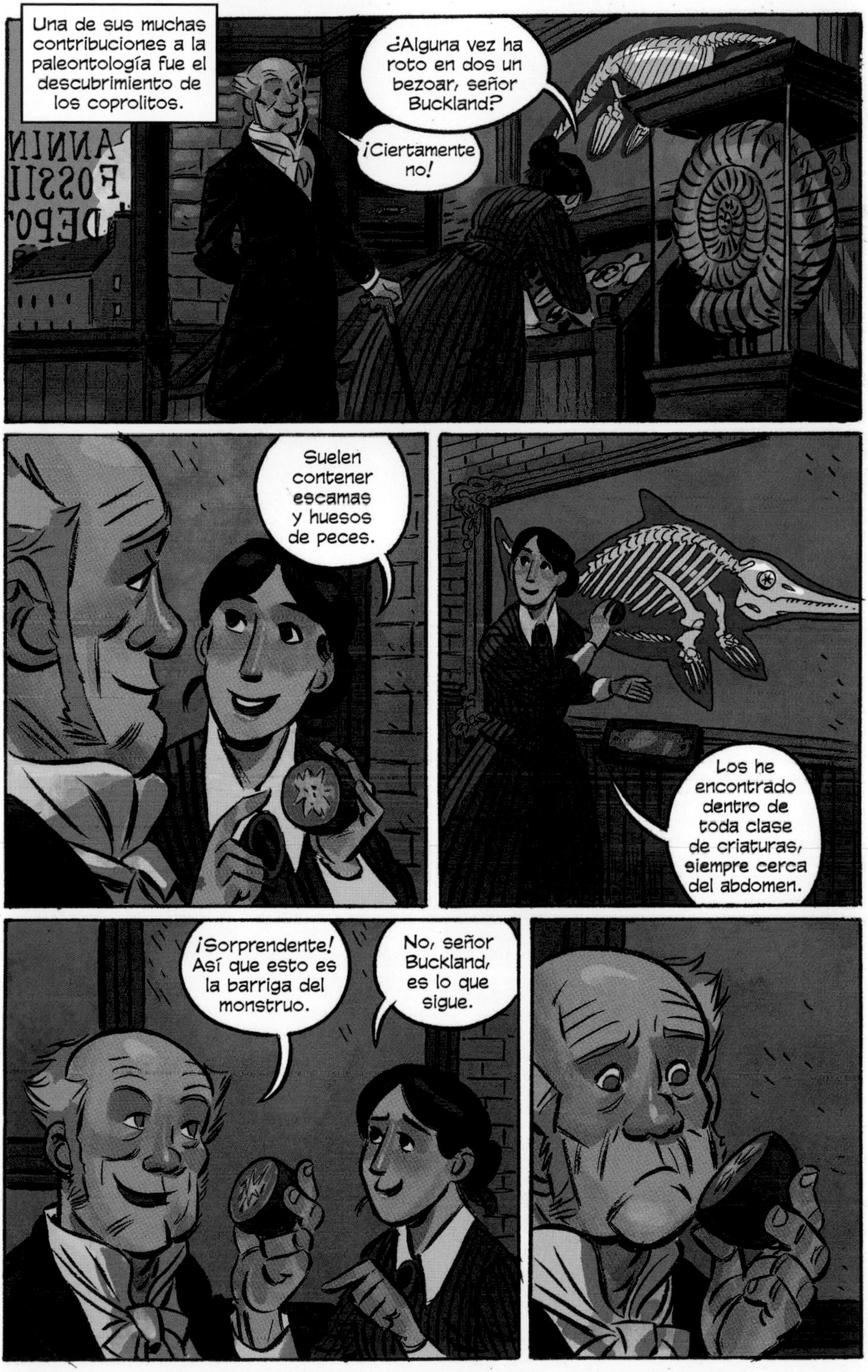

Una de sus muchas contribuciones a la paleontología fue el descubrimiento de los coprolitos.
ANNIN
FOSSIL
DEPOT
¿Alguna vez ha roto en dos un bezoar, señor Buckland?
¡Ciertamente no!
Suelen contener escamas y huesos de peces.
Los he encontrado dentro de toda clase de criaturas, siempre cerca del abdomen.
¡Sorprendente! Así que esto es la barriga del monstruo.
No, señor Buckland, es lo que sigue.

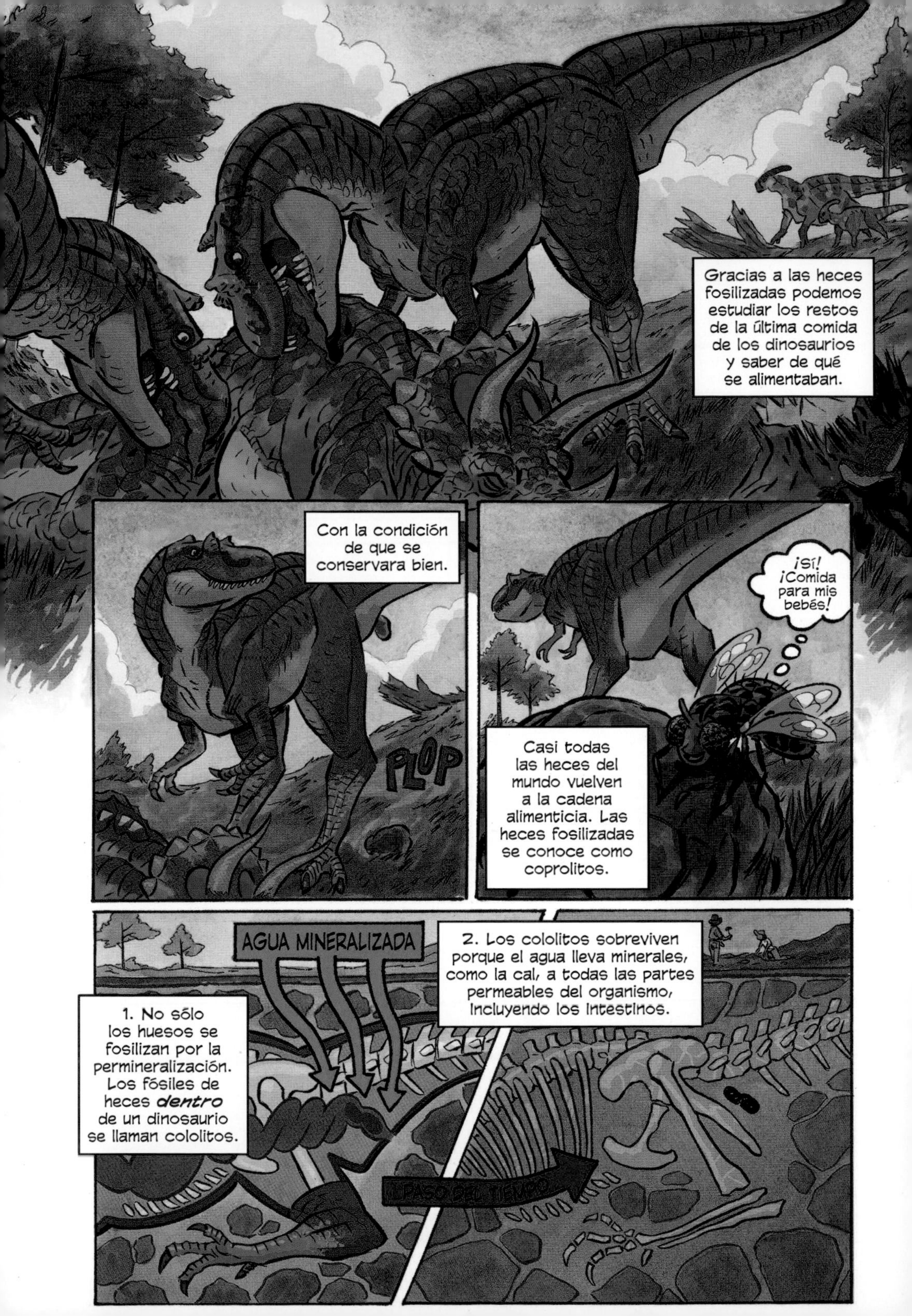

Gracias a las heces fosilizadas podemos estudiar los restos de la última comida de los dinosaurios y saber de qué se alimentaban.
Con la condición de que se conservara bien.
PLOP
¡Sí! ¡Comida para mis bebés!
Casi todas las heces del mundo vuelven a la cadena alimenticia. Las heces fosilizadas se conoce como coprolitos.
1. No sólo los huesos se fosilizan por la permineralización. Los fósiles de heces *dentro* de un dinosaurio se llaman cololitos.
AGUA MINERALIZADA
2. Los cololitos sobreviven porque el agua lleva minerales, como la cal, a todas las partes permeables del organismo, incluyendo los intestinos.
PASO DEL TIEMPO

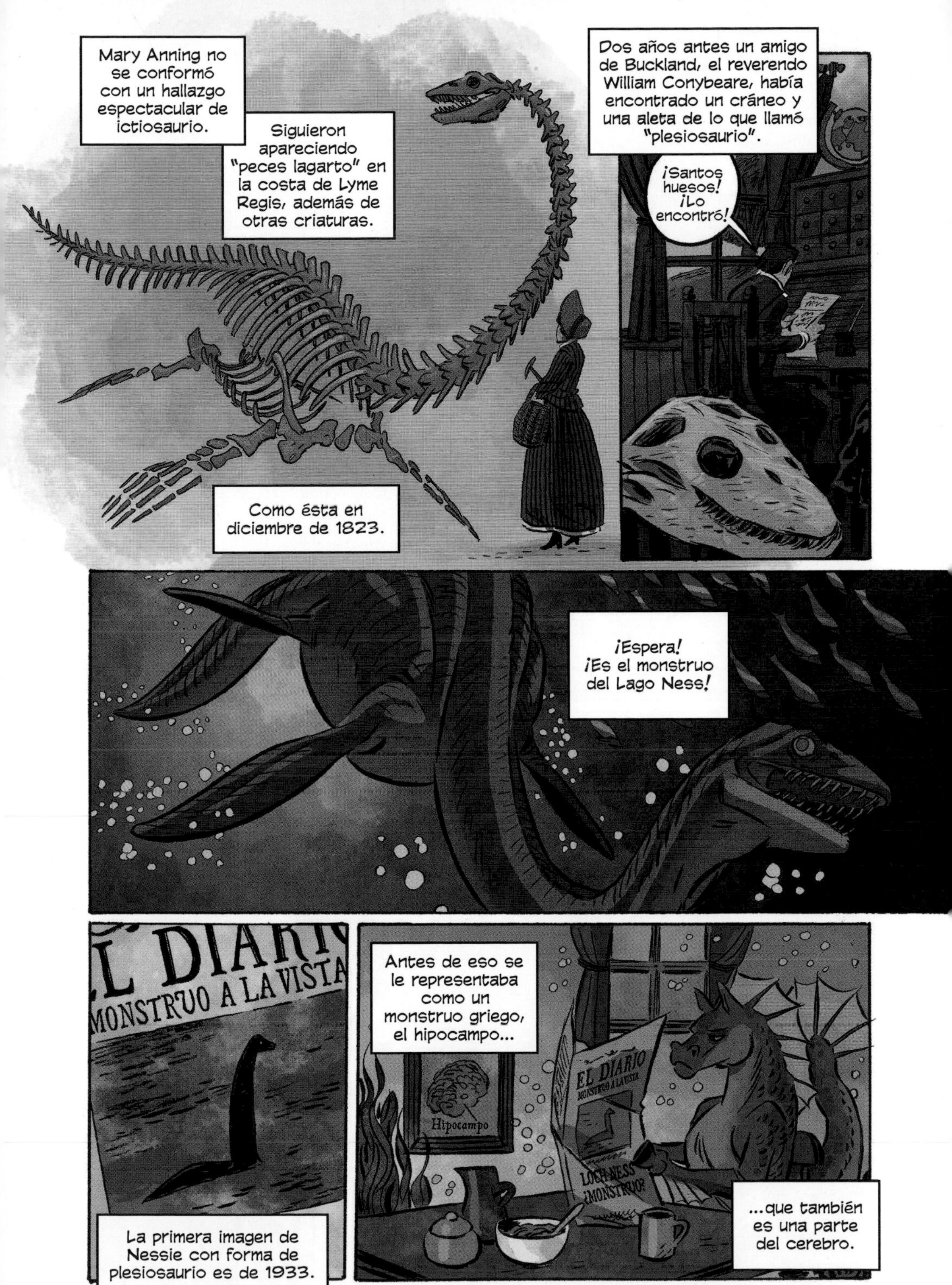
Mary Anning no se conformó con un hallazgo espectacular de ictiosaurio.
Siguieron apareciendo "peces lagarto" en la costa de Lyme Regis, además de otras criaturas.
Como ésta en diciembre de 1823.
Dos años antes un amigo de Buckland, el reverendo William Conybeare, había encontrado un cráneo y una aleta de lo que llamó "plesiosaurio".
¡Santos huesos! ¡Lo encontró!
¡Espera! ¡Es el monstruo del Lago Ness!
EL DIARIO
MONSTRUO A LA VISTA
La primera imagen de Nessie con forma de plesiosaurio es de 1933.
Antes de eso se le representaba como un monstruo griego, el hipocampo...
Hipocampo
EL DIARIO
MONSTRUO A LA VISTA
LOCH NESS ¡MONSTRUO!
...que también es una parte del cerebro.

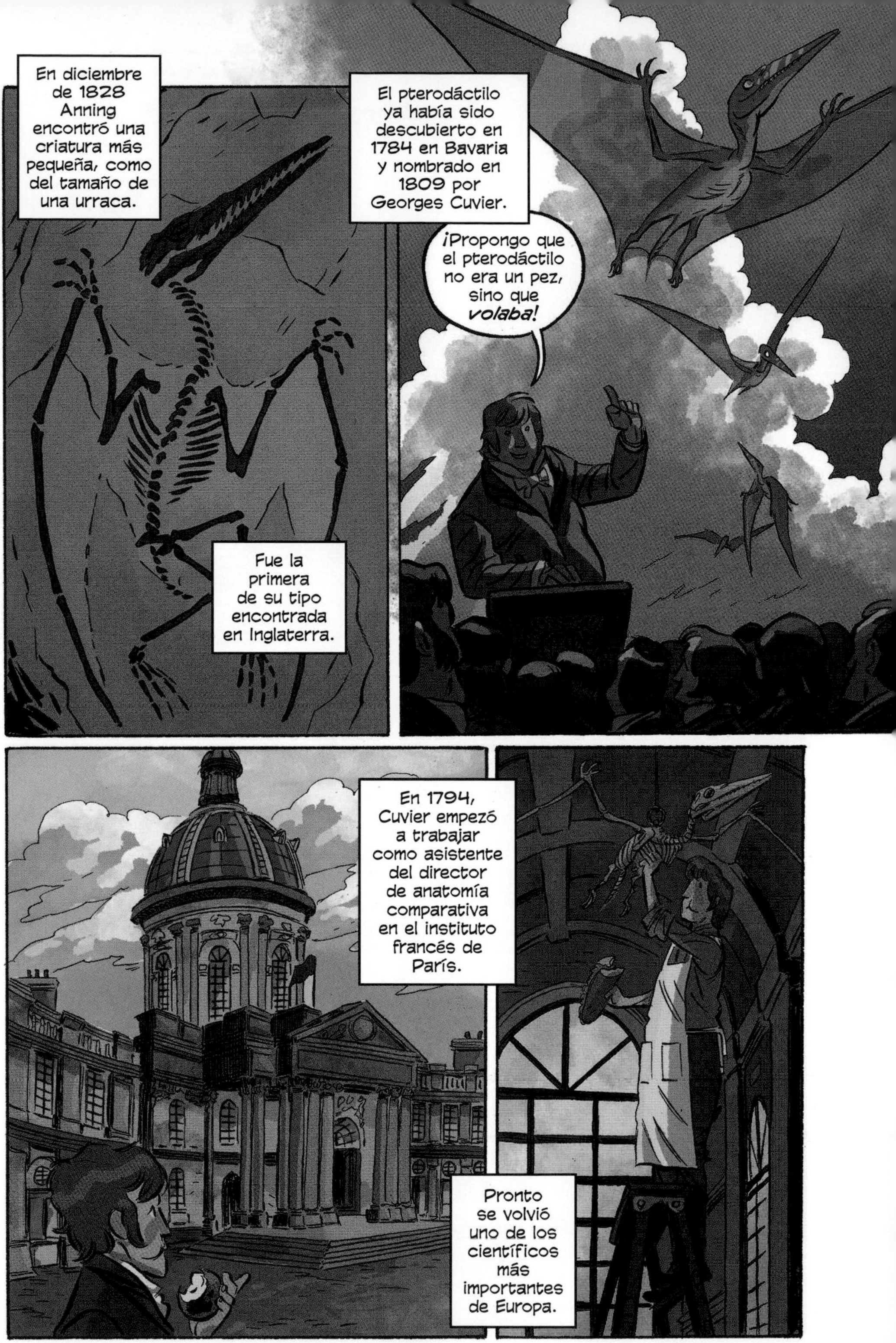

En diciembre de 1828 Anning encontró una criatura más pequeña, como del tamaño de una urraca.
Fue la primera de su tipo encontrada en Inglaterra.
El pterodáctilo ya había sido descubierto en 1784 en Bavaria y nombrado en 1809 por Georges Cuvier.
¡Propongo que el pterodáctilo no era un pez, sino que *volaba*!
En 1794, Cuvier empezó a trabajar como asistente del director de anatomía comparativa en el instituto francés de París.
Pronto se volvió uno de los científicos más importantes de Europa.

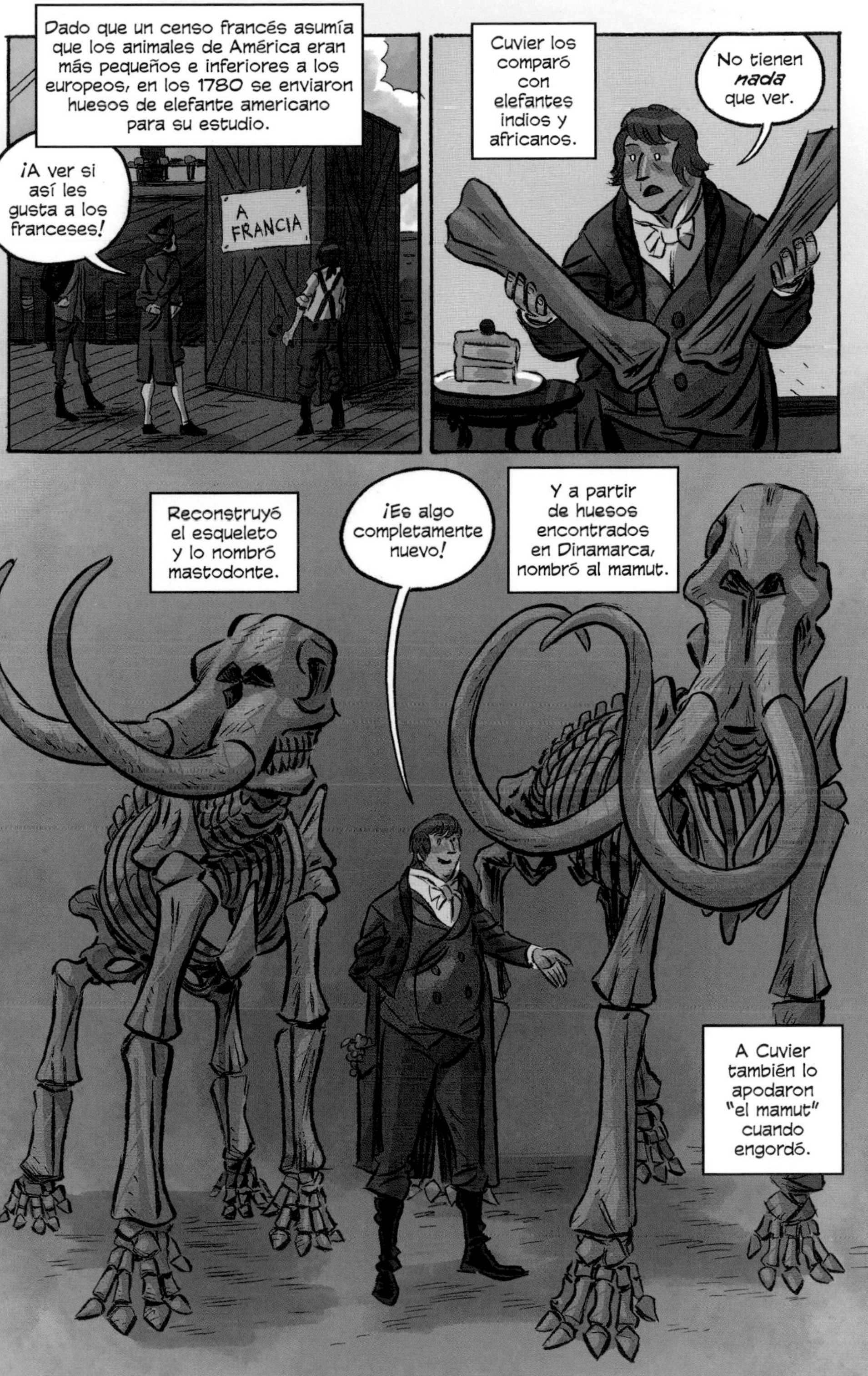
Dado que un censo francés asumía que los animales de América eran más pequeños e inferiores a los europeos, en los 1780 se enviaron huesos de elefante americano para su estudio.
¡A ver si así les gusta a los franceses!
A FRANCIA
Cuvier los comparó con elefantes indios y africanos.
No tienen *nada* que ver.
Reconstruyó el esqueleto y lo nombró mastodonte.
¡Es algo completamente nuevo!
Y a partir de huesos encontrados en Dinamarca, nombró al mamut.
A Cuvier también lo apodaron "el mamut" cuando engordó.

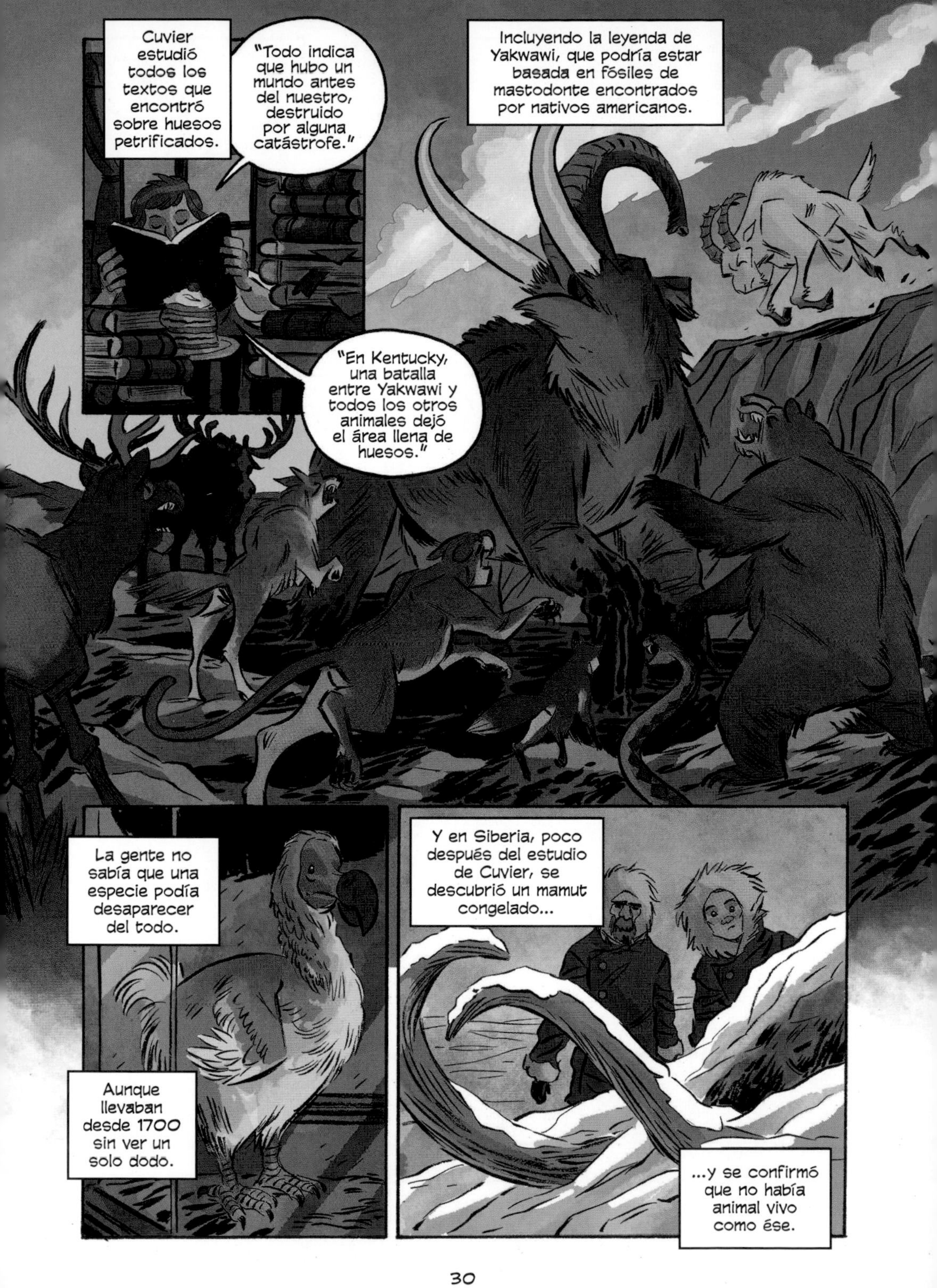
Cuvier estudió todos los textos que encontró sobre huesos petrificados.
"Todo indica que hubo un mundo antes del nuestro, destruido por alguna catástrofe."
Incluyendo la leyenda de Yakwawi, que podría estar basada en fósiles de mastodonte encontrados por nativos americanos.
"En Kentucky, una batalla entre Yakwawi y todos los otros animales dejó el área llena de huesos."
La gente no sabía que una especie podía desaparecer del todo.
Aunque llevaban desde 1700 sin ver un solo dodo.
Y en Siberia, poco después del estudio de Cuvier, se descubrió un mamut congelado...
...y se confirmó que no había animal vivo como ése.

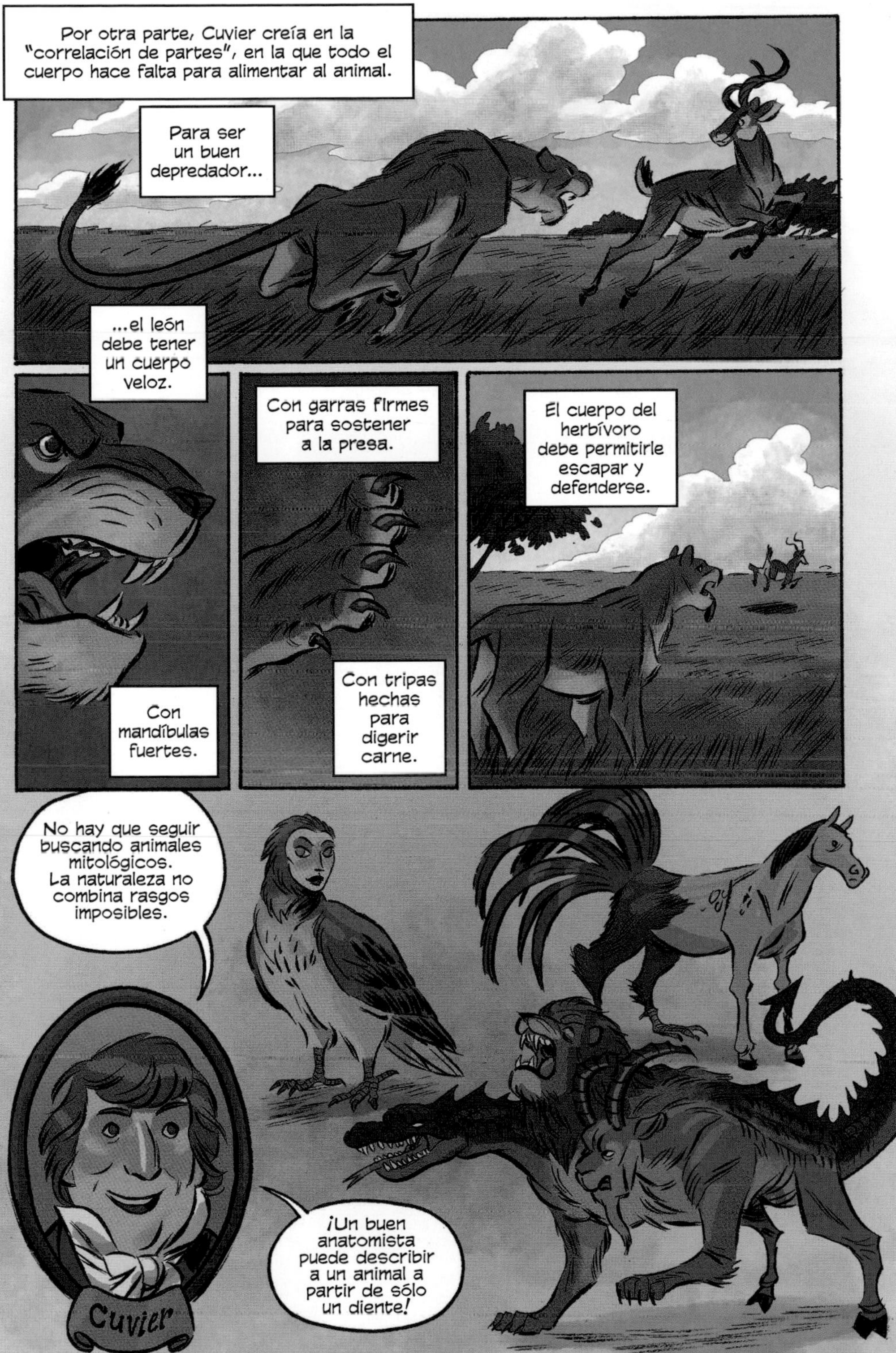
Por otra parte, Cuvier creía en la "correlación de partes", en la que todo el cuerpo hace falta para alimentar al animal.
Para ser un buen depredador...
...el león debe tener un cuerpo veloz.
Con mandíbulas fuertes.
Con garras firmes para sostener a la presa.
Con tripas hechas para digerir carne.
El cuerpo del herbívoro debe permitirle escapar y defenderse.
No hay que seguir buscando animales mitológicos. La naturaleza no combina rasgos imposibles.
Cuvier
¡Un buen anatomista puede describir a un animal a partir de sólo un diente!

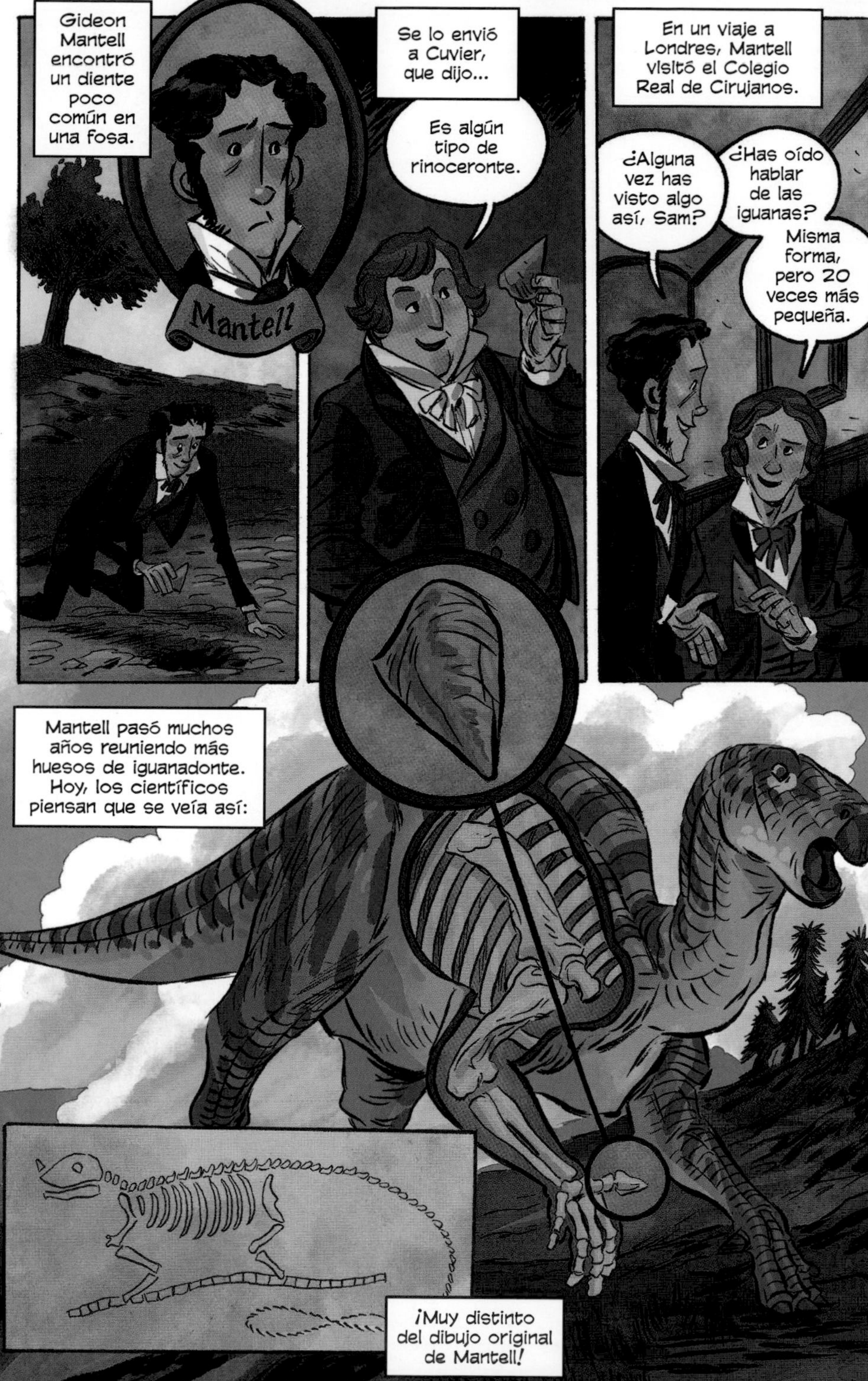
Gideon Mantell encontró un diente poco común en una fosa.
Mantell
Se lo envió a Cuvier, que dijo...
Es algún tipo de rinoceronte.
En un viaje a Londres, Mantell visitó el Colegio Real de Cirujanos.
¿Alguna vez has visto algo así, Sam?
¿Has oído hablar de las iguanas?
Misma forma, pero 20 veces más pequeña.
Mantell pasó muchos años reuniendo más huesos de iguanadonte. Hoy, los científicos piensan que se veía así:
¡Muy distinto del dibujo original de Mantell!

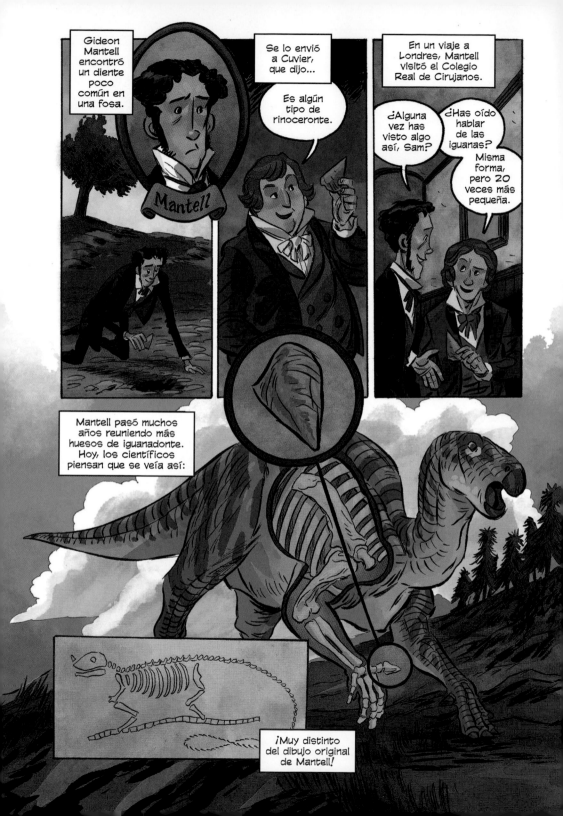

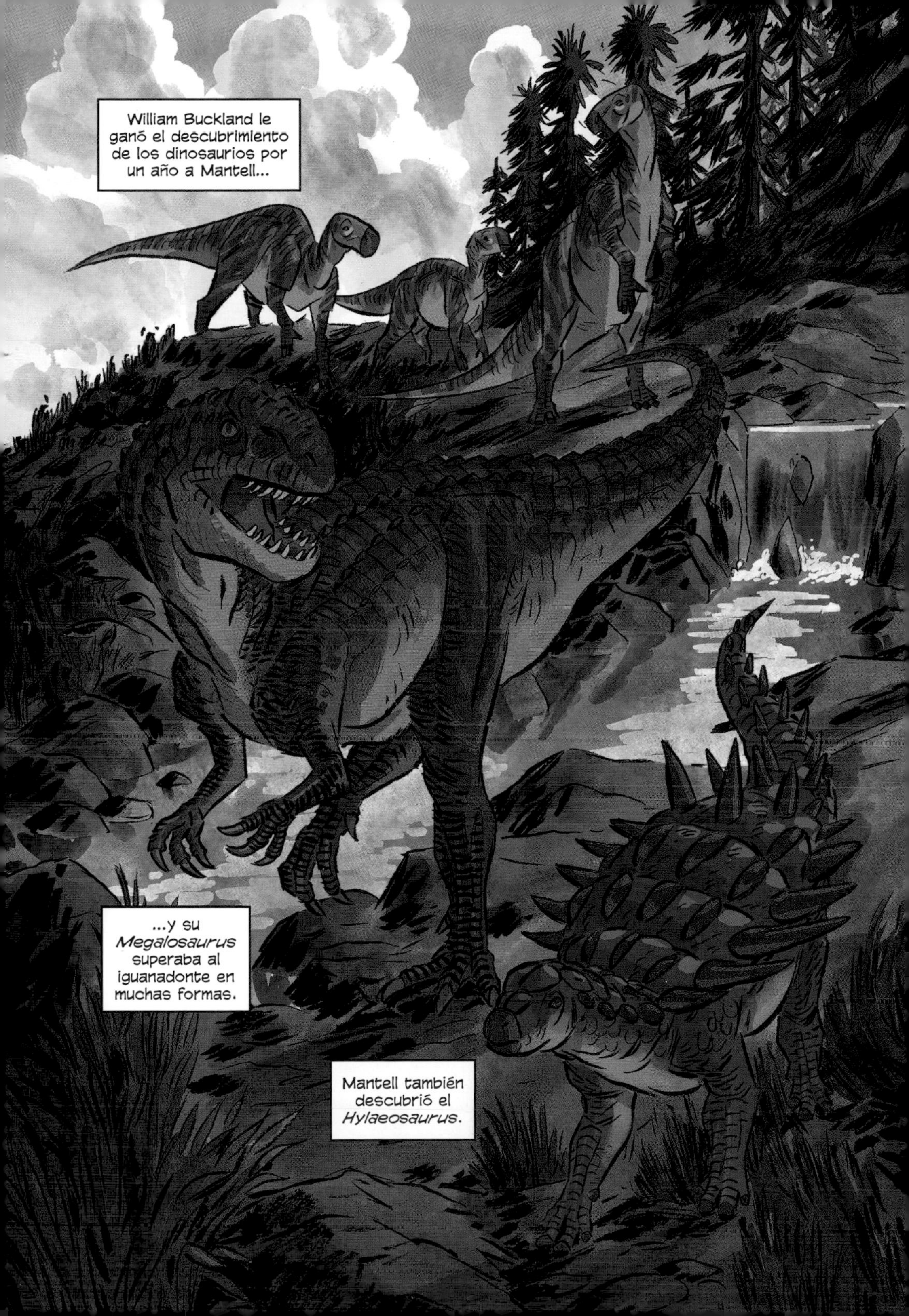
William Buckland le ganó el descubrimiento de los dinosaurios por un año a Mantell...
...y su *Megalosaurus* superaba al iguanadonte en muchas formas.
Mantell también descubrió el *Hylaeosaurus*.

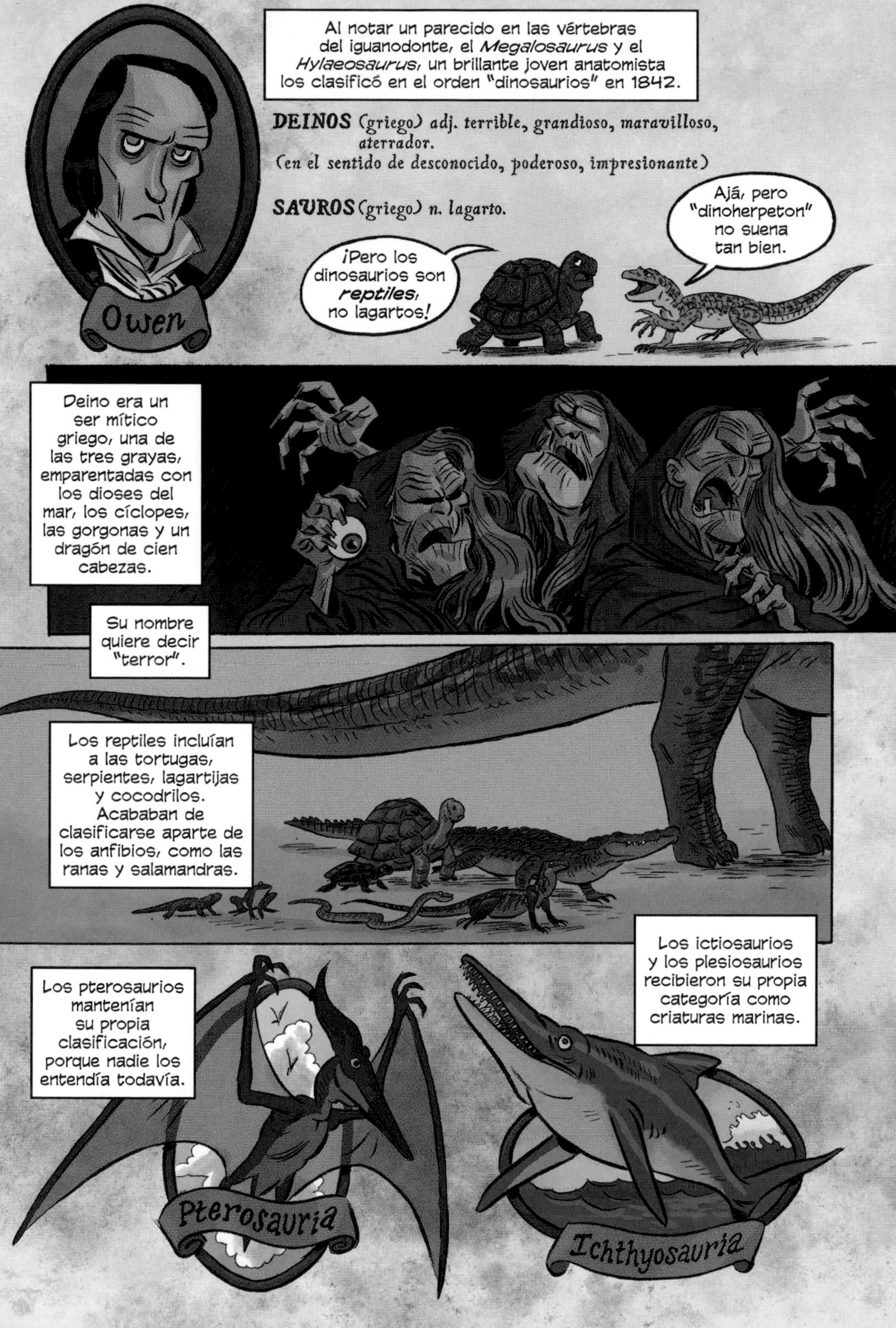
Al notar un parecido en las vértebras del iguanodonte, el *Megalosaurus* y el *Hylaeosaurus*, un brillante joven anatomista los clasificó en el orden "dinosaurios" en 1842.
DEINOS (griego) adj. terrible, grandioso, maravilloso, aterrador.
(en el sentido de desconocido, poderoso, impresionante)
SAUROS (griego) n. lagarto.
Owen
¡Pero los dinosaurios son *reptiles*, no lagartos!
Ajá, pero "dinoherpeton" no suena tan bien.
Deino era un ser mítico griego, una de las tres grayas, emparentadas con los dioses del mar, los cíclopes, las gorgonas y un dragón de cien cabezas.
Su nombre quiere decir "terror".
Los reptiles incluían a las tortugas, serpientes, lagartijas y cocodrilos. Acababan de clasificarse aparte de los anfibios, como las ranas y salamandras.
Los ictiosaurios y los plesiosaurios recibieron su propia categoría como criaturas marinas.
Los pterosaurios mantenían su propia clasificación, porque nadie los entendía todavía.
Pterosauria
Ichthyosauria

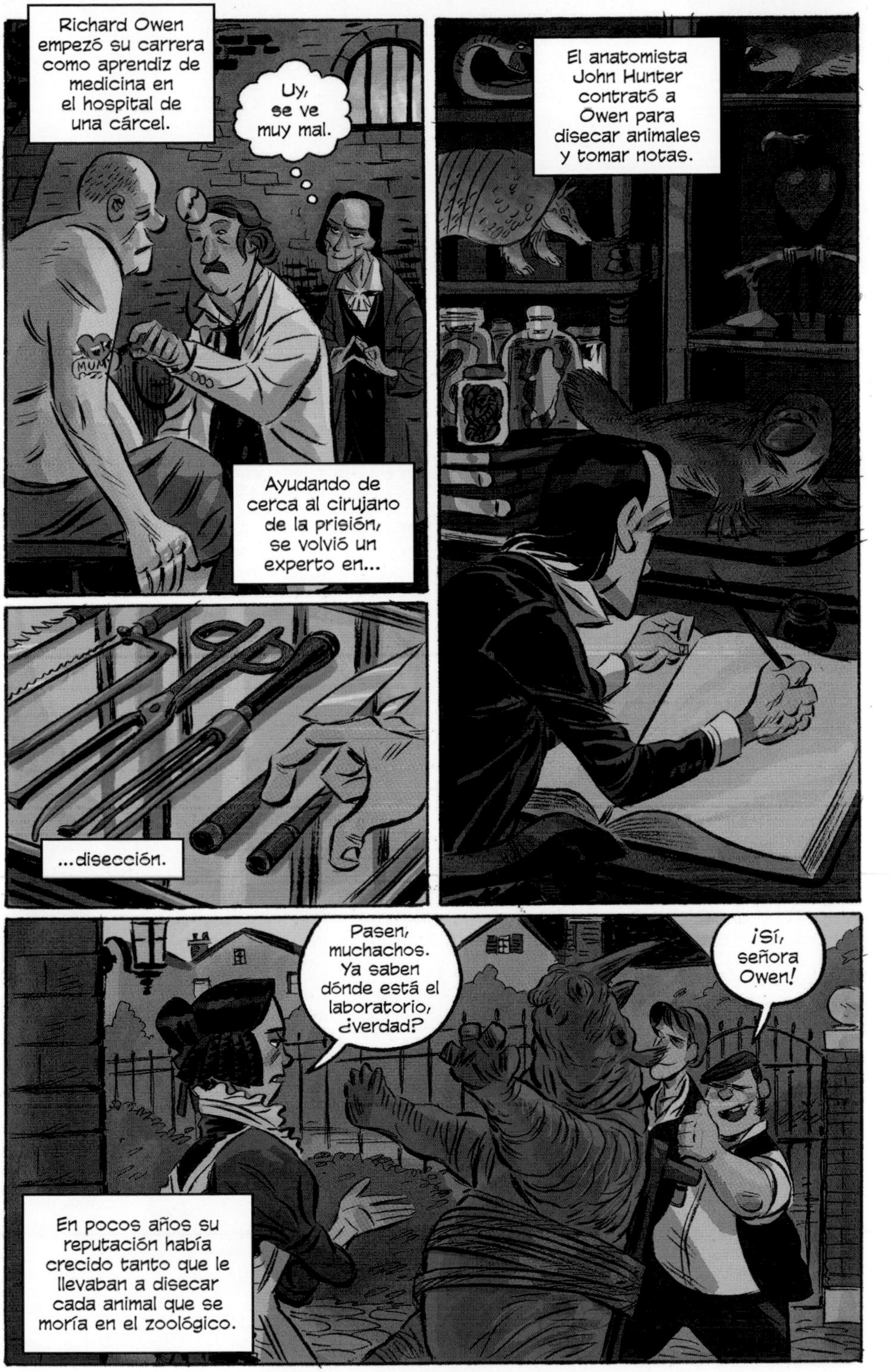

Richard Owen empezó su carrera como aprendiz de medicina en el hospital de una cárcel.
Uy, se ve muy mal.
Ayudando de cerca al cirujano de la prisión, se volvió un experto en...
...disección.
El anatomista John Hunter contrató a Owen para disecar animales y tomar notas.
Pasen, muchachos. Ya saben dónde está el laboratorio, ¿verdad?
¡Sí, señora Owen!
En pocos años su reputación había crecido tanto que le llevaban a disecar cada animal que se moría en el zoológico.

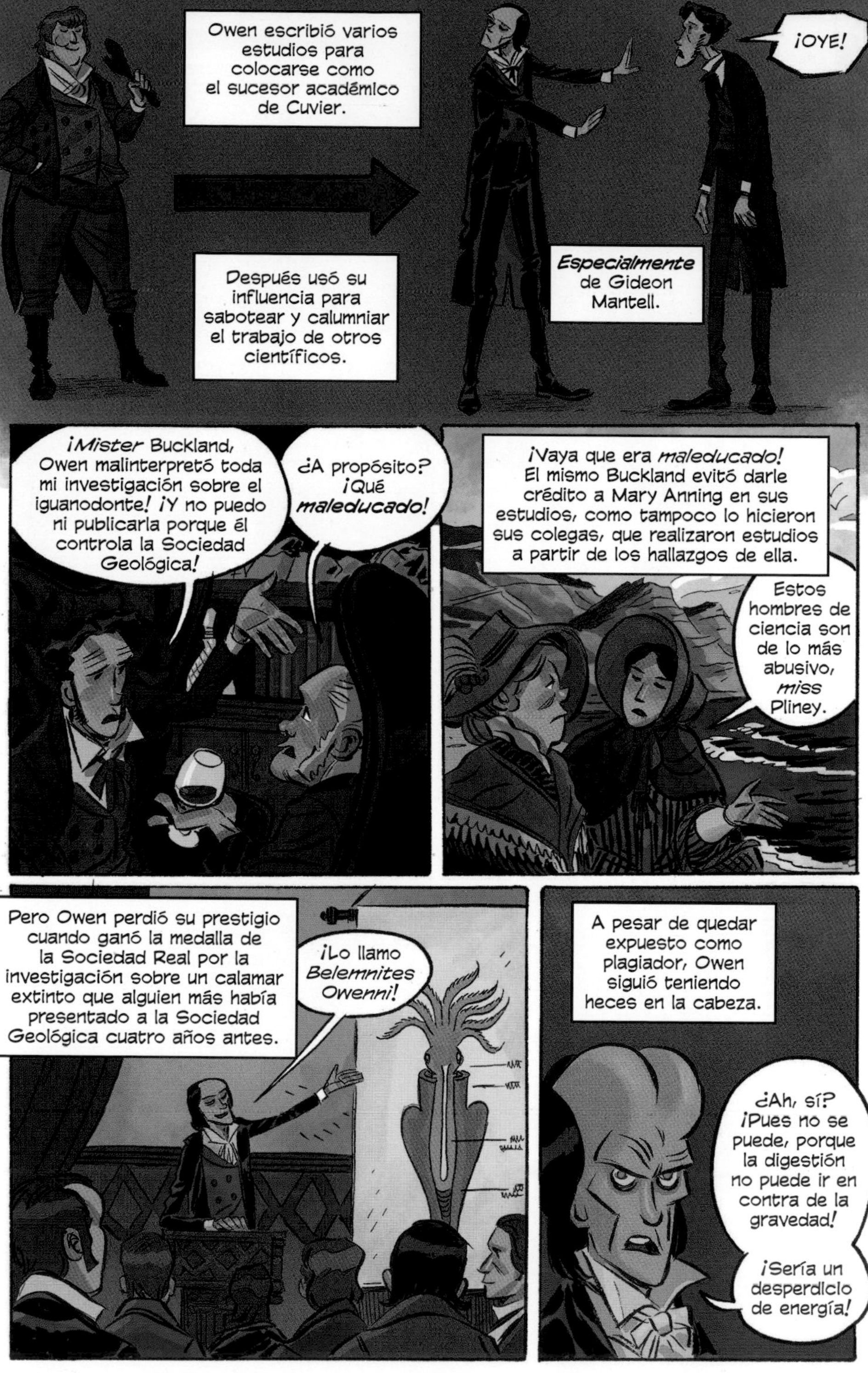
Owen escribió varios estudios para colocarse como el sucesor académico de Cuvier.
¡OYE!
Después usó su influencia para sabotear y calumniar el trabajo de otros científicos.
Especialmente de Gideon Mantell.
¡*Mister* Buckland, Owen malinterpretó toda mi investigación sobre el iguanodonte! ¡Y no puedo ni publicarla porque él controla la Sociedad Geológica!
¿A propósito? ¡Qué *maleducado*!
¡Vaya que era *maleducado*! El mismo Buckland evitó darle crédito a Mary Anning en sus estudios, como tampoco lo hicieron sus colegas, que realizaron estudios a partir de los hallazgos de ella.
Estos hombres de ciencia son de lo más abusivo, *miss* Pliney.
Pero Owen perdió su prestigio cuando ganó la medalla de la Sociedad Real por la investigación sobre un calamar extinto que alguien más había presentado a la Sociedad Geológica cuatro años antes.
¡Lo llamo *Belemnites Owenni*!
A pesar de quedar expuesto como plagiador, Owen siguió teniendo heces en la cabeza.
¿Ah, sí? ¡Pues no se puede, porque la digestión no puede ir en contra de la gravedad!
¡Sería un desperdicio de energía!

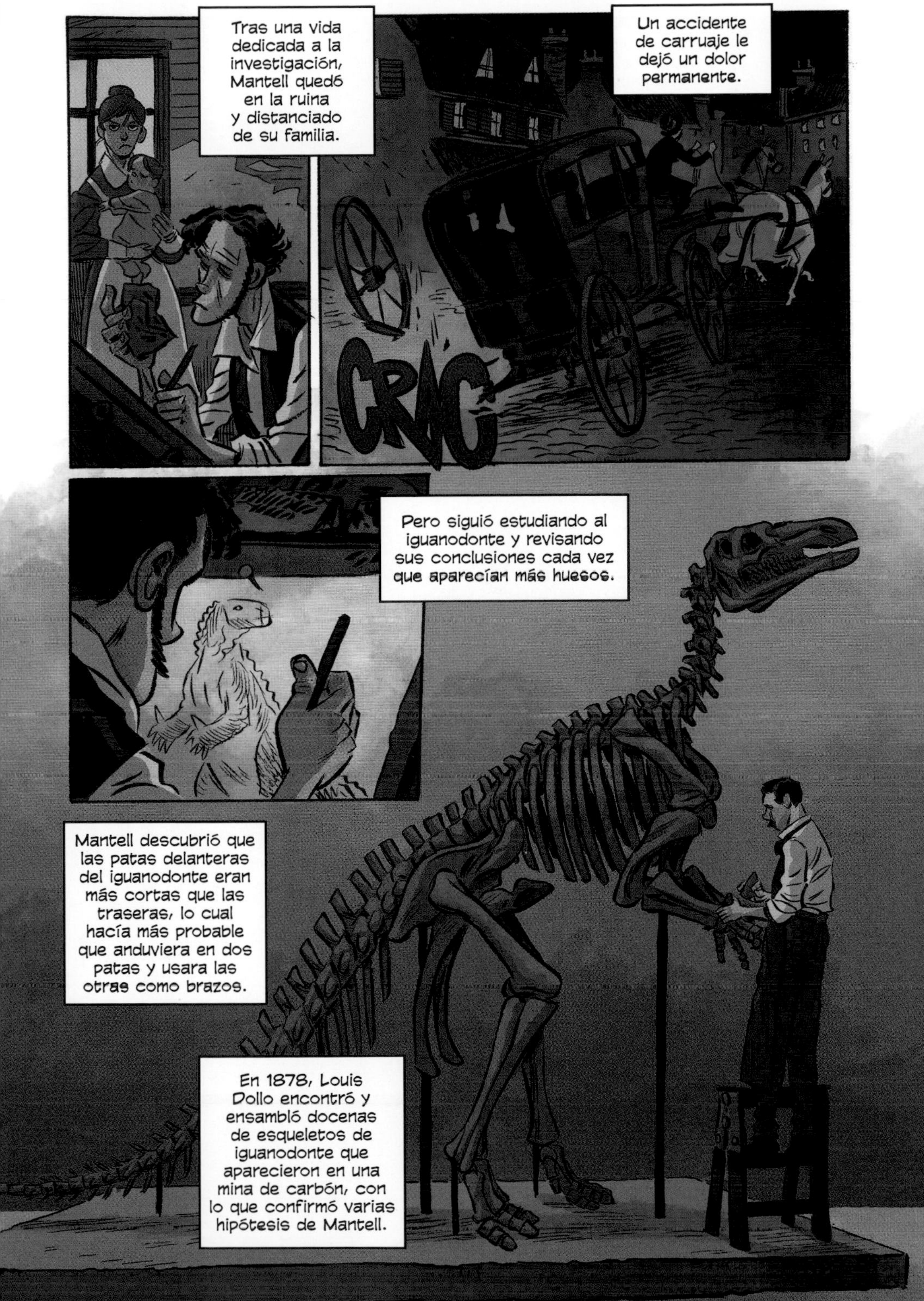
Tras una vida dedicada a la investigación, Mantell quedó en la ruina y distanciado de su familia.
Un accidente de carruaje le dejó un dolor permanente.
CRAC
Pero siguió estudiando al iguanodonte y revisando sus conclusiones cada vez que aparecían más huesos.
Mantell descubrió que las patas delanteras del iguanodonte eran más cortas que las traseras, lo cual hacía más probable que anduviera en dos patas y usara las otras como brazos.
En 1878, Louis Dollo encontró y ensambló docenas de esqueletos de iguanodonte que aparecieron en una mina de carbón, con lo que confirmó varias hipótesis de Mantell.

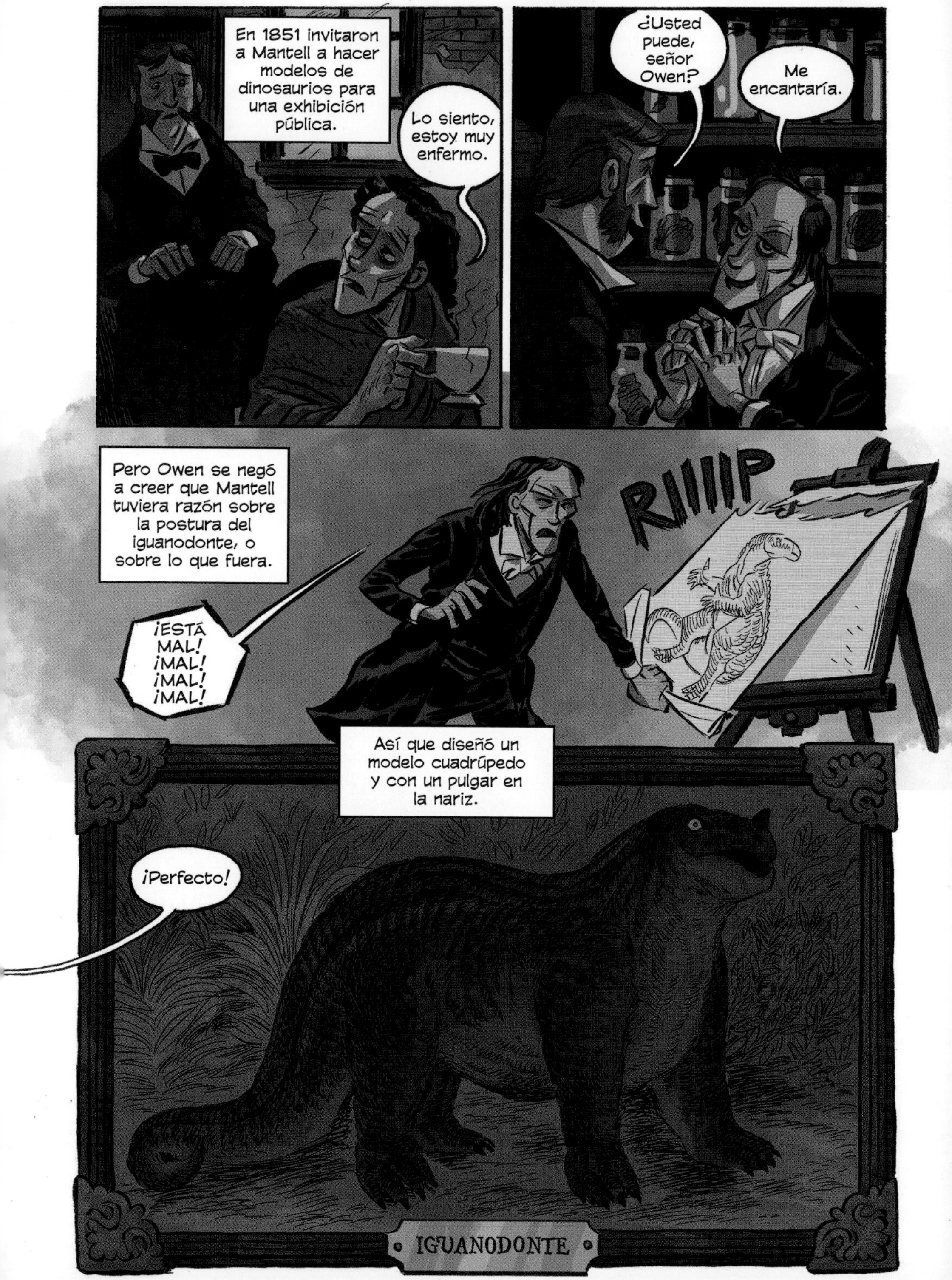
En 1851 invitaron a Mantell a hacer modelos de dinosaurios para una exhibición pública.
Lo siento, estoy muy enfermo.
¿Usted puede, señor Owen?
Me encantaría.
Pero Owen se negó a creer que Mantell tuviera razón sobre la postura del iguanodonte, o sobre lo que fuera.
RIIIIP
¡ESTÁ MAL! ¡MAL! ¡MAL! ¡MAL!
Así que diseñó un modelo cuadrúpedo y con un pulgar en la nariz.
¡Perfecto!
IGUANODONTE

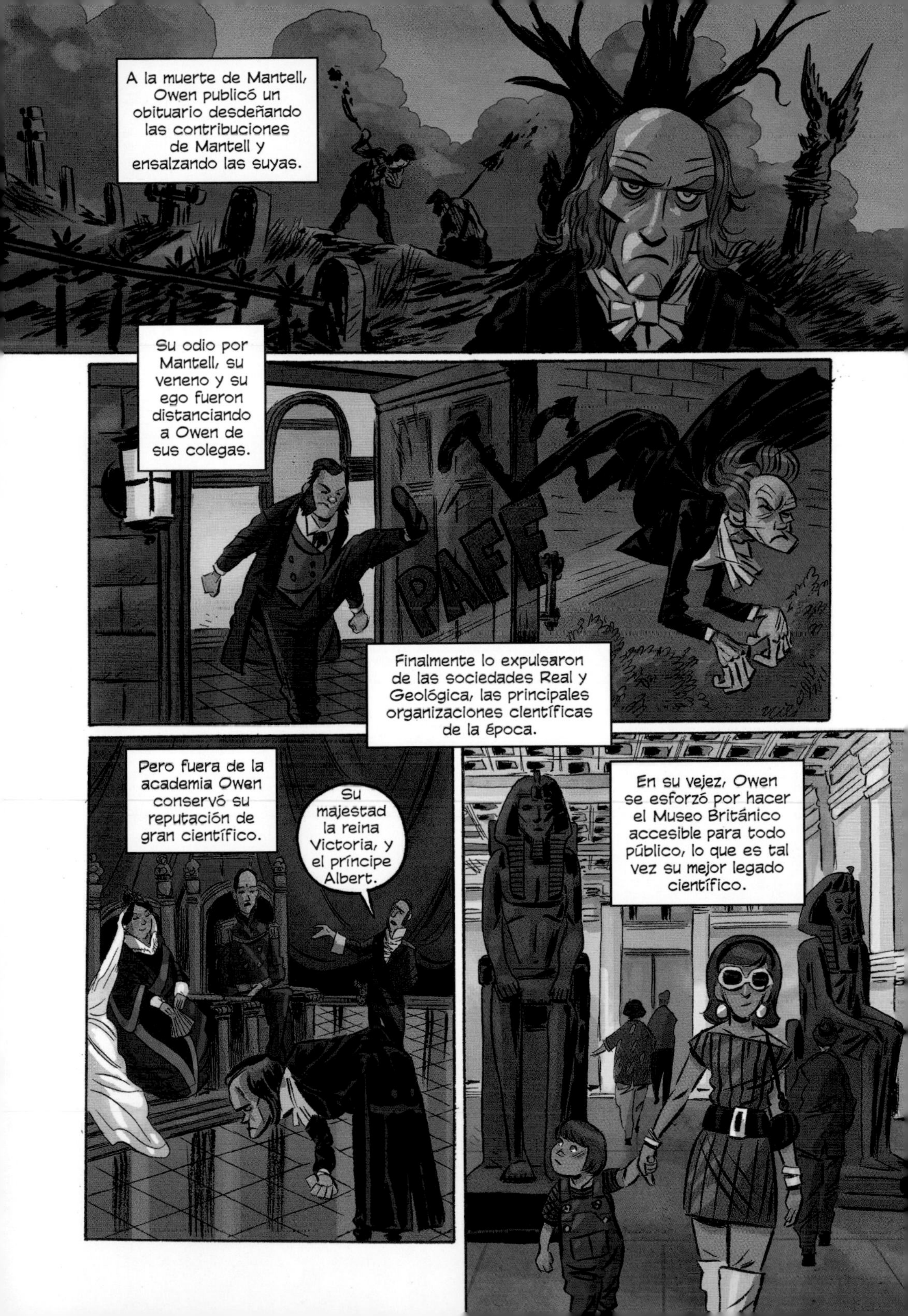

A la muerte de Mantell, Owen publicó un obituario desdeñando las contribuciones de Mantell y ensalzando las suyas.
Su odio por Mantell, su veneno y su ego fueron distanciando a Owen de sus colegas.
PAFF
Finalmente lo expulsaron de las sociedades Real y Geológica, las principales organizaciones científicas de la época.
Pero fuera de la academia Owen conservó su reputación de gran científico.
Su majestad la reina Victoria, y el príncipe Albert.
En su vejez, Owen se esforzó por hacer el Museo Británico accesible para todo público, lo que es tal vez su mejor legado científico.

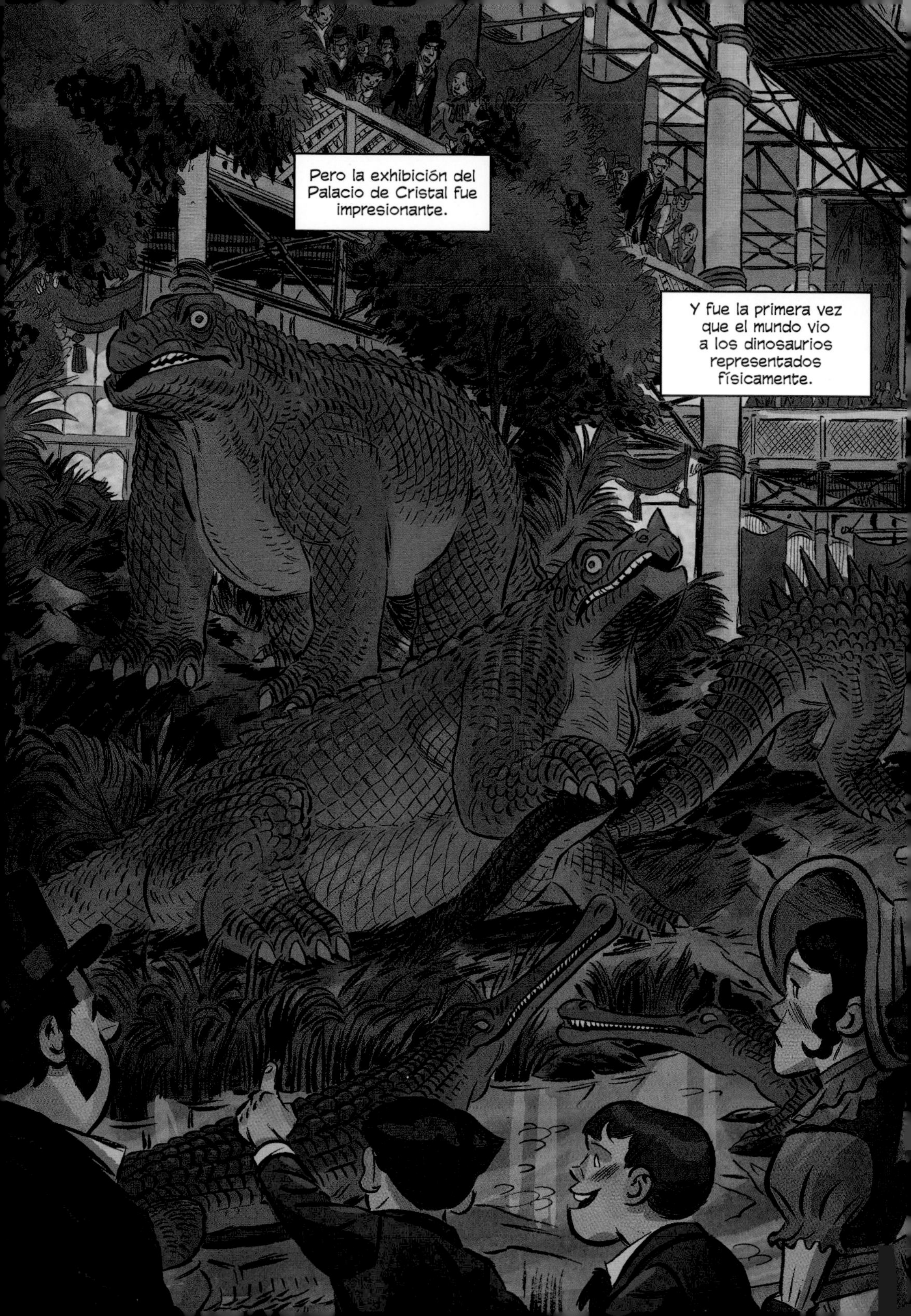
Pero la exhibición del Palacio de Cristal fue impresionante.
Y fue la primera vez que el mundo vio a los dinosaurios representados físicamente.

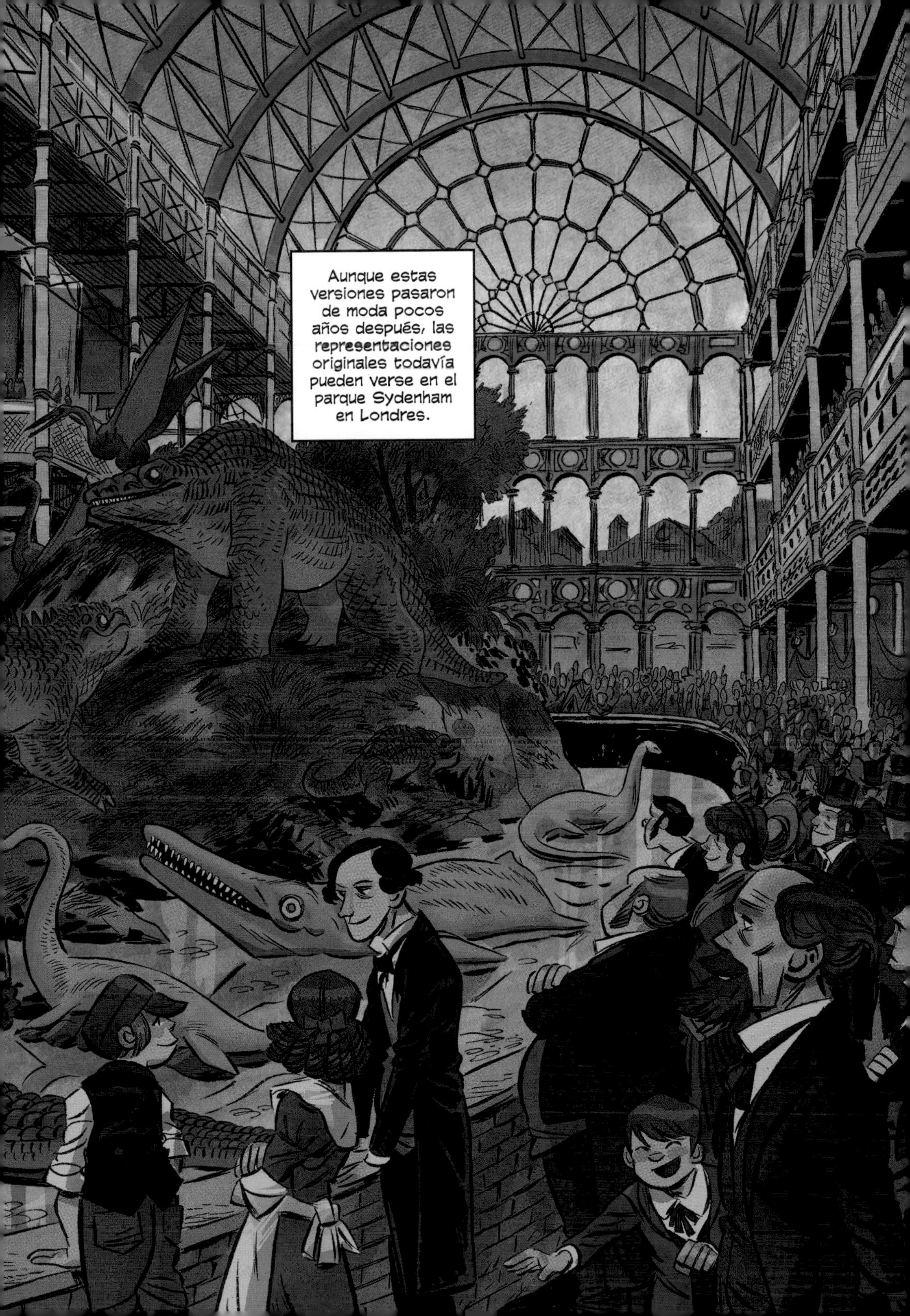
Aunque estas versiones pasaron de moda pocos años después, las representaciones originales todavía pueden verse en el parque Sydenham en Londres.

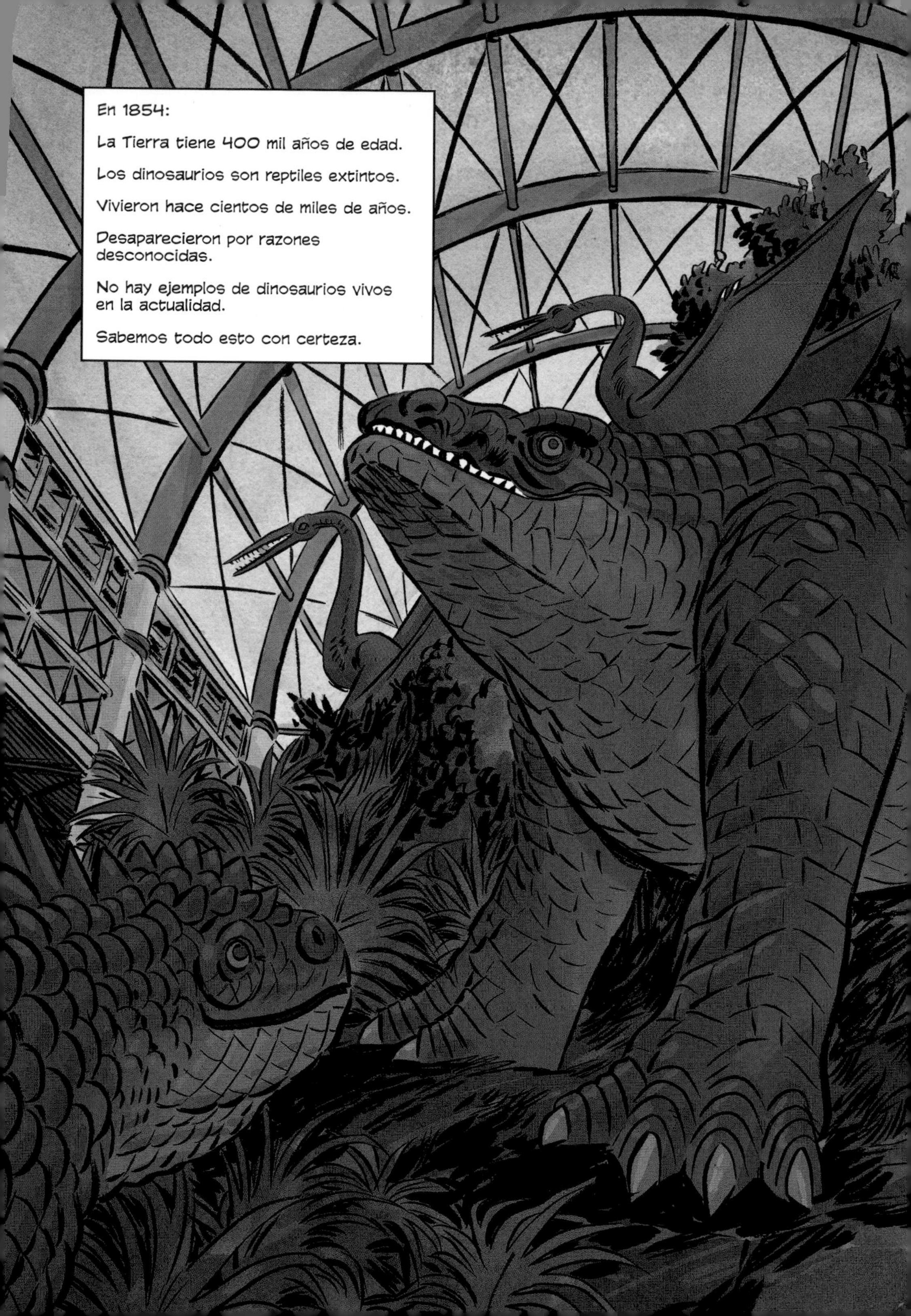
En 1854:
La Tierra tiene 400 mil años de edad.
Los dinosaurios son reptiles extintos.
Vivieron hace cientos de miles de años.
Desaparecieron por razones desconocidas.
No hay ejemplos de dinosaurios vivos en la actualidad.
Sabemos todo esto con certeza.

¿CÓMO SE NOMBRA A LOS DINOSAURIOS?

Comúnmente se les nombra con una frase descriptiva en latín o griego, aunque últimamente se usan también descripciones en chino o mongol.

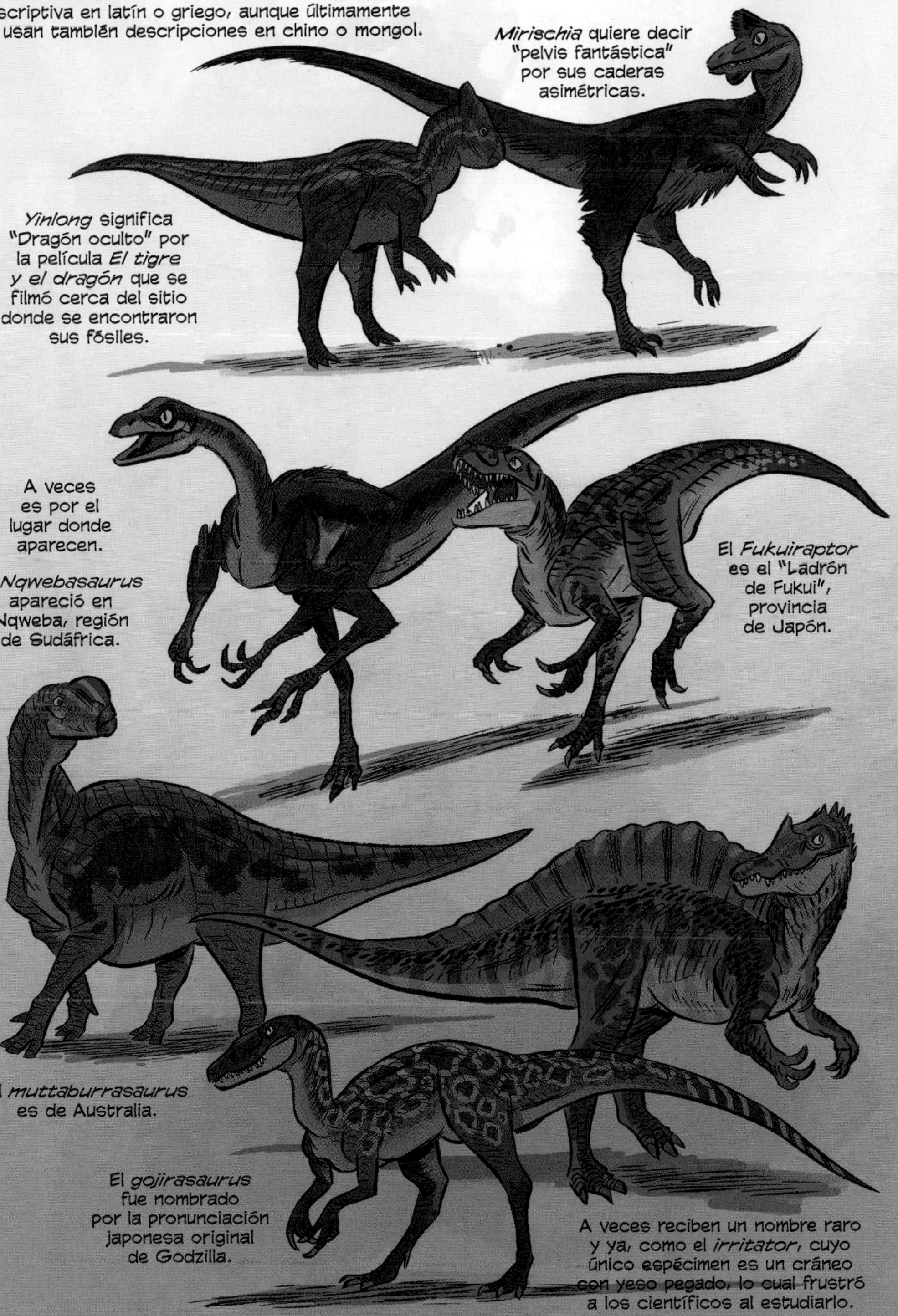

Mirischia quiere decir "pelvis fantástica" por sus caderas asimétricas.

Yinlong significa "Dragón oculto" por la película *El tigre y el dragón* que se filmó cerca del sitio donde se encontraron sus fósiles.

A veces es por el lugar donde aparecen.

El *Nqwebasaurus* apareció en Nqweba, región de Sudáfrica.

El *Fukuiraptor* es el "Ladrón de Fukui", provincia de Japón.

El *muttaburrasaurus* es de Australia.

El *gojirasaurus* fue nombrado por la pronunciación japonesa original de Godzilla.

A veces reciben un nombre raro y ya, como el *irritator*, cuyo único espécimen es un cráneo con yeso pegado, lo cual frustró a los científicos al estudiarlo.

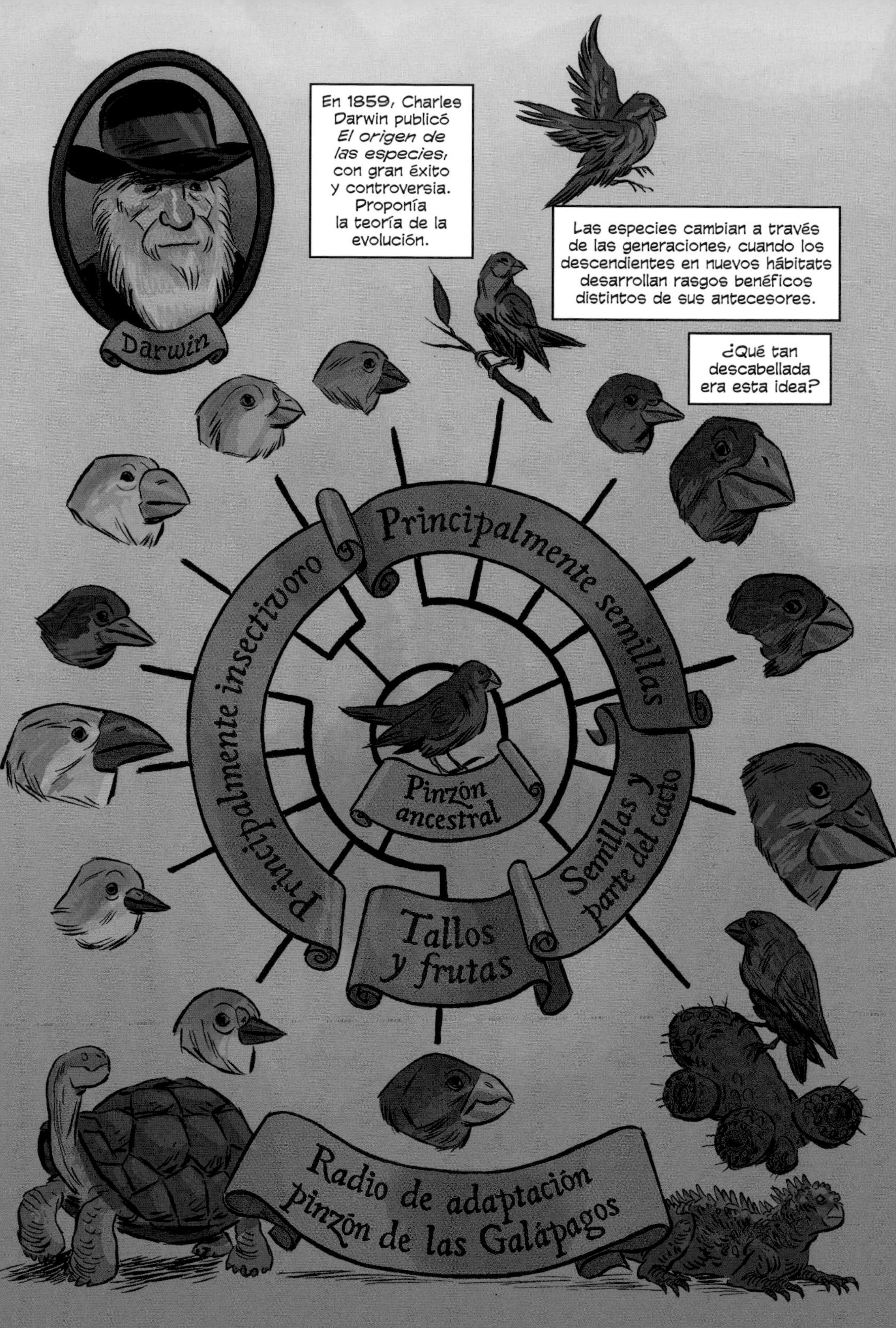
Darwin
En 1859, Charles Darwin publicó *El origen de las especies*, con gran éxito y controversia. Proponía la teoría de la evolución.
Las especies cambian a través de las generaciones, cuando los descendientes en nuevos hábitats desarrollan rasgos benéficos distintos de sus antecesores.
¿Qué tan descabellada era esta idea?
Principalmente semillas
Semillas y parte del cacto
Tallos y frutas
Principalmente insectívoro
Pinzón ancestral
Radio de adaptación pinzón de las Galápagos

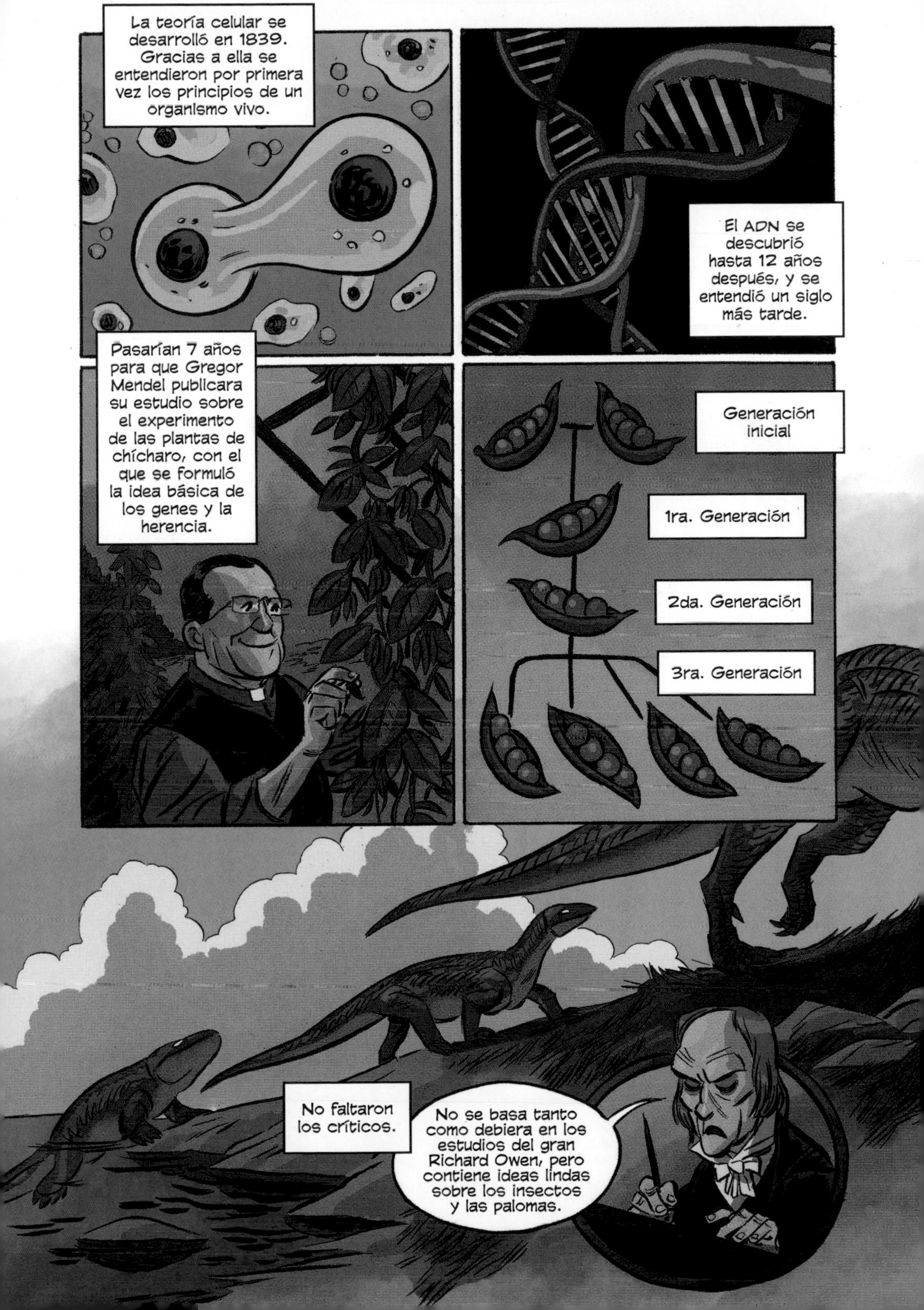
La teoría celular se desarrolló en 1839. Gracias a ella se entendieron por primera vez los principios de un organismo vivo.
El ADN se descubrió hasta 12 años después, y se entendió un siglo más tarde.
Pasarían 7 años para que Gregor Mendel publicara su estudio sobre el experimento de las plantas de chícharo, con el que se formuló la idea básica de los genes y la herencia.
Generación inicial
1ra. Generación
2da. Generación
3ra. Generación
No faltaron los críticos.
No se basa tanto como debiera en los estudios del gran Richard Owen, pero contiene ideas lindas sobre los insectos y las palomas.

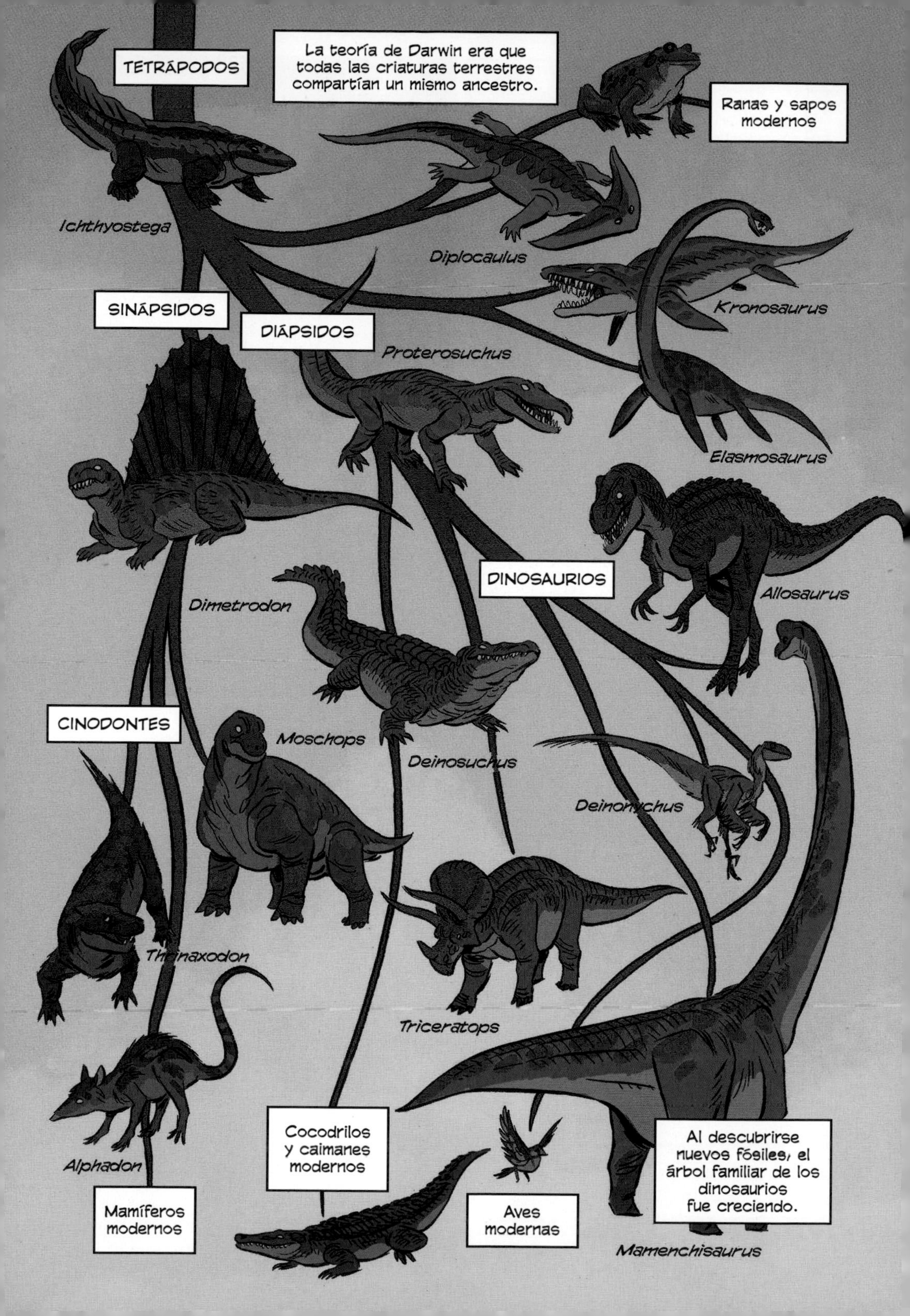
La teoría de Darwin era que todas las criaturas terrestres compartían un mismo ancestro.
TETRÁPODOS
Ranas y sapos modernos
Ichthyostega
Diplocaulus
Kronosaurus
SINÁPSIDOS
DIÁPSIDOS
Proterosuchus
Elasmosaurus
Allosaurus
DINOSAURIOS
Dimetrodon
CINODONTES
Moschops
Deinosuchus
Deinonychus
Thrinaxodon
Triceratops
Alphadon
Cocodrilos y caimanes modernos
Al descubrirse nuevos fósiles, el árbol familiar de los dinosaurios fue creciendo.
Mamíferos modernos
Aves modernas
Mamenchisaurus

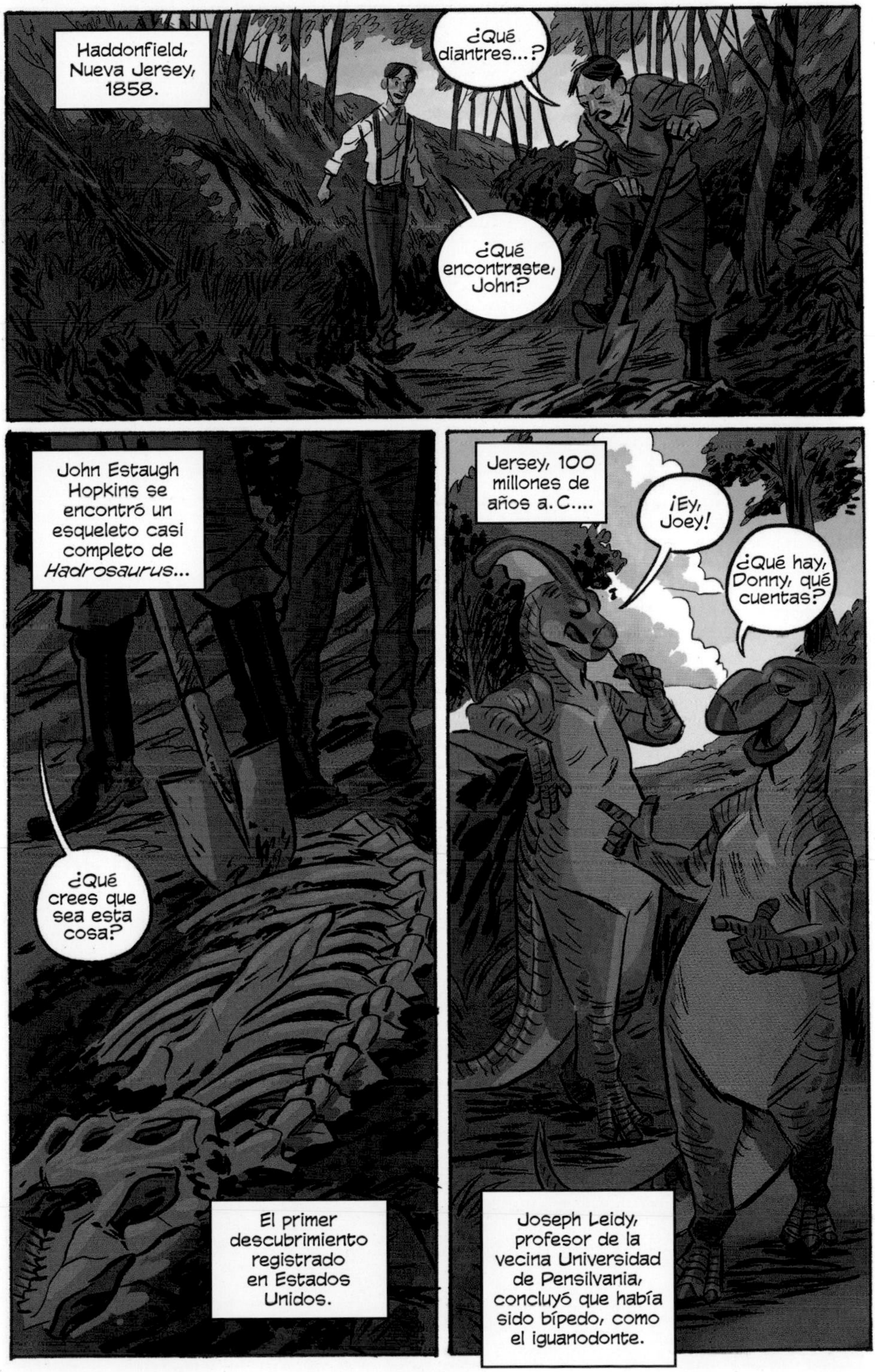
Haddonfield, Nueva Jersey, 1858.
¿Qué diantres...?
¿Qué encontraste, John?
John Estaugh Hopkins se encontró un esqueleto casi completo de *Hadrosaurus*...
¿Qué crees que sea esta cosa?
El primer descubrimiento registrado en Estados Unidos.
Jersey, 100 millones de años a. C....
¡Ey, Joey!
¿Qué hay, Donny, qué cuentas?
Joseph Leidy, profesor de la vecina Universidad de Pensilvania, concluyó que había sido bípedo, como el iguanodonte.

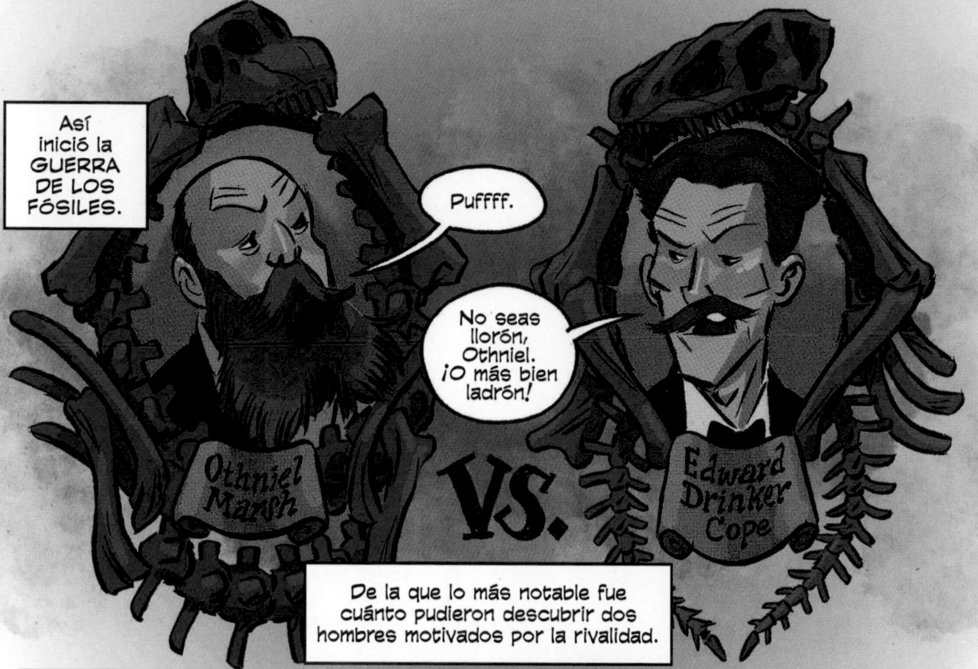
Así inició la GUERRA DE LOS FÓSILES.
Pufff.
No seas llorón, Othniel. ¡O más bien ladrón!
Othniel Marsh
VS.
Edward Drinker Cope
De la que lo más notable fue cuánto pudieron descubrir dos hombres motivados por la rivalidad.

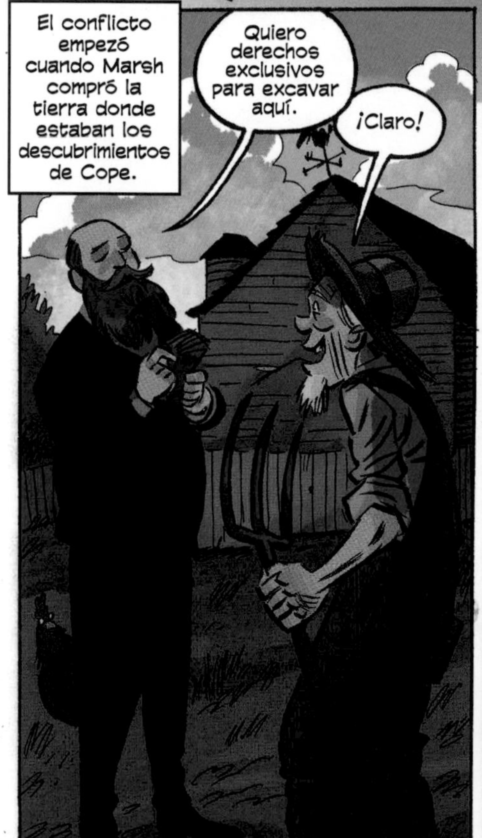
El conflicto empezó cuando Marsh compró la tierra donde estaban los descubrimientos de Cope.
Quiero derechos exclusivos para excavar aquí.
¡Claro!

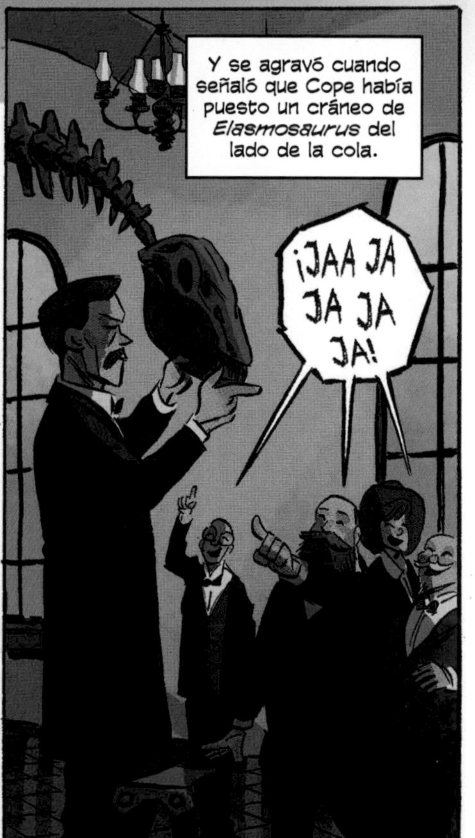
Y se agravó cuando señaló que Cope había puesto un cráneo de *Elasmosaurus* del lado de la cola.
¡JAA JA JA JA JA!

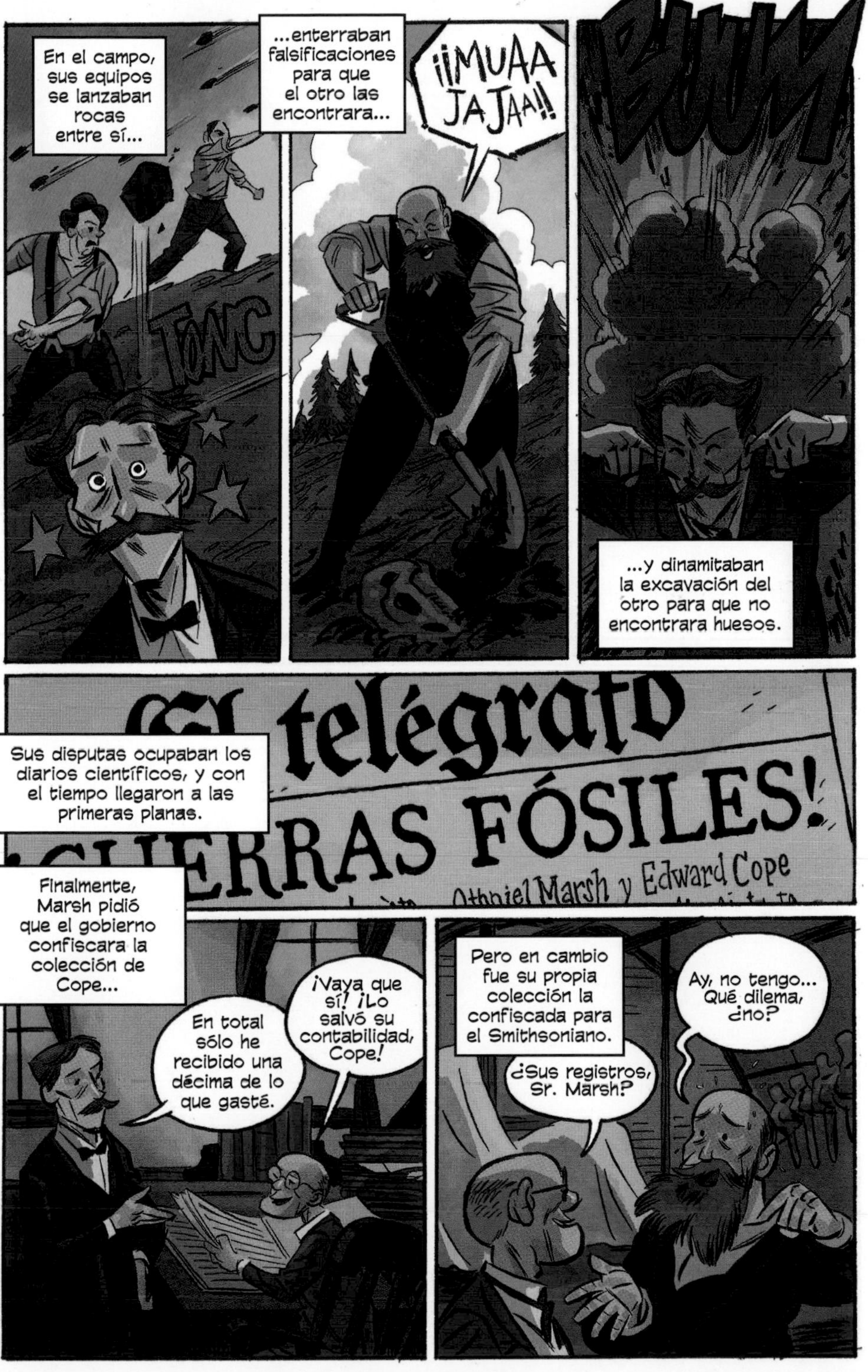
En el campo, sus equipos se lanzaban rocas entre sí...
TONC
...enterraban falsificaciones para que el otro las encontrara...
¡¡MUAA JAJAA!!
BUUM
...y dinamitaban la excavación del otro para que no encontrara huesos.
El telégrafo
Sus disputas ocupaban los diarios científicos, y con el tiempo llegaron a las primeras planas.
¡GUERRAS FÓSILES!
Othniel Marsh y Edward Cope
Finalmente, Marsh pidió que el gobierno confiscara la colección de Cope...
En total sólo he recibido una décima de lo que gasté.
¡Vaya que sí! ¡Lo salvó su contabilidad, Cope!
Pero en cambio fue su propia colección la confiscada para el Smithsoniano.
¿Sus registros, Sr. Marsh?
Ay, no tengo... Qué dilema, ¿no?

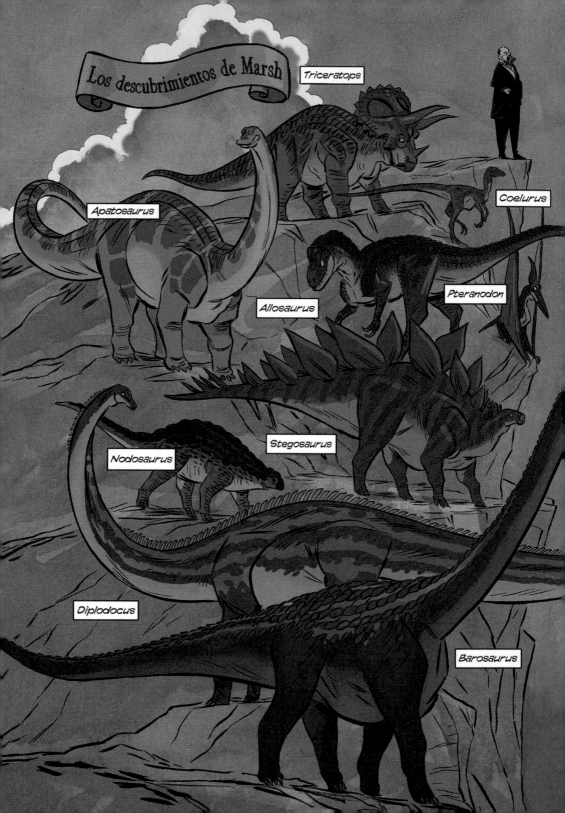

Los descubrimientos de Marsh

Triceratops

Coelurus

Apatosaurus

Pteranodon

Allosaurus

Stegosaurus

Nodosaurus

Diplodocus

Barosaurus

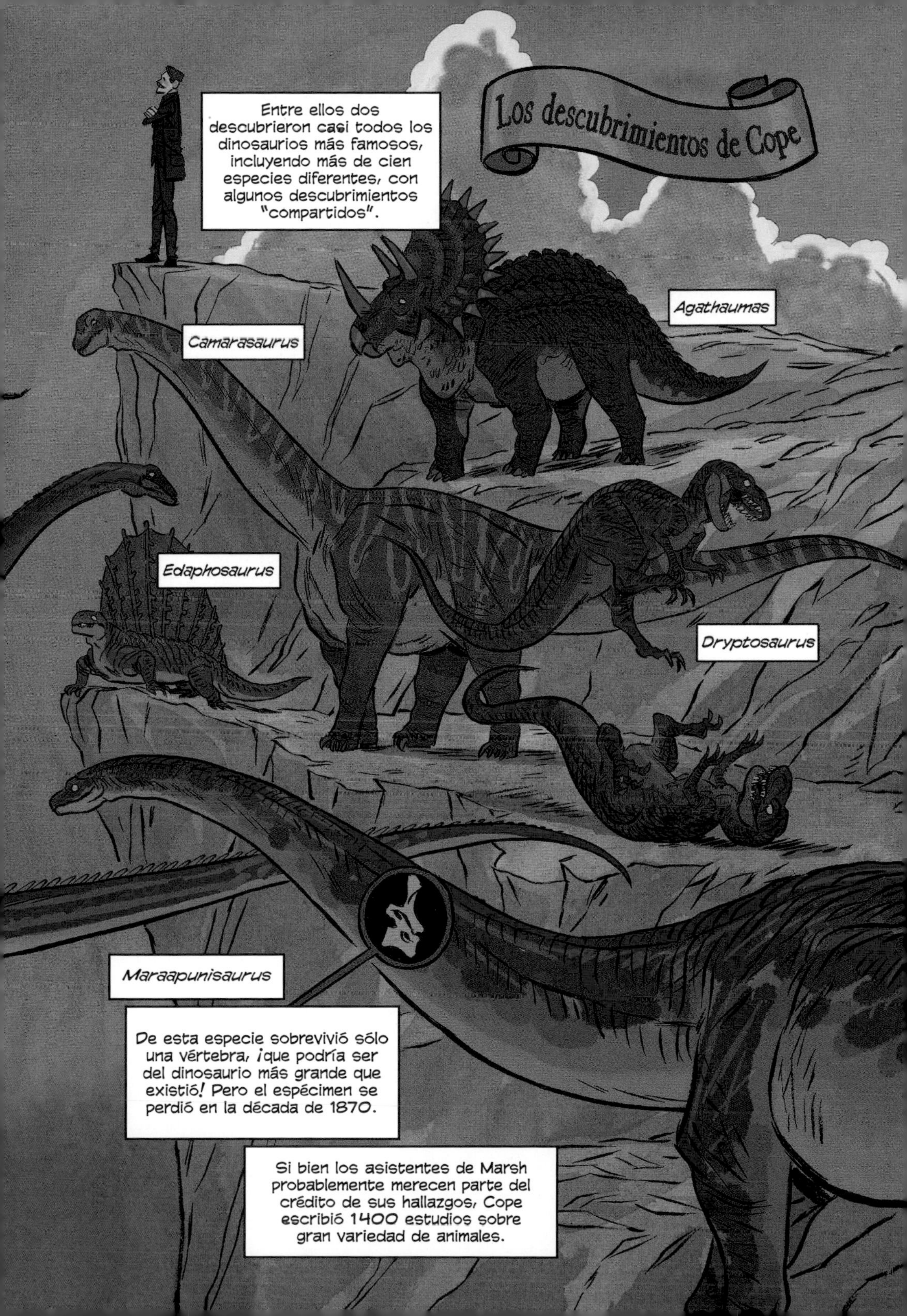
Los descubrimientos de Cope
Entre ellos dos descubrieron casi todos los dinosaurios más famosos, incluyendo más de cien especies diferentes, con algunos descubrimientos "compartidos".
Agathaumas
Camarasaurus
Edaphosaurus
Dryptosaurus
Maraapunisaurus
De esta especie sobrevivió sólo una vértebra, ¡que podría ser del dinosaurio más grande que existió! Pero el espécimen se perdió en la década de 1870.
Si bien los asistentes de Marsh probablemente merecen parte del crédito de sus hallazgos, Cope escribió 1400 estudios sobre gran variedad de animales.

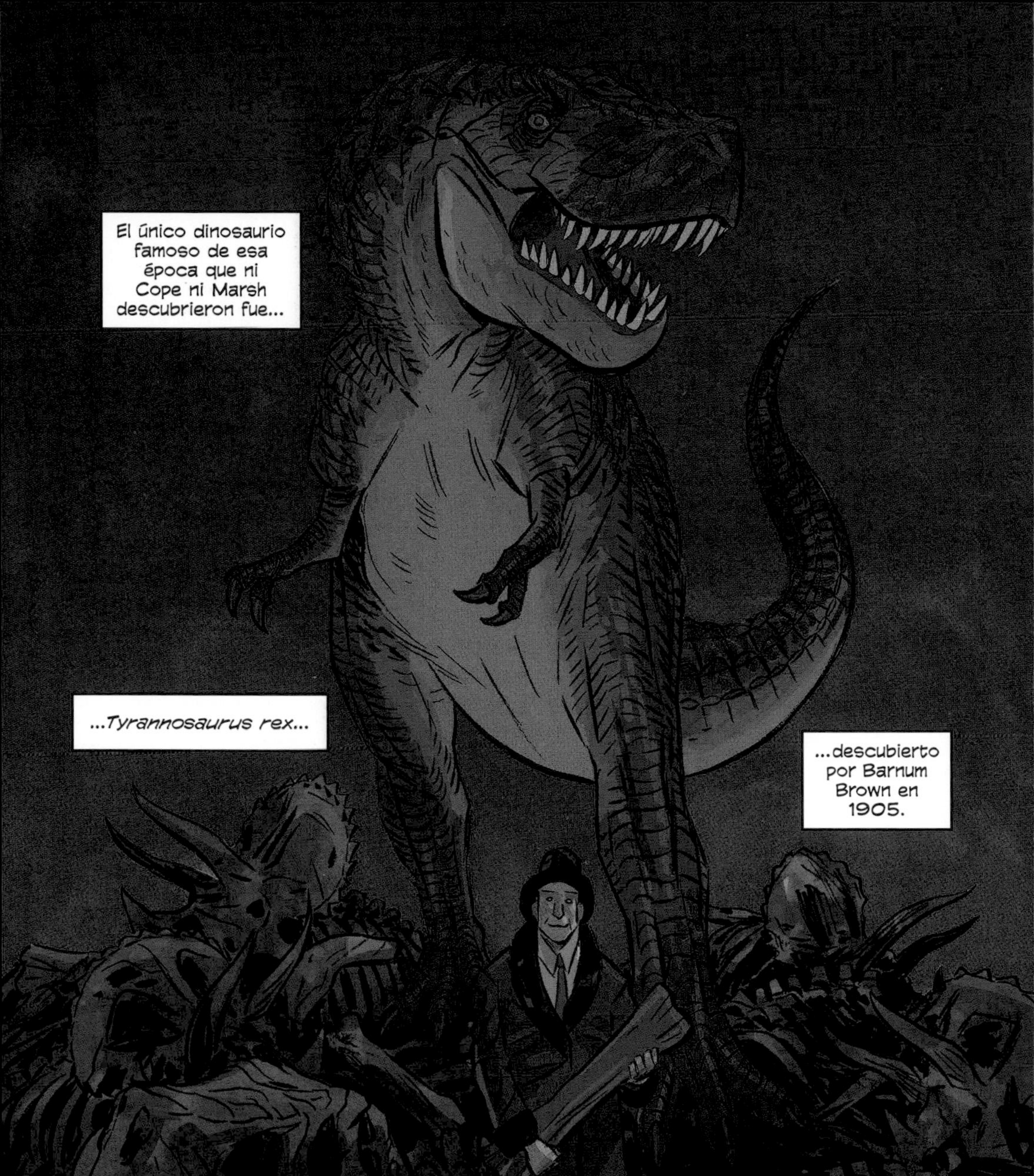
El único dinosaurio famoso de esa época que ni Cope ni Marsh descubrieron fue...
...*Tyrannosaurus rex*...
...descubierto por Barnum Brown en 1905.

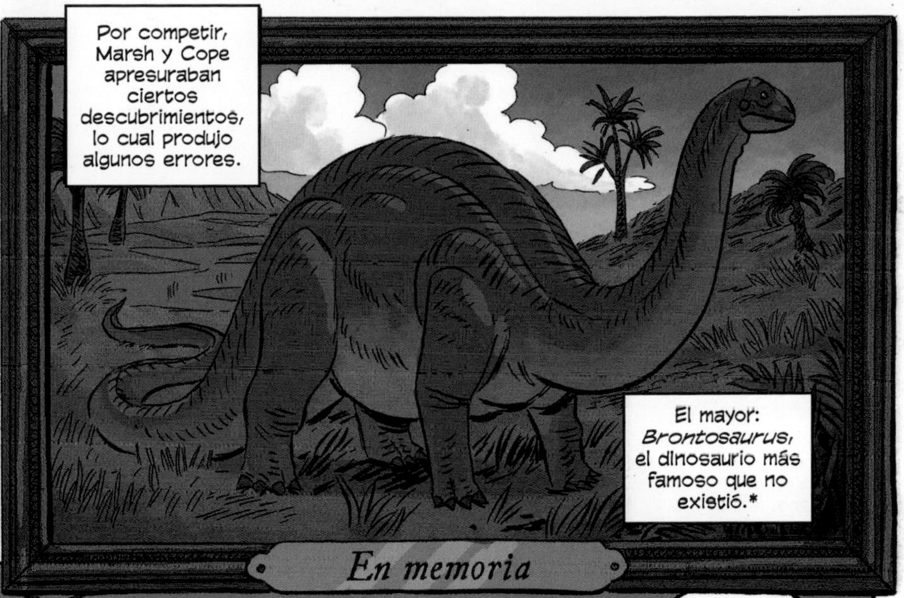
Por competir, Marsh y Cope apresuraban ciertos descubrimientos, lo cual produjo algunos errores.
El mayor: *Brontosaurus*, el dinosaurio más famoso que no existió.*
En memoria

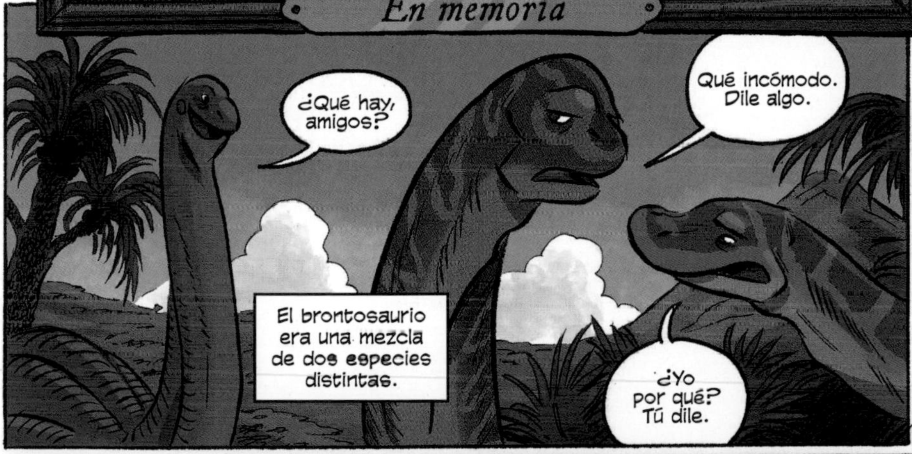
¿Qué hay, amigos?
Qué incómodo. Dile algo.
El brontosaurio era una mezcla de dos especies distintas.
¿Yo por qué? Tú dile.

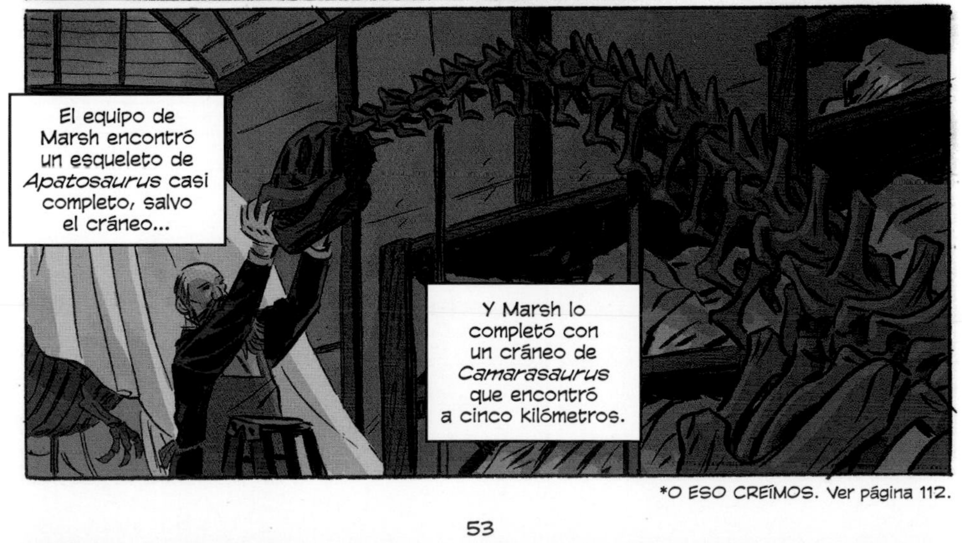
El equipo de Marsh encontró un esqueleto de *Apatosaurus* casi completo, salvo el cráneo...
Y Marsh lo completó con un cráneo de *Camarasaurus* que encontró a cinco kilómetros.

*O ESO CREÍMOS. Ver página 112.

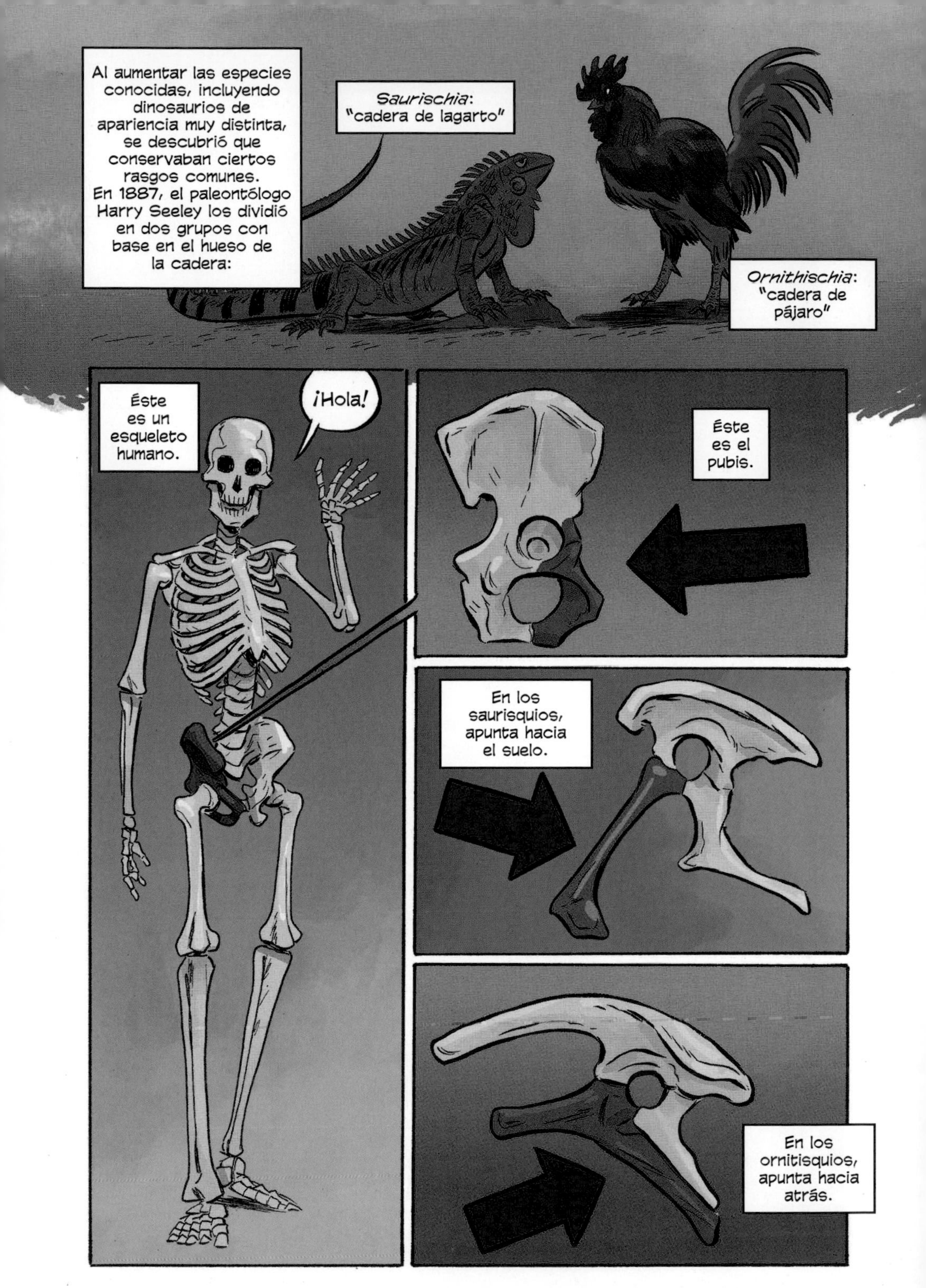
Al aumentar las especies conocidas, incluyendo dinosaurios de apariencia muy distinta, se descubrió que conservaban ciertos rasgos comunes. En 1887, el paleontólogo Harry Seeley los dividió en dos grupos con base en el hueso de la cadera:
Saurischia: "cadera de lagarto"
Ornithischia: "cadera de pájaro"
Éste es un esqueleto humano.
¡Hola!
Éste es el pubis.
En los saurisquios, apunta hacia el suelo.
En los ornitisquios, apunta hacia atrás.

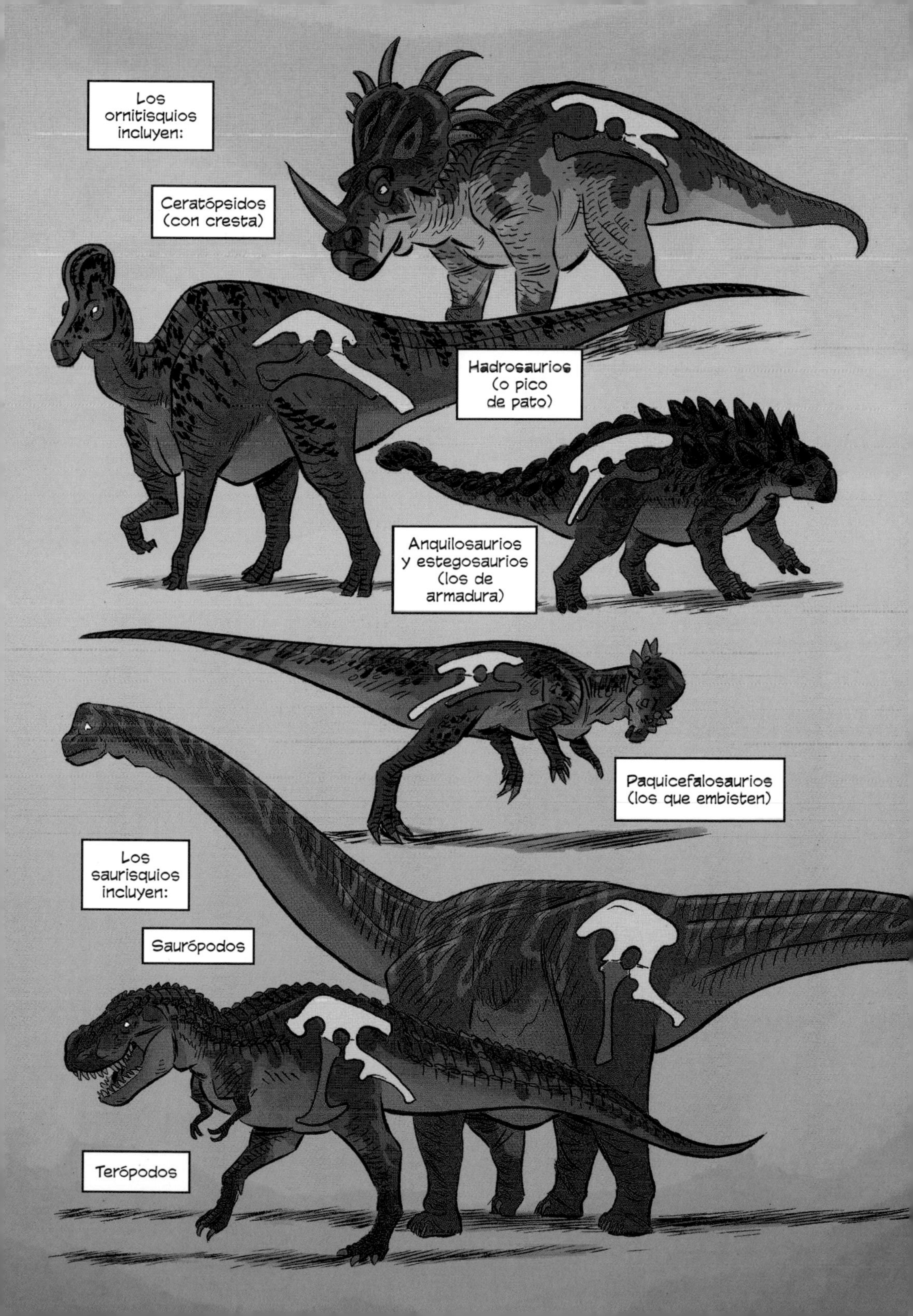
Los ornitisquios incluyen:
Ceratópsidos (con cresta)
Hadrosaurios (o pico de pato)
Anquilosaurios y estegosaurios (los de armadura)
Paquicefalosaurios (los que embisten)
Los saurisquios incluyen:
Saurópodos
Terópodos

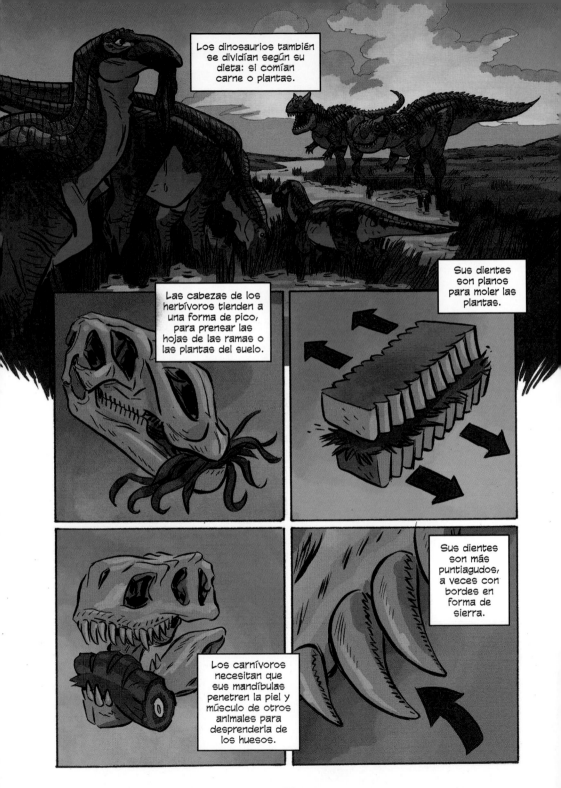

Los dinosaurios también se dividían según su dieta: si comían carne o plantas.

Las cabezas de los herbívoros tienden a una forma de pico, para prensar las hojas de las ramas o las plantas del suelo.

Sus dientes son planos para moler las plantas.

Los carnívoros necesitan que sus mandíbulas penetren la piel y músculo de otros animales para desprenderla de los huesos.

Sus dientes son más puntiagudos, a veces con bordes en forma de sierra.

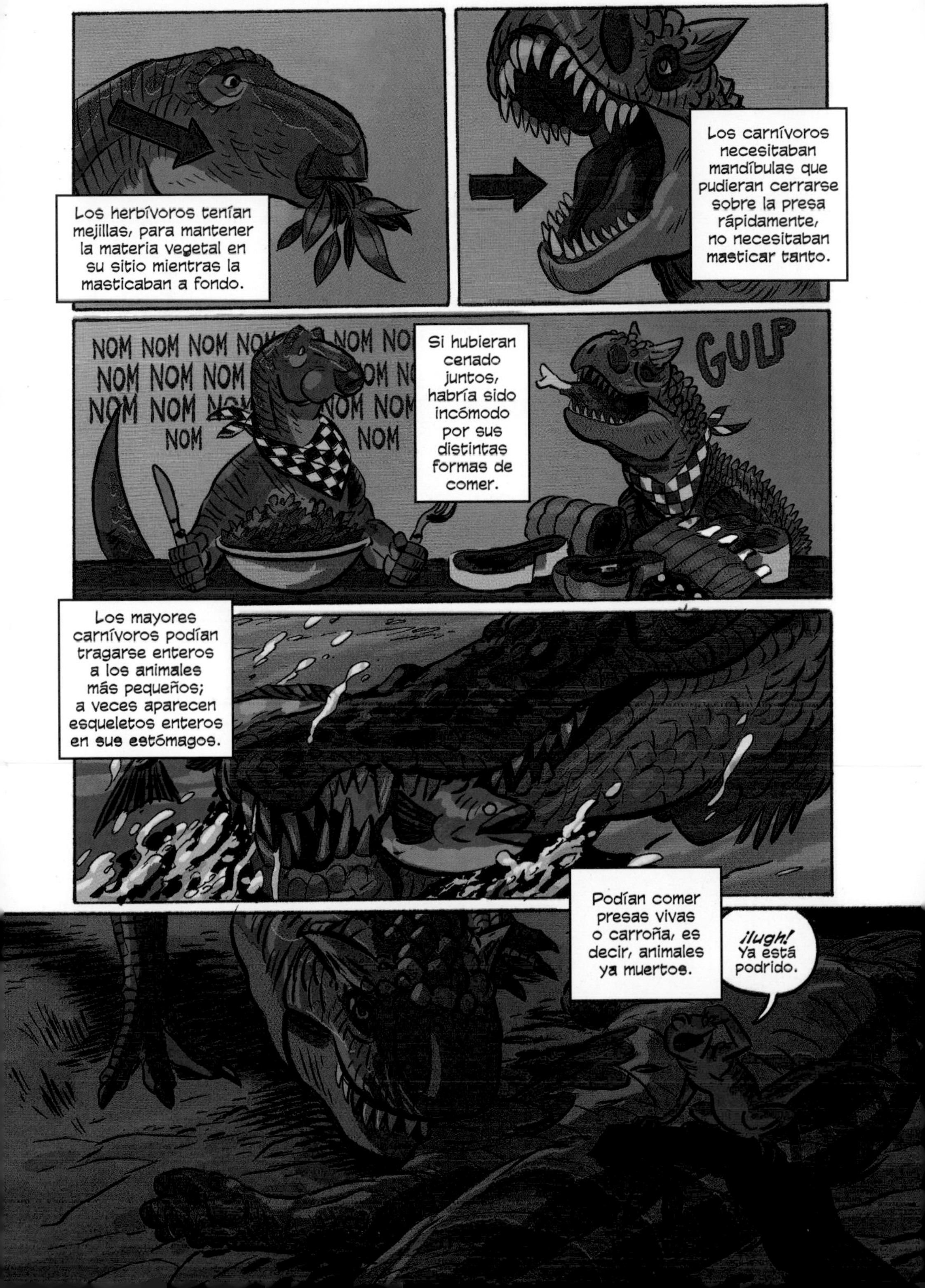

Los herbívoros tenían mejillas, para mantener la materia vegetal en su sitio mientras la masticaban a fondo.
Los carnívoros necesitaban mandíbulas que pudieran cerrarse sobre la presa rápidamente, no necesitaban masticar tanto.
NOM NOM NOM NOM NOM NOM NOM NOM NOM NOM NOM NOM NOM NOM NOM NOM
Si hubieran cenado juntos, habría sido incómodo por sus distintas formas de comer.
GULP
Los mayores carnívoros podían tragarse enteros a los animales más pequeños; a veces aparecen esqueletos enteros en sus estómagos.
Podían comer presas vivas o carroña, es decir, animales ya muertos.
¡Ugh! Ya está podrido.

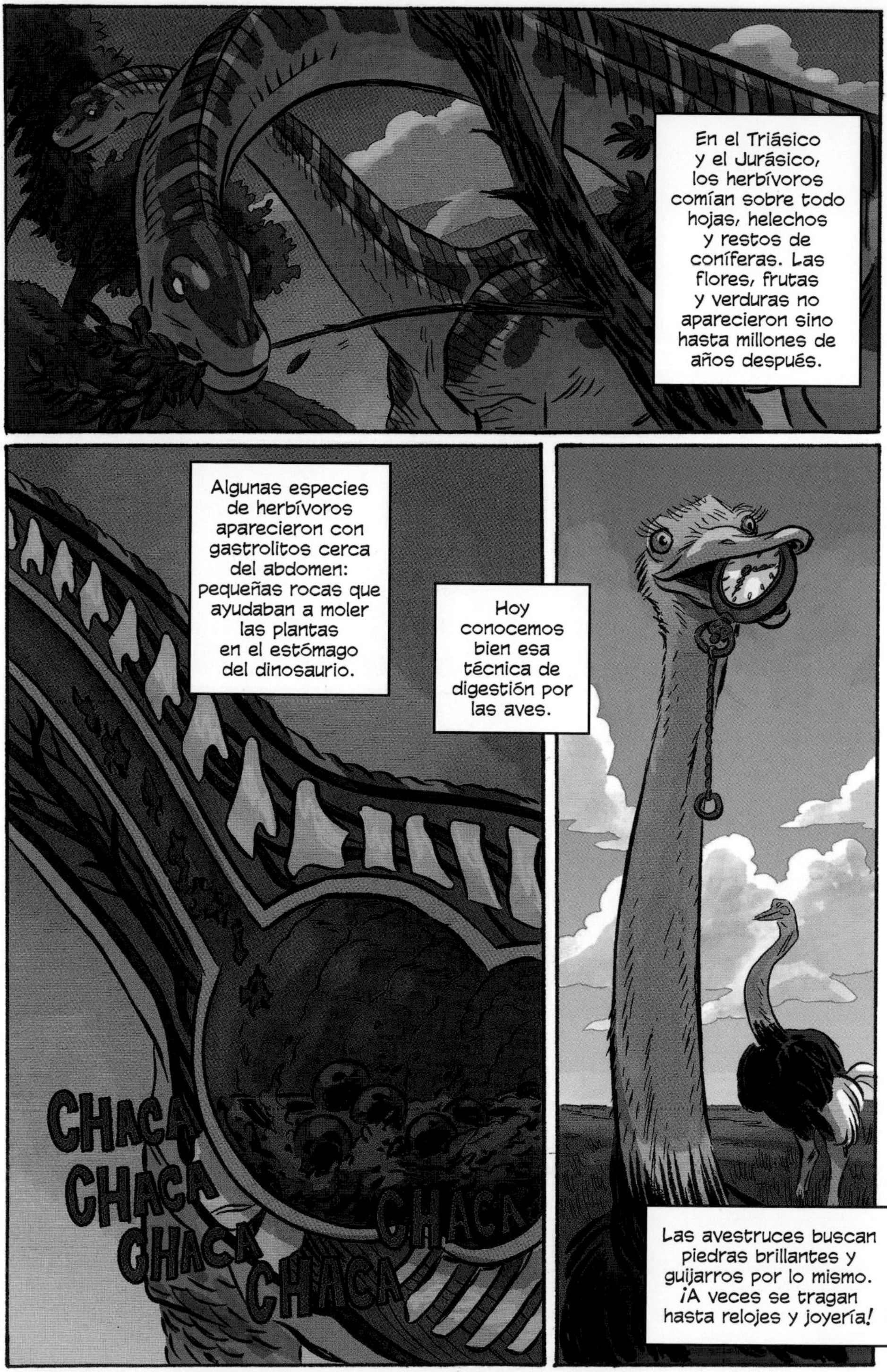
En el Triásico y el Jurásico, los herbívoros comían sobre todo hojas, helechos y restos de coníferas. Las flores, frutas y verduras no aparecieron sino hasta millones de años después.
Algunas especies de herbívoros aparecieron con gastrolitos cerca del abdomen: pequeñas rocas que ayudaban a moler las plantas en el estómago del dinosaurio.
CHACA
CHACA
CHACA
CHACA
CHACA
Hoy conocemos bien esa técnica de digestión por las aves.
Las avestruces buscan piedras brillantes y guijarros por lo mismo. ¡A veces se tragan hasta relojes y joyería!

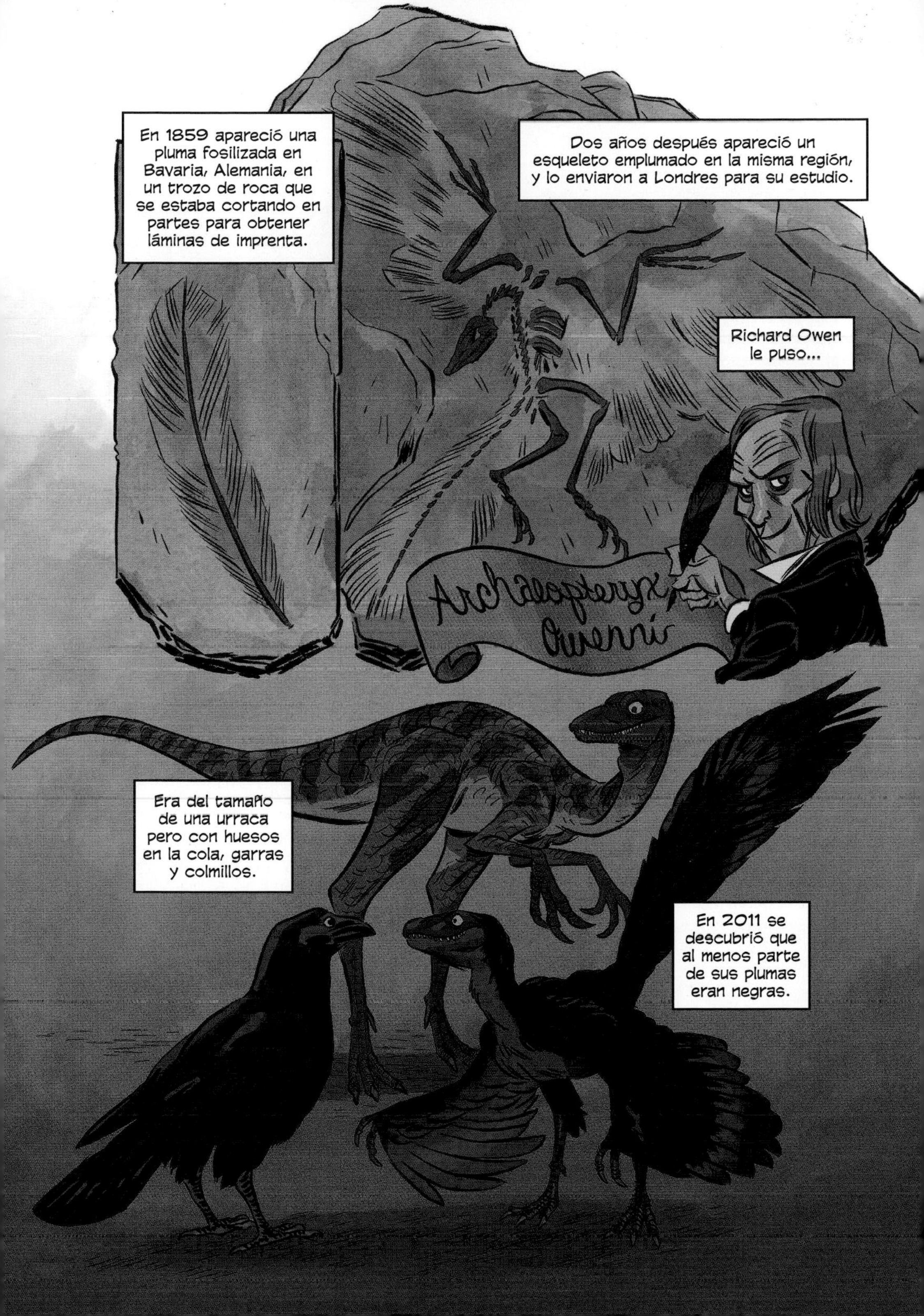
En 1859 apareció una pluma fosilizada en Bavaria, Alemania, en un trozo de roca que se estaba cortando en partes para obtener láminas de imprenta.
Dos años después apareció un esqueleto emplumado en la misma región, y lo enviaron a Londres para su estudio.
Richard Owen le puso...
Archaeopteryx Owenni
Era del tamaño de una urraca pero con huesos en la cola, garras y colmillos.
En 2011 se descubrió que al menos parte de sus plumas eran negras.

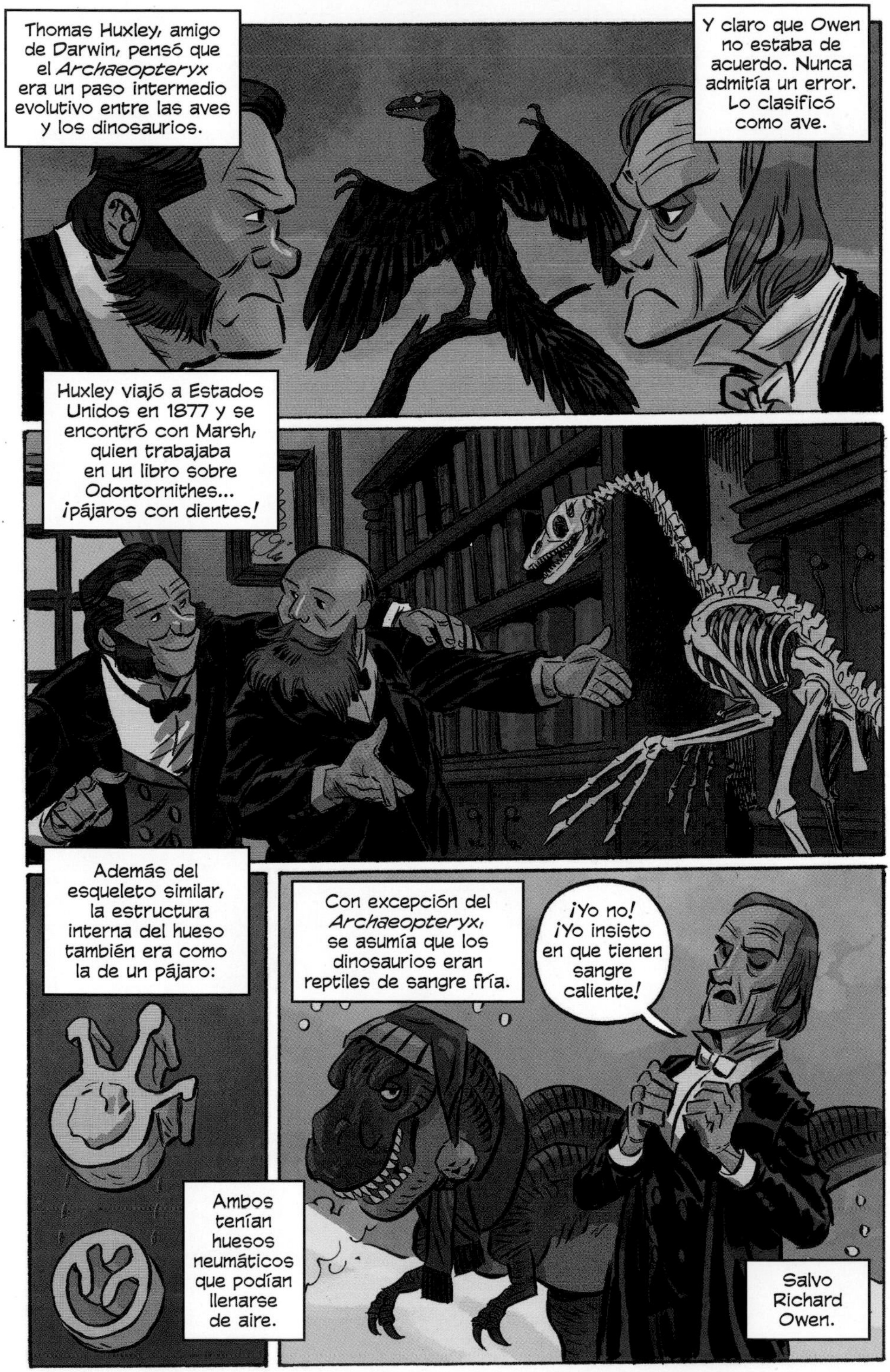
Thomas Huxley, amigo de Darwin, pensó que el *Archaeopteryx* era un paso intermedio evolutivo entre las aves y los dinosaurios.
Y claro que Owen no estaba de acuerdo. Nunca admitía un error. Lo clasificó como ave.
Huxley viajó a Estados Unidos en 1877 y se encontró con Marsh, quien trabajaba en un libro sobre Odontornithes... ¡pájaros con dientes!
Además del esqueleto similar, la estructura interna del hueso también era como la de un pájaro:
Ambos tenían huesos neumáticos que podían llenarse de aire.
Con excepción del *Archaeopteryx*, se asumía que los dinosaurios eran reptiles de sangre fría.
¡Yo no! ¡Yo insisto en que tienen sangre caliente!
Salvo Richard Owen.

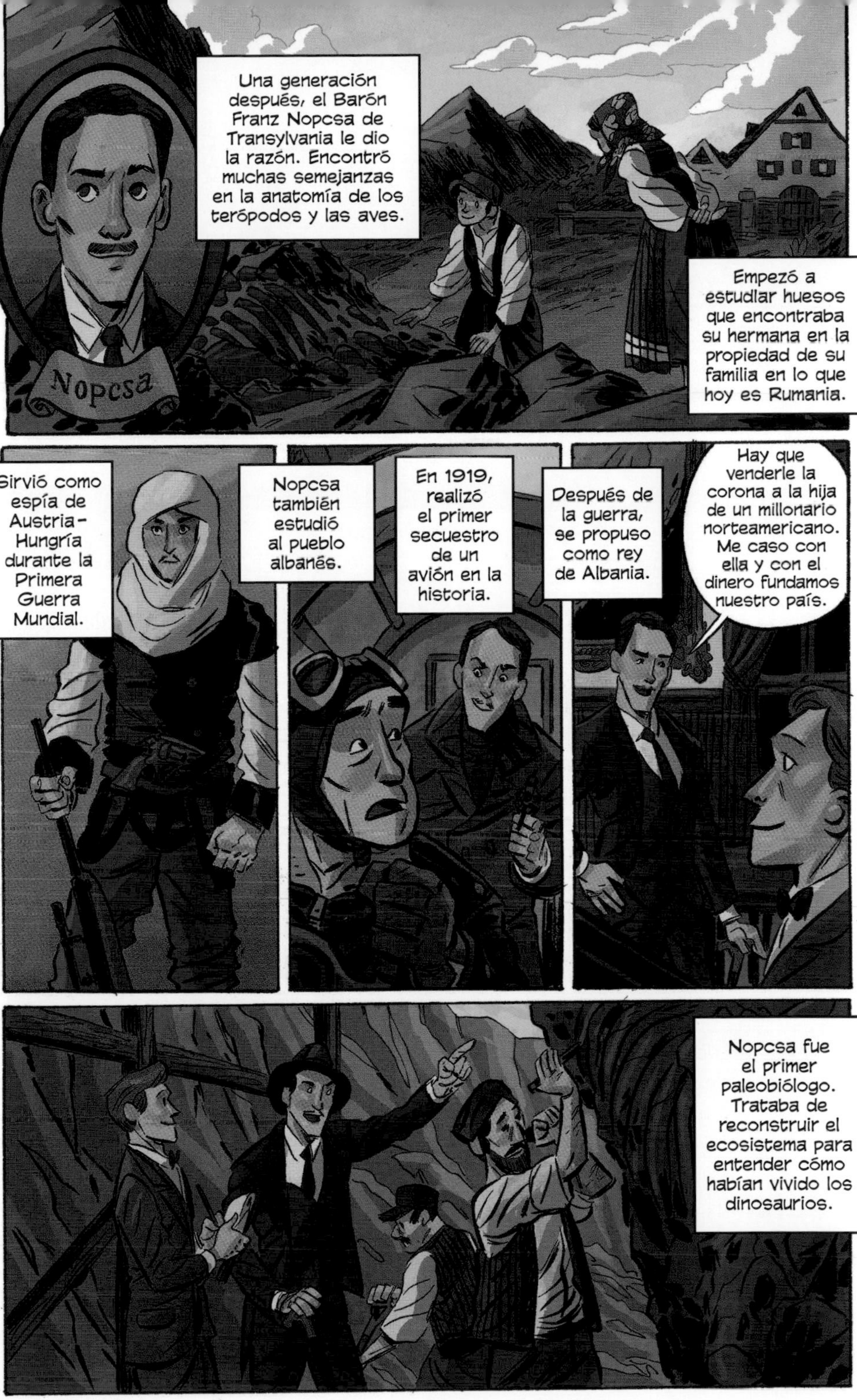

Una generación después, el Barón Franz Nopcsa de Transylvania le dio la razón. Encontró muchas semejanzas en la anatomía de los terópodos y las aves.
Nopcsa
Empezó a estudiar huesos que encontraba su hermana en la propiedad de su familia en lo que hoy es Rumania.
Sirvió como espía de Austria-Hungría durante la Primera Guerra Mundial.
Nopcsa también estudió al pueblo albanés.
En 1919, realizó el primer secuestro de un avión en la historia.
Después de la guerra, se propuso como rey de Albania.
Hay que venderle la corona a la hija de un millonario norteamericano. Me caso con ella y con el dinero fundamos nuestro país.
Nopcsa fue el primer paleobiólogo. Trataba de reconstruir el ecosistema para entender cómo habían vivido los dinosaurios.

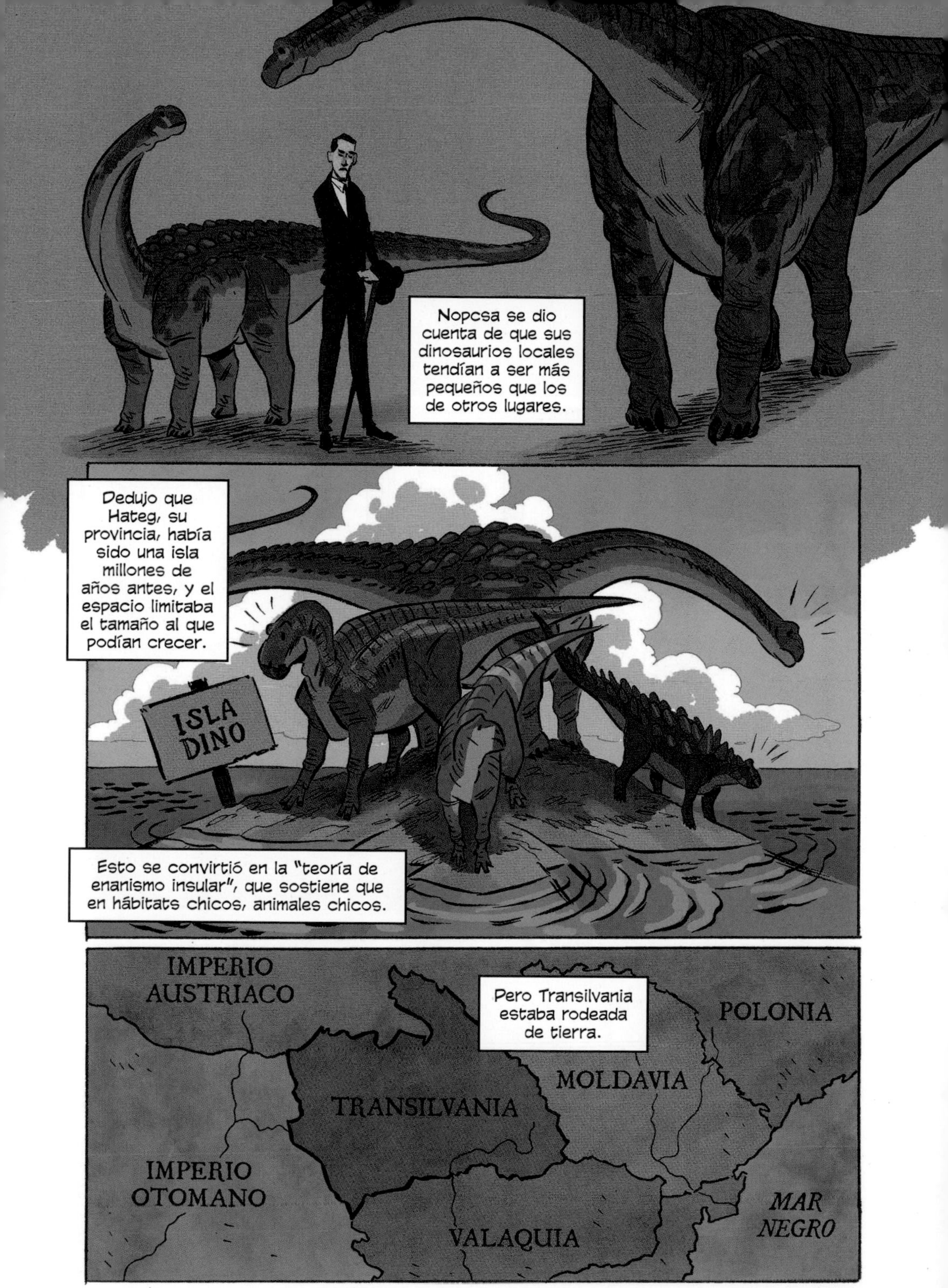
Nopcsa se dio cuenta de que sus dinosaurios locales tendían a ser más pequeños que los de otros lugares.
Dedujo que Hateg, su provincia, había sido una isla millones de años antes, y el espacio limitaba el tamaño al que podían crecer.
ISLA DINO
Esto se convirtió en la "teoría de enanismo insular", que sostiene que en hábitats chicos, animales chicos.
IMPERIO AUSTRIACO
Pero Transilvania estaba rodeada de tierra.
POLONIA
MOLDAVIA
TRANSILVANIA
IMPERIO OTOMANO
MAR NEGRO
VALAQUIA

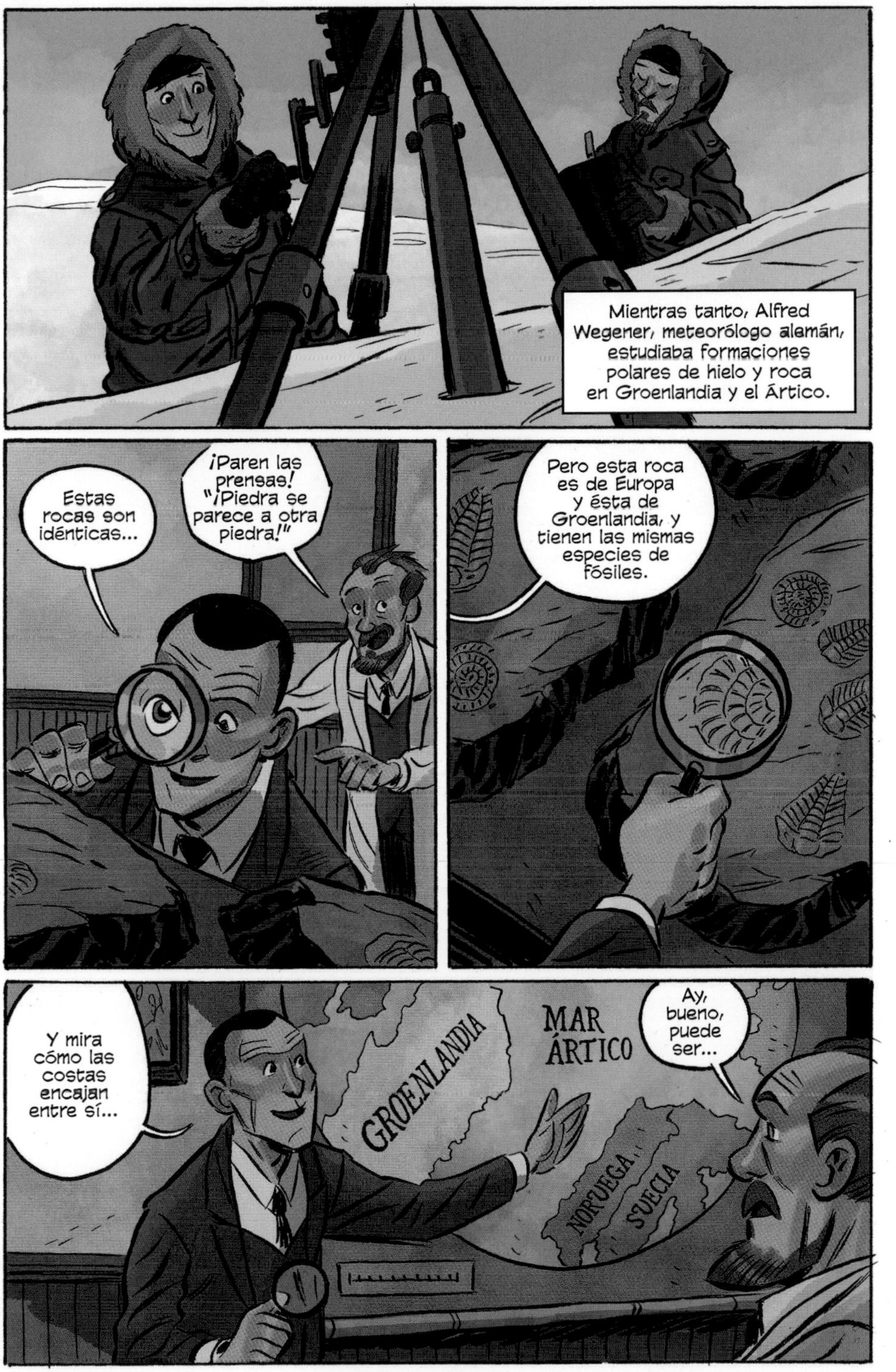

Mientras tanto, Alfred Wegener, meteorólogo alemán, estudiaba formaciones polares de hielo y roca en Groenlandia y el Ártico.
Estas rocas son idénticas...
¡Paren las prensas! "¡Piedra se parece a otra piedra!"
Pero esta roca es de Europa y ésta de Groenlandia, y tienen las mismas especies de fósiles.
Y mira cómo las costas encajan entre sí...
GROENLANDIA
MAR ÁRTICO
NORUEGA
SUECIA
Ay, bueno, puede ser...

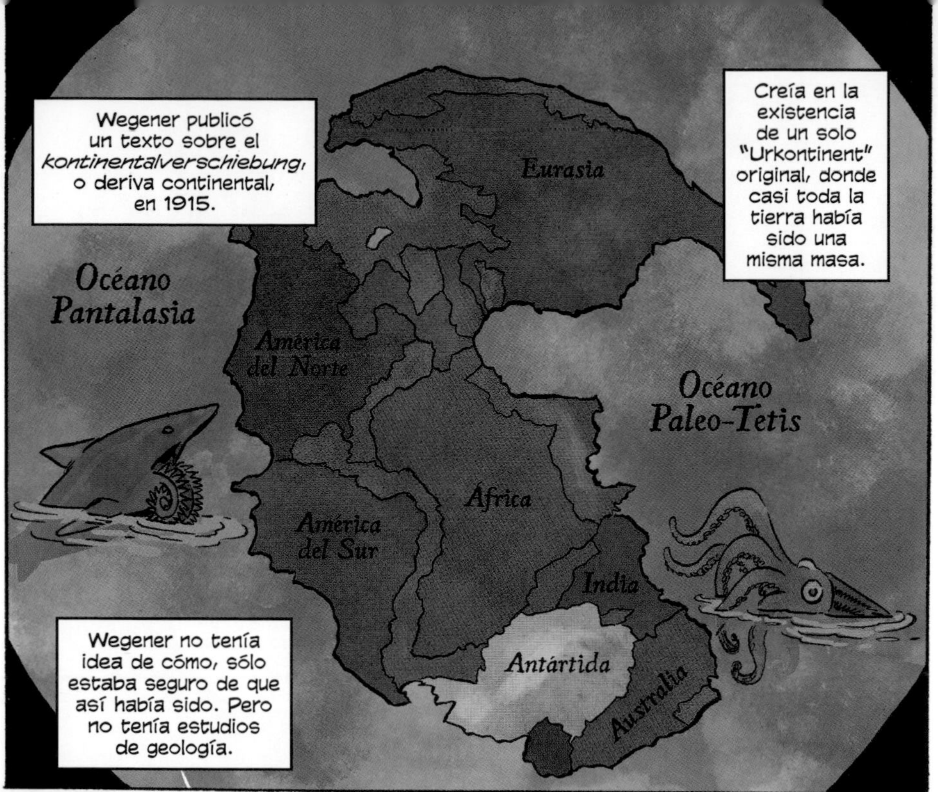
Wegener publicó un texto sobre el *kontinentalverschiebung*, o deriva continental, en 1915.
Creía en la existencia de un solo "Urkontinent" original, donde casi toda la tierra había sido una misma masa.
Eurasia
Océano Pantalasia
América del Norte
Océano Paleo-Tetis
África
América del Sur
India
Antártida
Australia
Wegener no tenía idea de cómo, sólo estaba seguro de que así había sido. Pero no tenía estudios de geología.

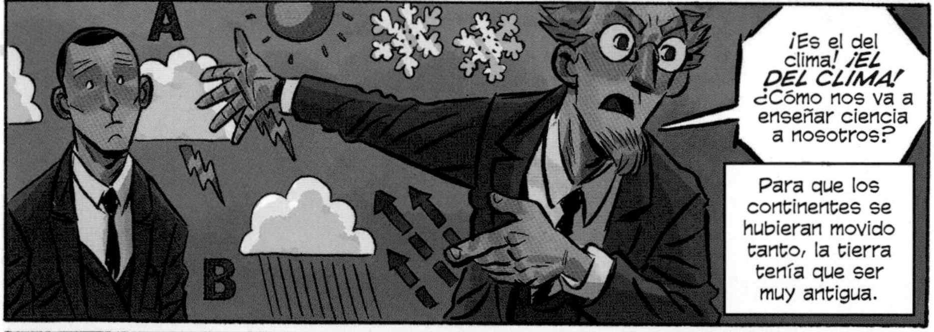
A
B
¡Es el del clima! *¡EL DEL CLIMA!* ¿Cómo nos va a enseñar ciencia a nosotros?
Para que los continentes se hubieran movido tanto, la tierra tenía que ser muy antigua.

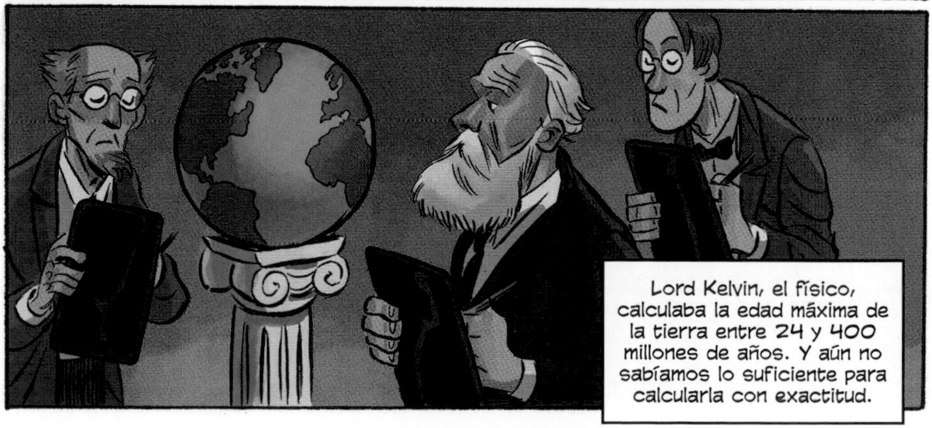
Lord Kelvin, el físico, calculaba la edad máxima de la tierra entre 24 y 400 millones de años. Y aún no sabíamos lo suficiente para calcularla con exactitud.

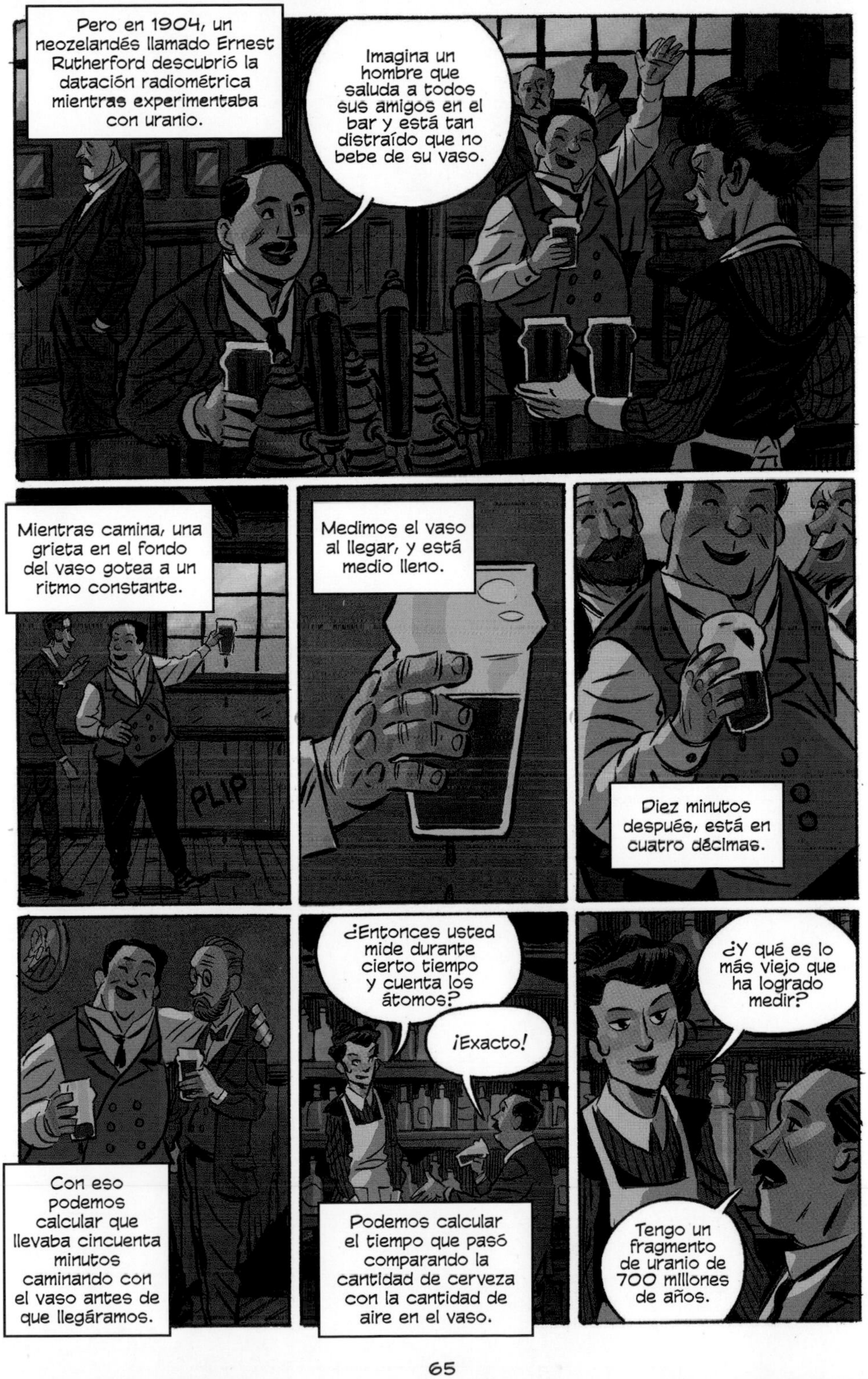
Pero en 1904, un neozelandés llamado Ernest Rutherford descubrió la datación radiométrica mientras experimentaba con uranio.
Imagina un hombre que saluda a todos sus amigos en el bar y está tan distraído que no bebe de su vaso.
Mientras camina, una grieta en el fondo del vaso gotea a un ritmo constante.
PLIP
Medimos el vaso al llegar, y está medio lleno.
Diez minutos después, está en cuatro décimas.
Con eso podemos calcular que llevaba cincuenta minutos caminando con el vaso antes de que llegáramos.
¿Entonces usted mide durante cierto tiempo y cuenta los átomos?
¡Exacto!
Podemos calcular el tiempo que pasó comparando la cantidad de cerveza con la cantidad de aire en el vaso.
¿Y qué es lo más viejo que ha logrado medir?
Tengo un fragmento de uranio de 700 millones de años.

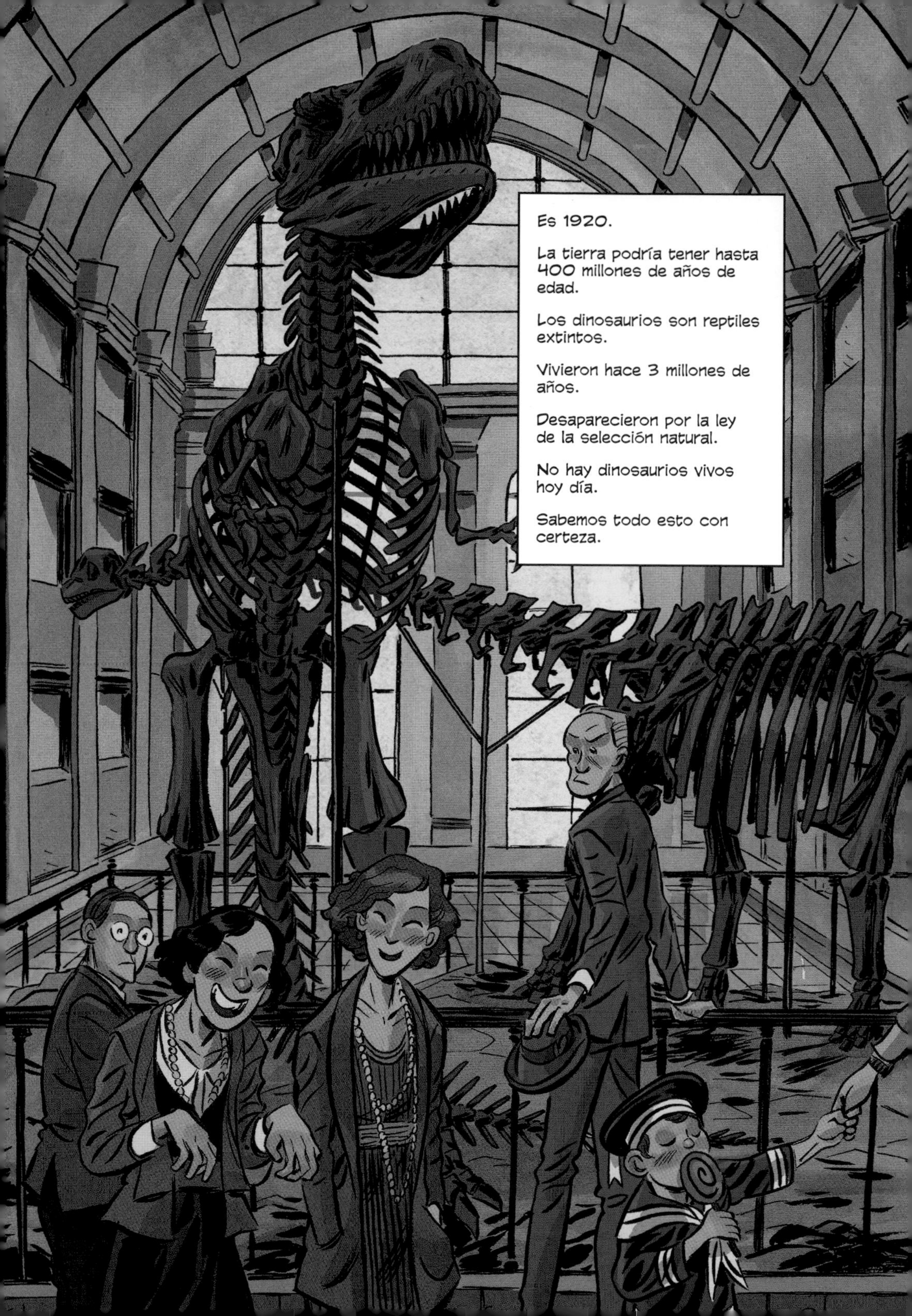
Es 1920.
La tierra podría tener hasta 400 millones de años de edad.
Los dinosaurios son reptiles extintos.
Vivieron hace 3 millones de años.
Desaparecieron por la ley de la selección natural.
No hay dinosaurios vivos hoy día.
Sabemos todo esto con certeza.

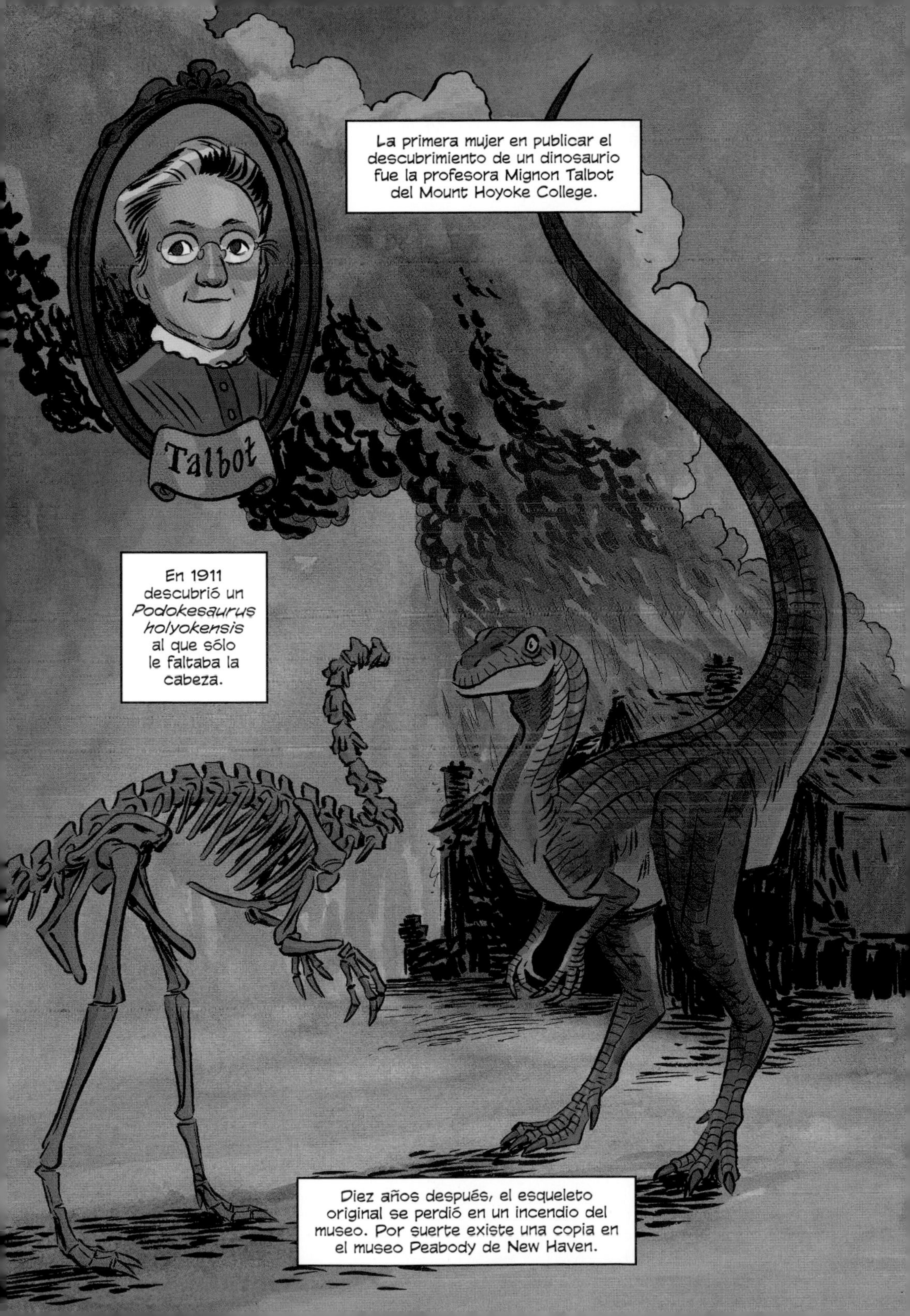
La primera mujer en publicar el descubrimiento de un dinosaurio fue la profesora Mignon Talbot del Mount Hoyoke College.
Talbot
En 1911 descubrió un *Podokesaurus holyokensis* al que sólo le faltaba la cabeza.
Diez años después, el esqueleto original se perdió en un incendio del museo. Por suerte existe una copia en el museo Peabody de New Haven.

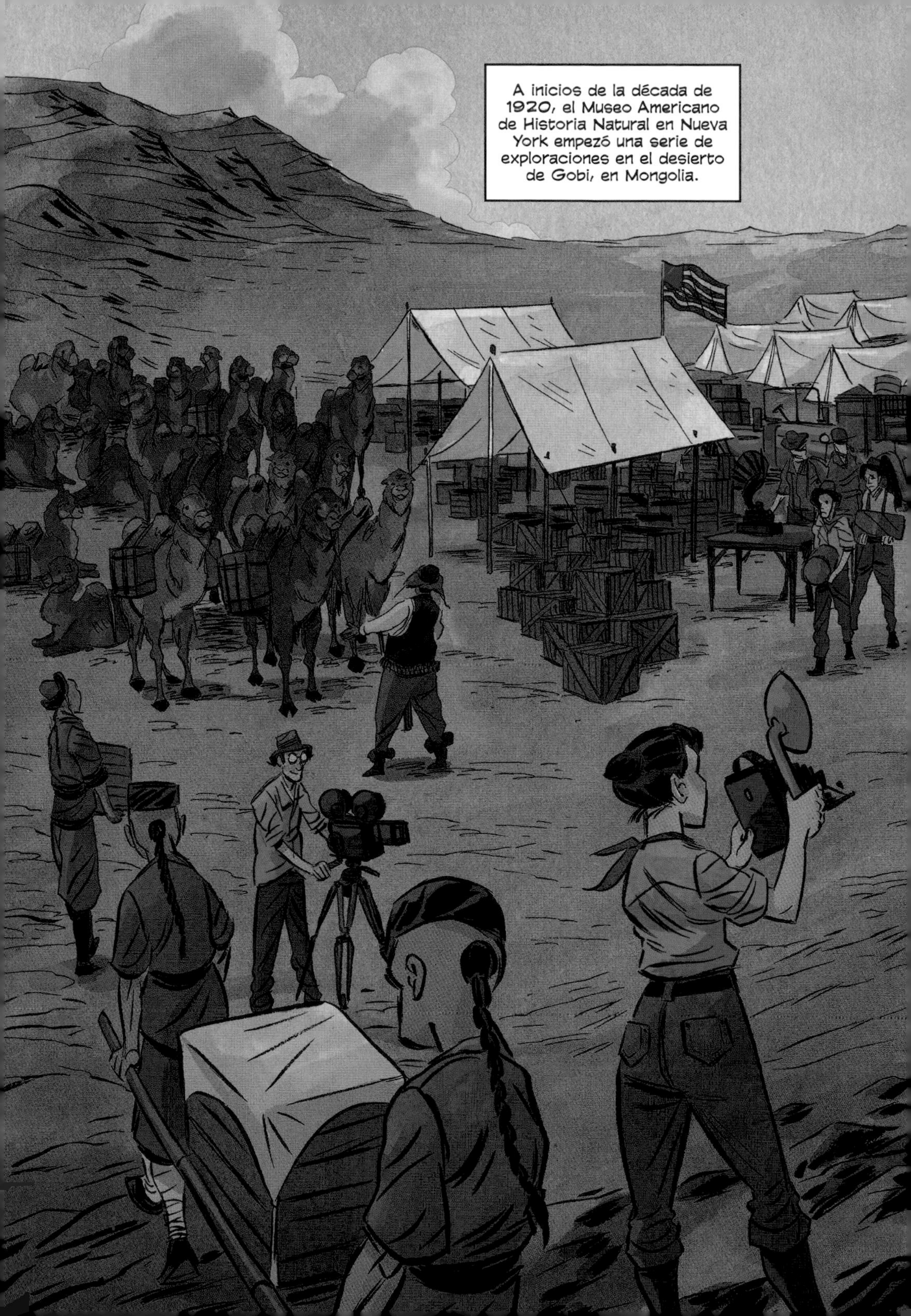
A inicios de la década de 1920, el Museo Americano de Historia Natural en Nueva York empezó una serie de exploraciones en el desierto de Gobi, en Mongolia.

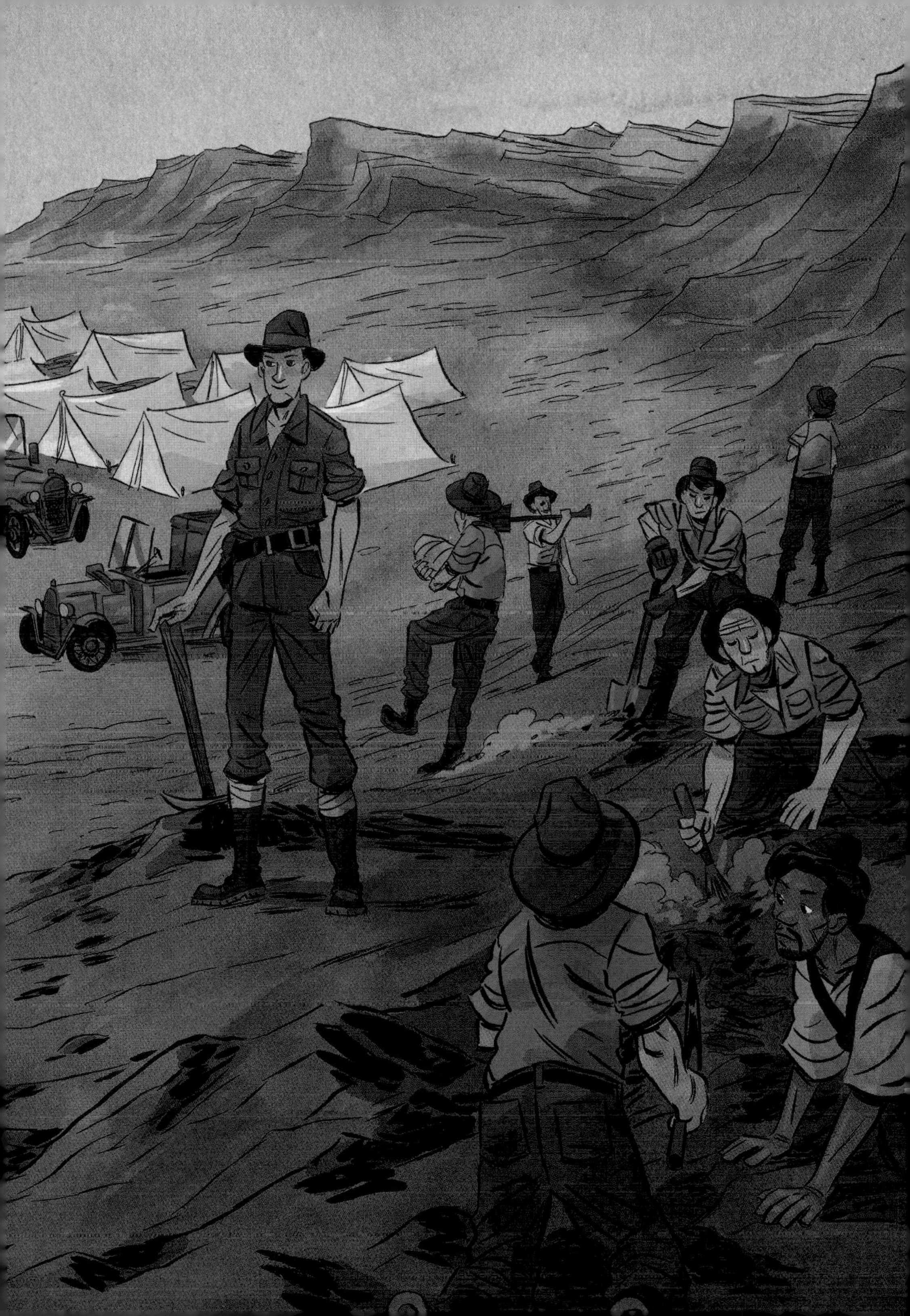

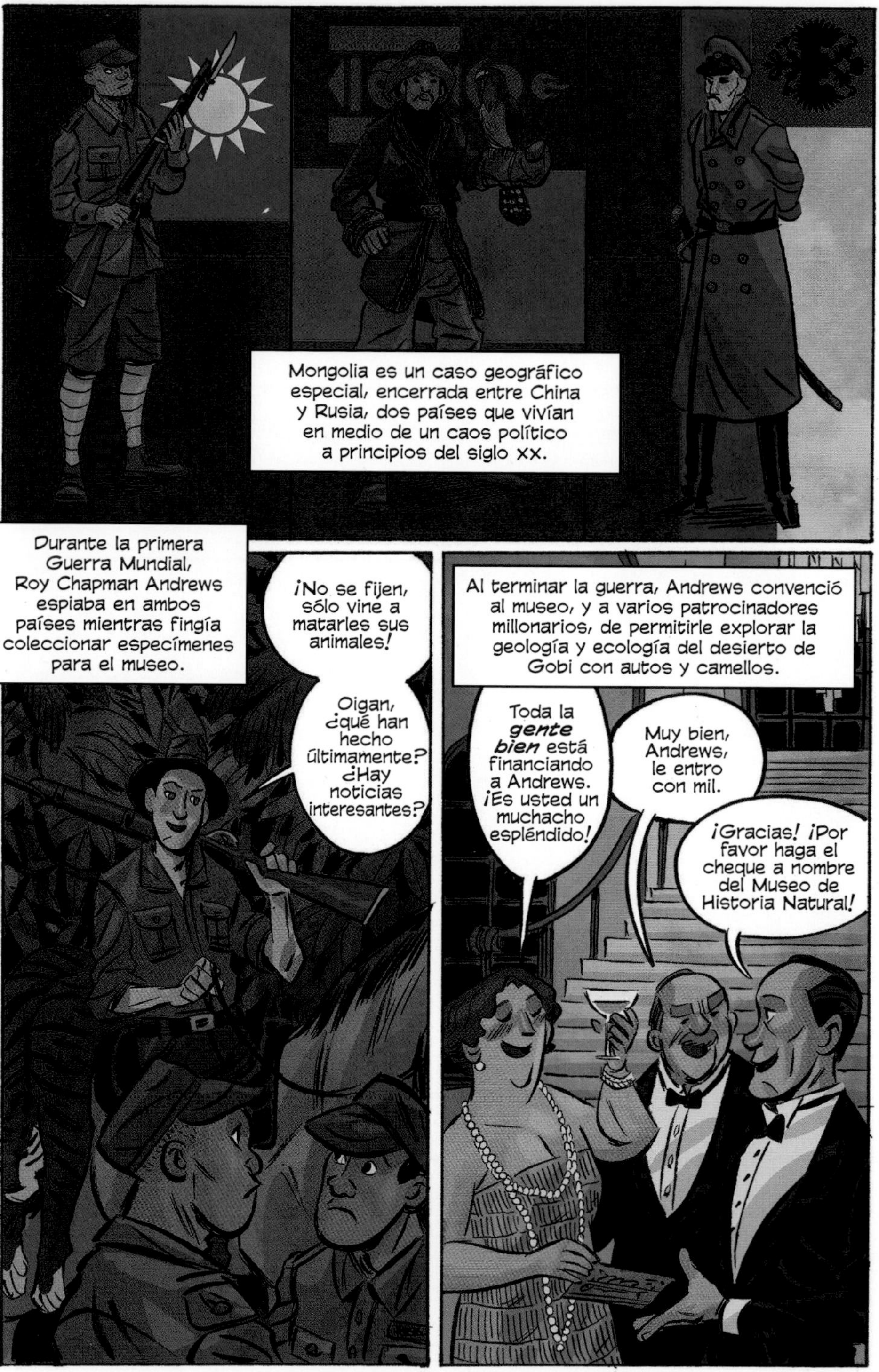

Mongolia es un caso geográfico especial, encerrada entre China y Rusia, dos países que vivían en medio de un caos político a principios del siglo XX.
Durante la primera Guerra Mundial, Roy Chapman Andrews espiaba en ambos países mientras fingía coleccionar especímenes para el museo.
¡No se fijen, sólo vine a matarles sus animales!
Oigan, ¿qué han hecho últimamente? ¿Hay noticias interesantes?
Al terminar la guerra, Andrews convenció al museo, y a varios patrocinadores millonarios, de permitirle explorar la geología y ecología del desierto de Gobi con autos y camellos.
Toda la ***gente bien*** está financiando a Andrews. ¡Es usted un muchacho espléndido!
Muy bien, Andrews, le entro con mil.
¡Gracias! ¡Por favor haga el cheque a nombre del Museo de Historia Natural!

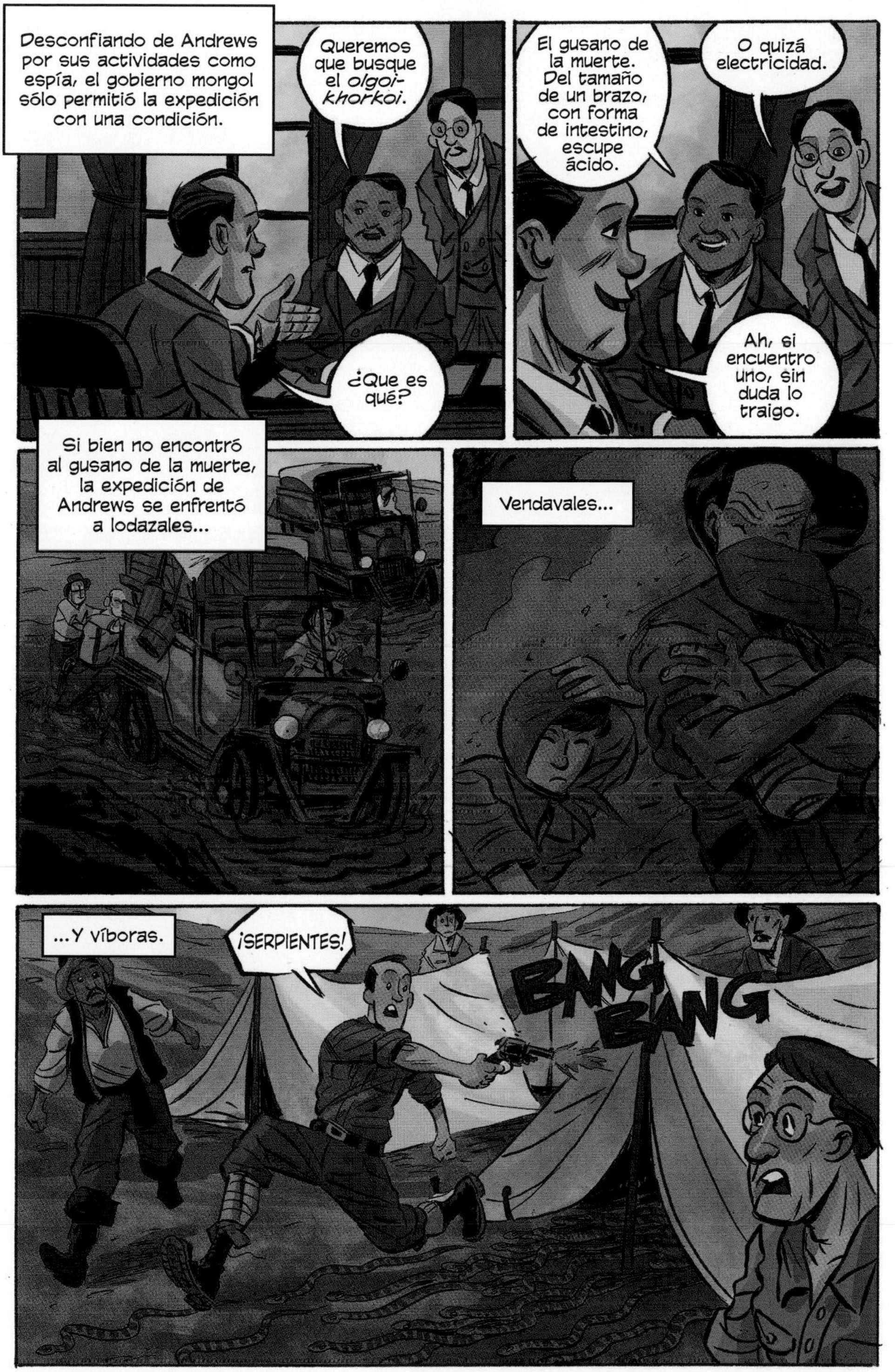
Desconfiando de Andrews por sus actividades como espía, el gobierno mongol sólo permitió la expedición con una condición.
Queremos que busque el *olgoi-khorkoi*.
¿Que es qué?
El gusano de la muerte. Del tamaño de un brazo, con forma de intestino, escupe ácido.
O quizá electricidad.
Ah, si encuentro uno, sin duda lo traigo.
Si bien no encontró al gusano de la muerte, la expedición de Andrews se enfrentó a lodazales...
Vendavales...
...Y víboras.
¡SERPIENTES!
BANG BANG

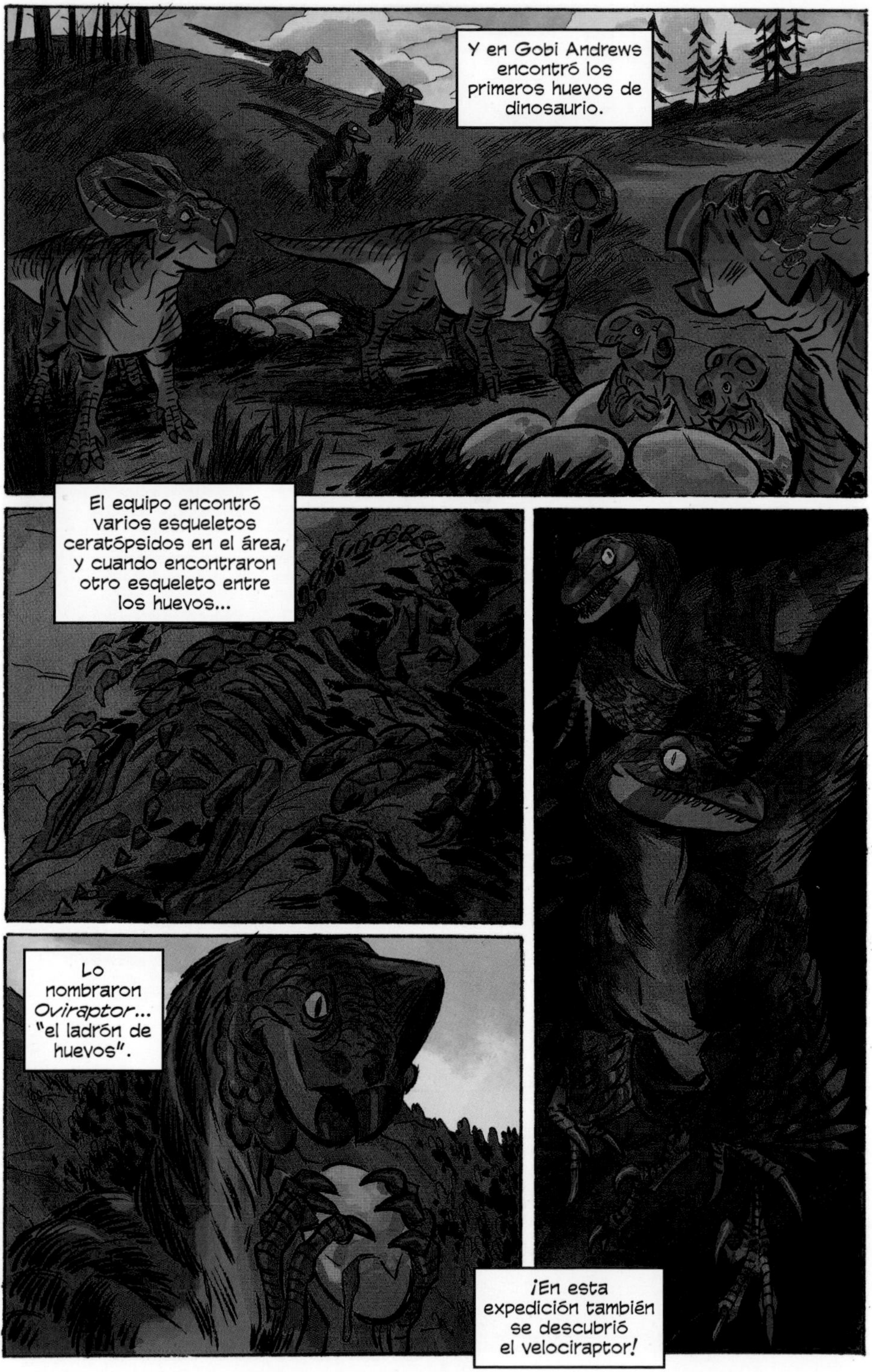
Y en Gobi Andrews encontró los primeros huevos de dinosaurio.
El equipo encontró varios esqueletos ceratópsidos en el área, y cuando encontraron otro esqueleto entre los huevos...
Lo nombraron *Oviraptor*... "el ladrón de huevos".
¡En esta expedición también se descubrió el velociraptor!

El museo organizó 5 viajes al desierto de Gobi entre 1923 y 1930, pero cada vez era más difícil a causa de las revoluciones en los países circundantes.

Hay que evitar a los soldados para que no nos quiten el material.

Mongolia cayó en poder de Rusia, y las expediciones se volvieron demasiado caras y burocráticas para el museo.

La Gran Depresión y después la segunda Guerra Mundial hicieron que la física y la investigación nuclear fueran la prioridad científica.

¡QUEREMOS TRABAJO!

DESEMPLEADO BUSCO TRABAJO

TRABAJO DE LO QUE SEA

TU EMPLEO PARA PAPA

TRABAJO DE LO QUE SEA 2 AÑOS 10 AÑOS

BUSCO TRABAJO

Este complicado periodo detuvo el progreso de la paleontología y la geología.

Pero algo de geología pudo hacerse gracias al experto en minerales Harry Hess, de Princeton, que dejaba su sonda náutica encendida día y noche durante la guerra.

¡Sí, señor!

¡Buen trabajo, Hess! ¡Los nazis podrían atacarnos en cualquier momento!

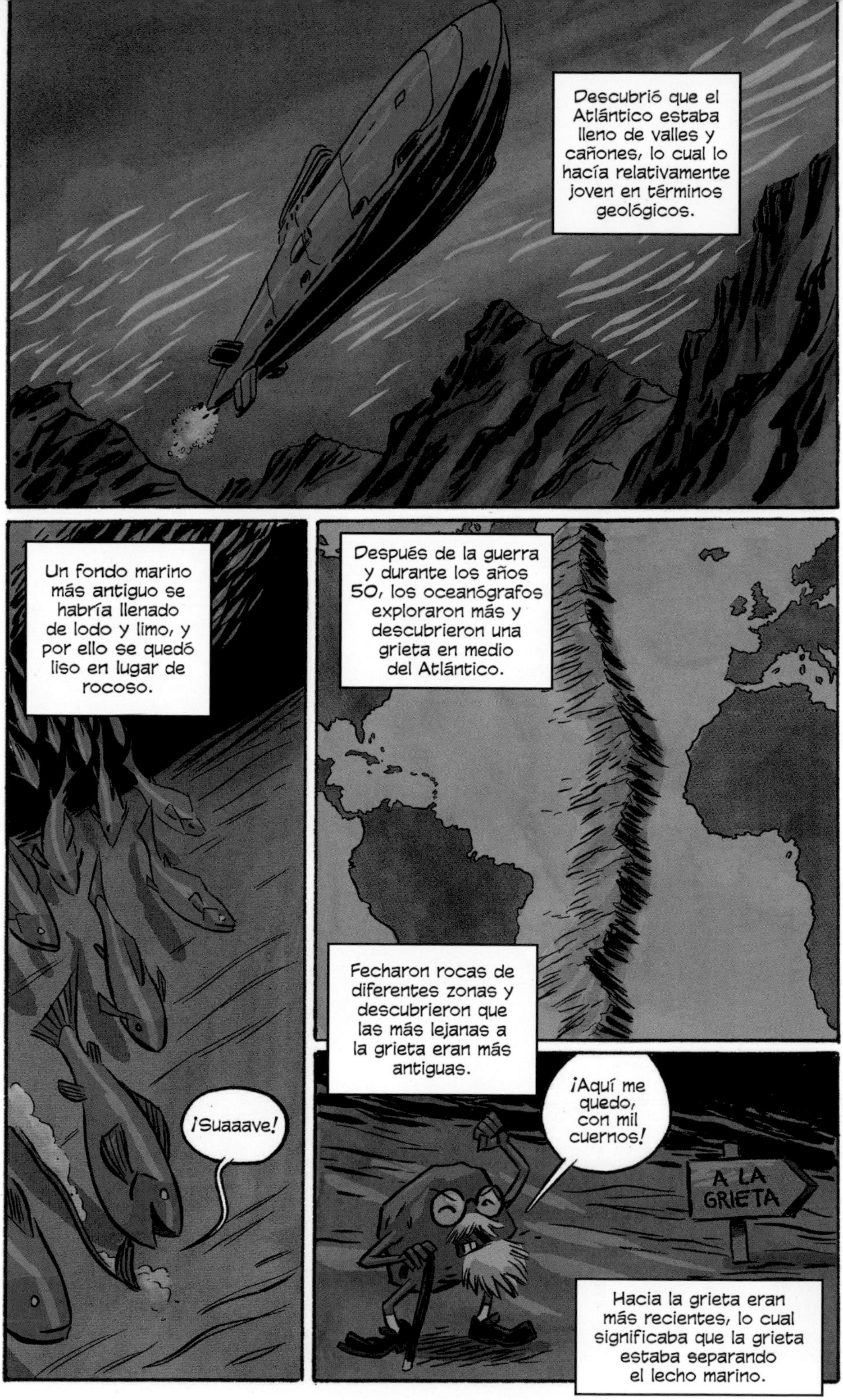
Descubrió que el Atlántico estaba lleno de valles y cañones, lo cual lo hacía relativamente joven en términos geológicos.
Un fondo marino más antiguo se habría llenado de lodo y limo, y por ello se quedó liso en lugar de rocoso.
¡Suaaave!
Después de la guerra y durante los años 50, los oceanógrafos exploraron más y descubrieron una grieta en medio del Atlántico.
Fecharon rocas de diferentes zonas y descubrieron que las más lejanas a la grieta eran más antiguas.
¡Aquí me quedo, con mil cuernos!
A LA GRIETA
Hacia la grieta eran más recientes, lo cual significaba que la grieta estaba separando el lecho marino.

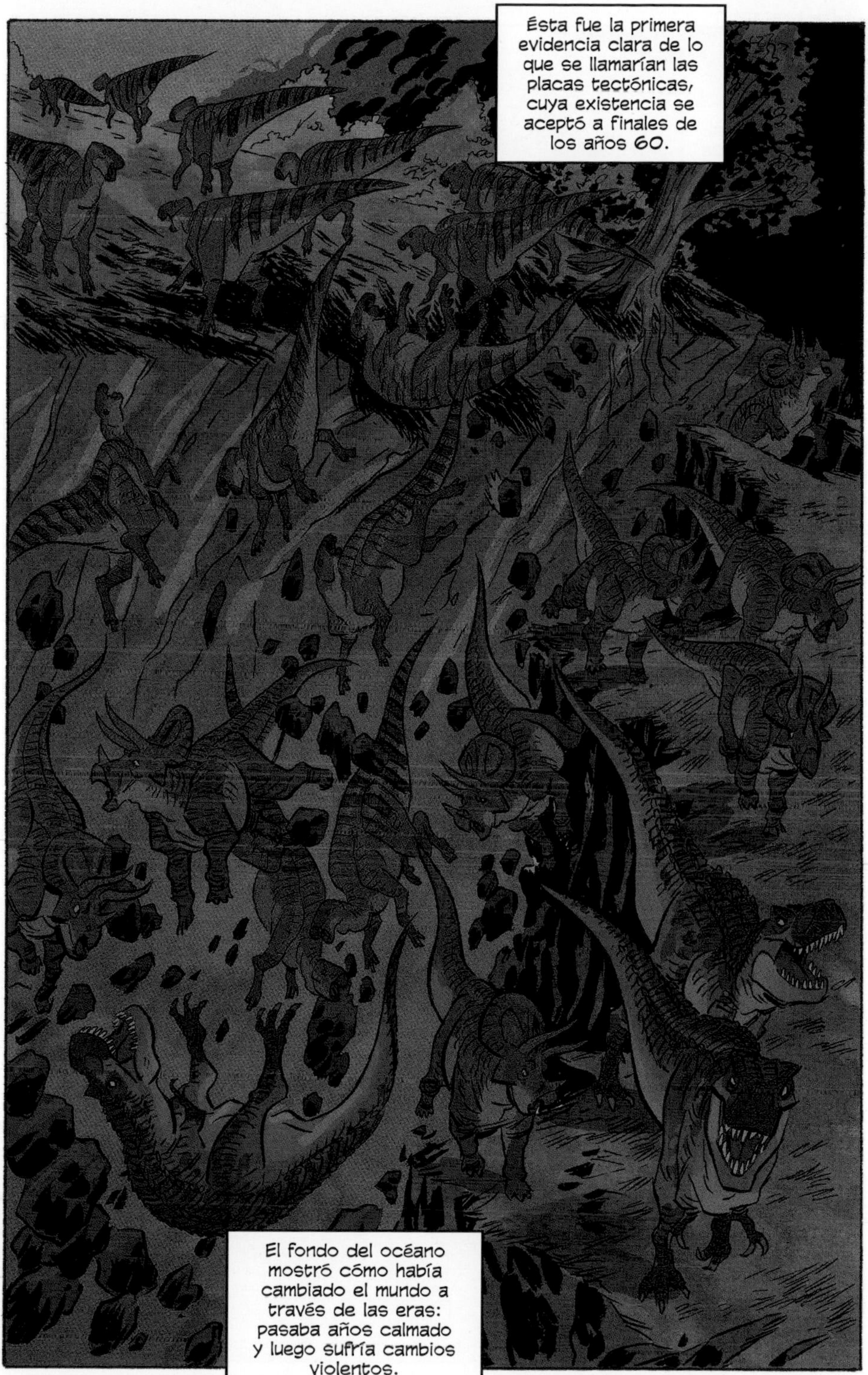
Ésta fue la primera evidencia clara de lo que se llamarían las placas tectónicas, cuya existencia se aceptó a finales de los años 60.
El fondo del océano mostró cómo había cambiado el mundo a través de las eras: pasaba años calmado y luego sufría cambios violentos.

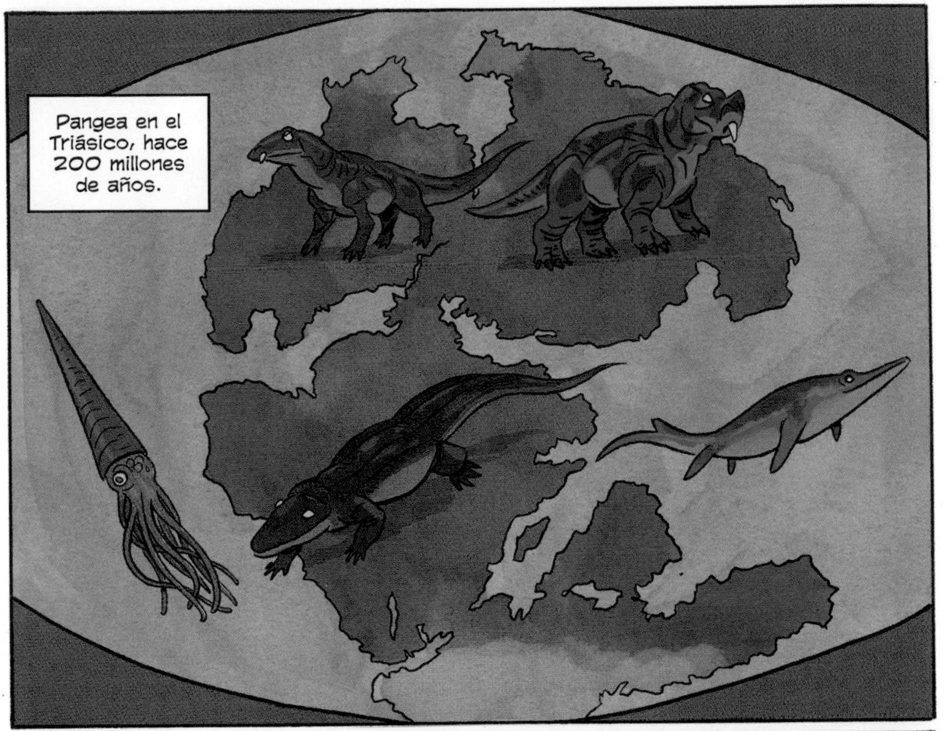
Pangea en el Triásico, hace 200 millones de años.

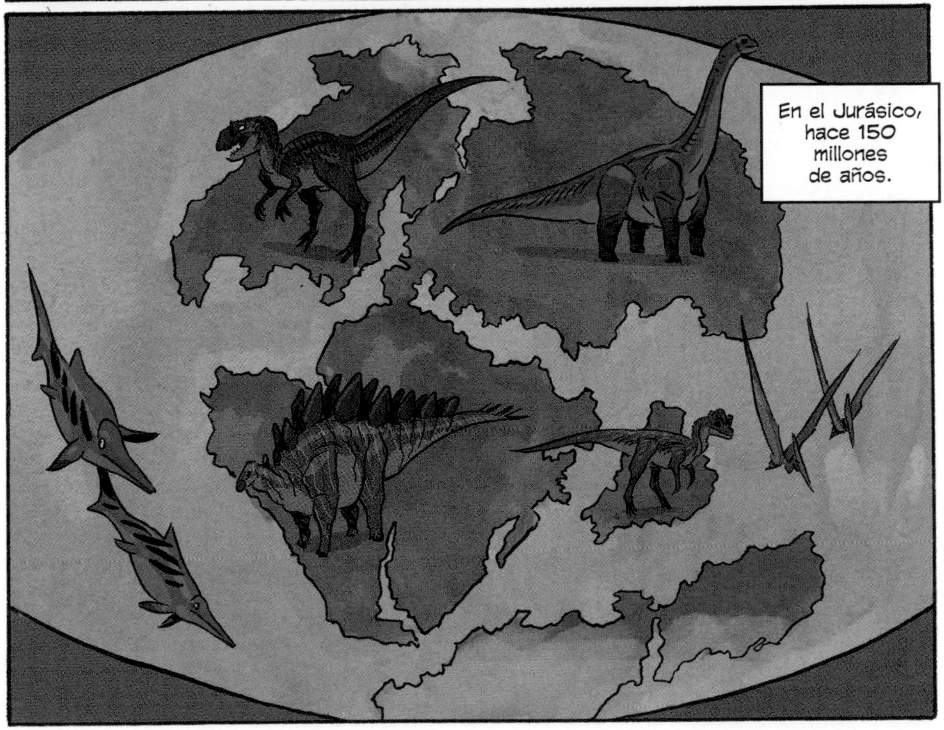
En el Jurásico, hace 150 millones de años.

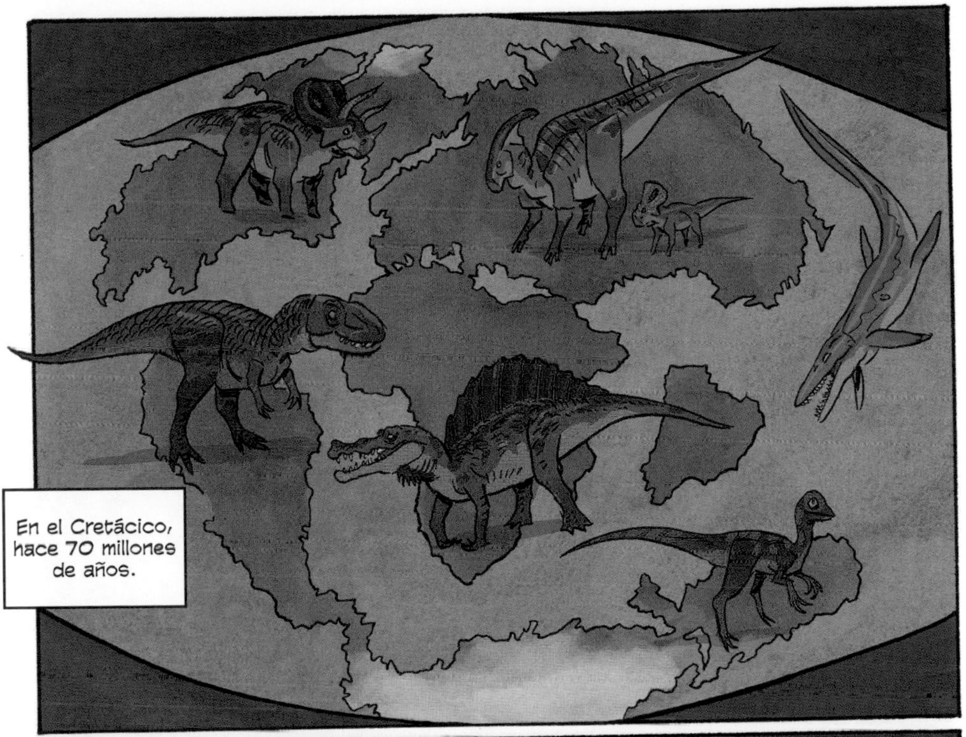
En el Cretácico, hace 70 millones de años.

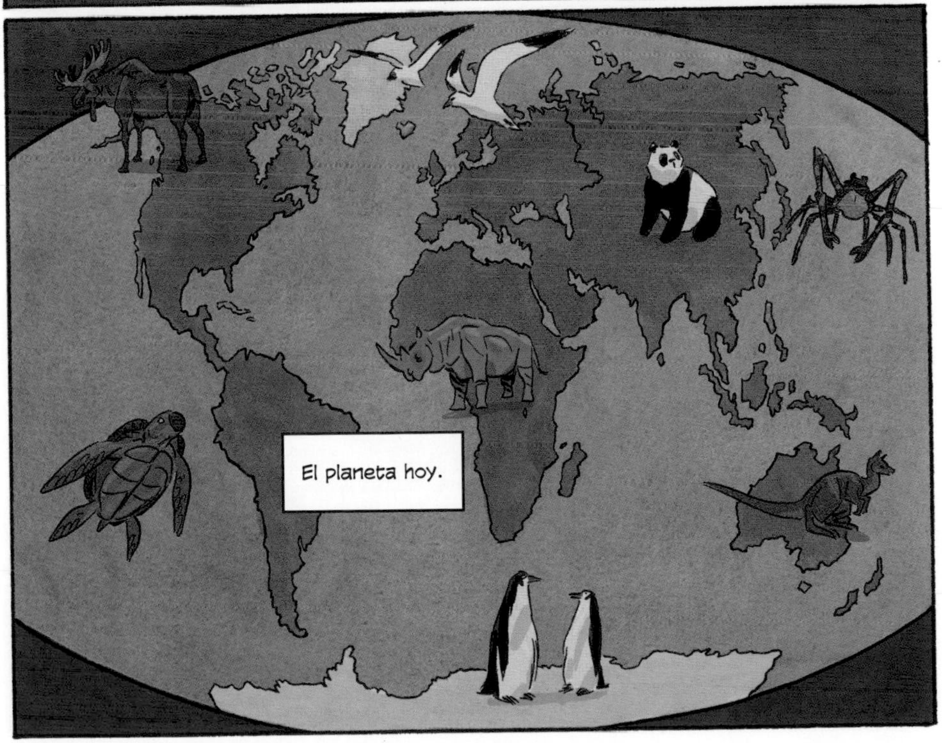
El planeta hoy.

A finales de los 40, Harrison Brown inventó una forma de contar isótopos de plomo en el magma y encargó a su estudiante Clair Patterson que midiera la edad de la tierra con ese método, pensando que sería aburrido.

¡Será muy fácil! ¡Terminas para Navidad!

Buscando las rocas más antiguas, Patterson probó un meteorito, calculando que estaba hecho del material sobrante de la formación de la Tierra.

¡Imagínate, un vestigio de los inicios del planeta!

Y en 1953...

La tierra tiene 4550 millones de años. 70 millones más, 70 millones menos.

Veinte años más tarde, encontramos rocas lunares de 4460 millones de años.

Para 1970 habíamos entendido la edad de la Tierra, cómo se movía, y lo que pasa bajo nuestros pies.

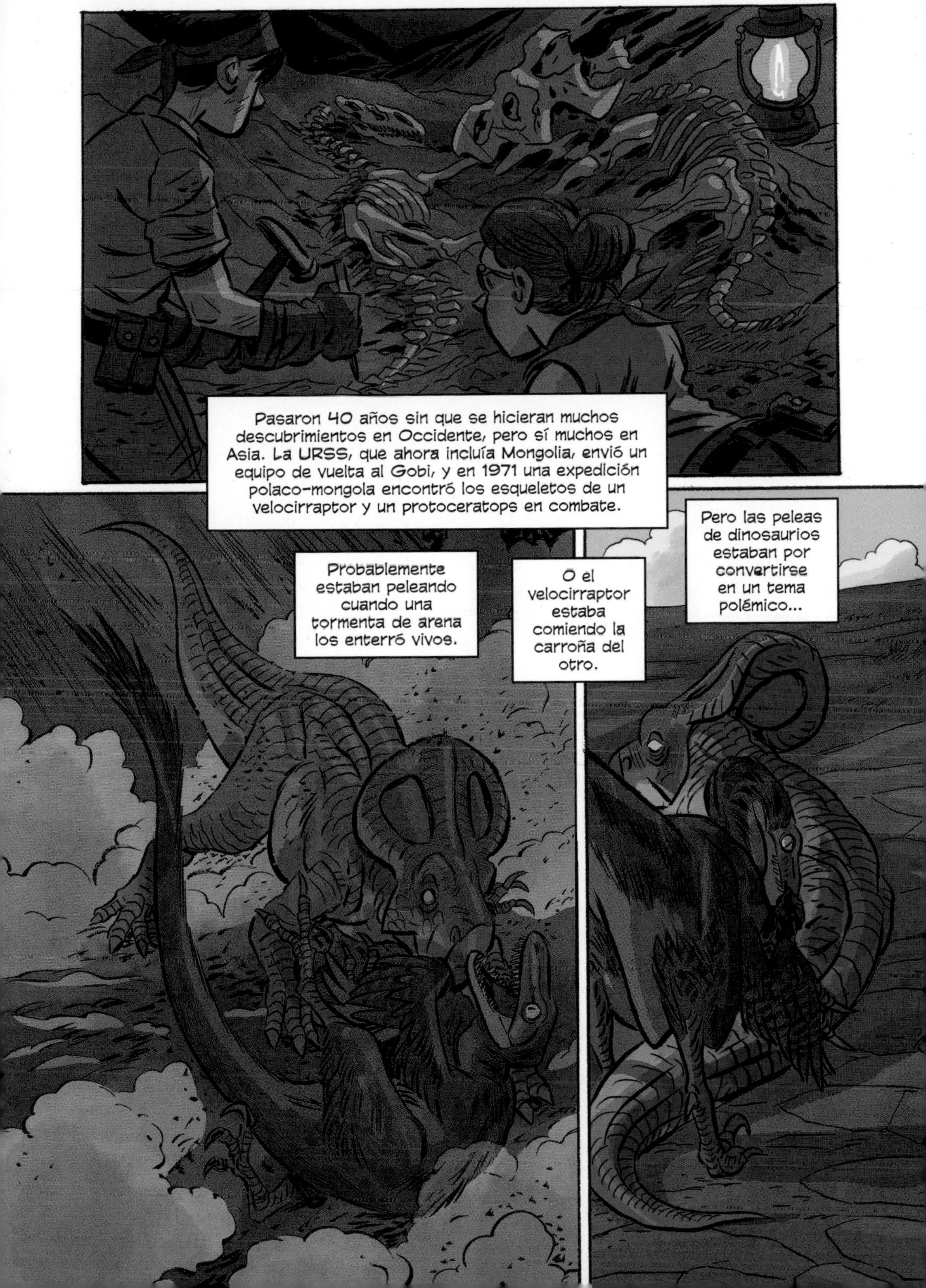
Pasaron 40 años sin que se hicieran muchos descubrimientos en Occidente, pero sí muchos en Asia. La URSS, que ahora incluía Mongolia, envió un equipo de vuelta al Gobi, y en 1971 una expedición polaco-mongola encontró los esqueletos de un velocirraptor y un protoceratops en combate.
Probablemente estaban peleando cuando una tormenta de arena los enterró vivos.
O el velocirraptor estaba comiendo la carroña del otro.
Pero las peleas de dinosaurios estaban por convertirse en un tema polémico...

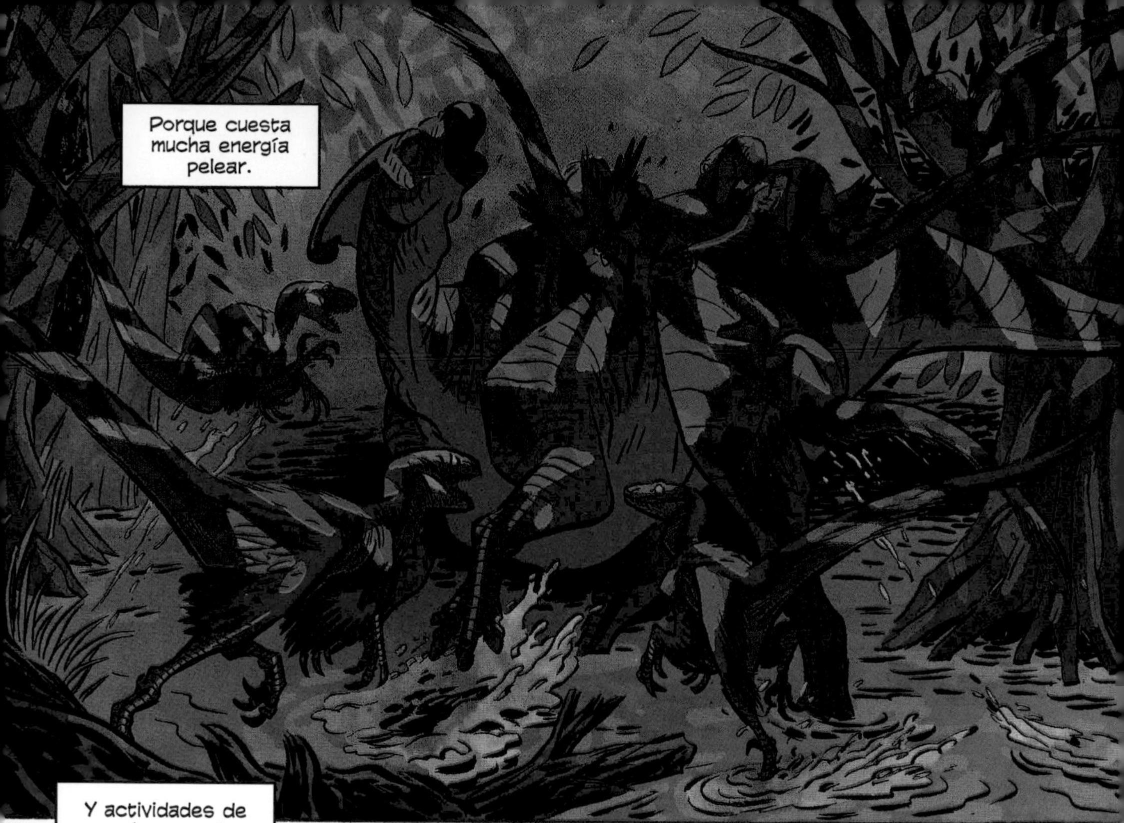
Porque cuesta mucha energía pelear.

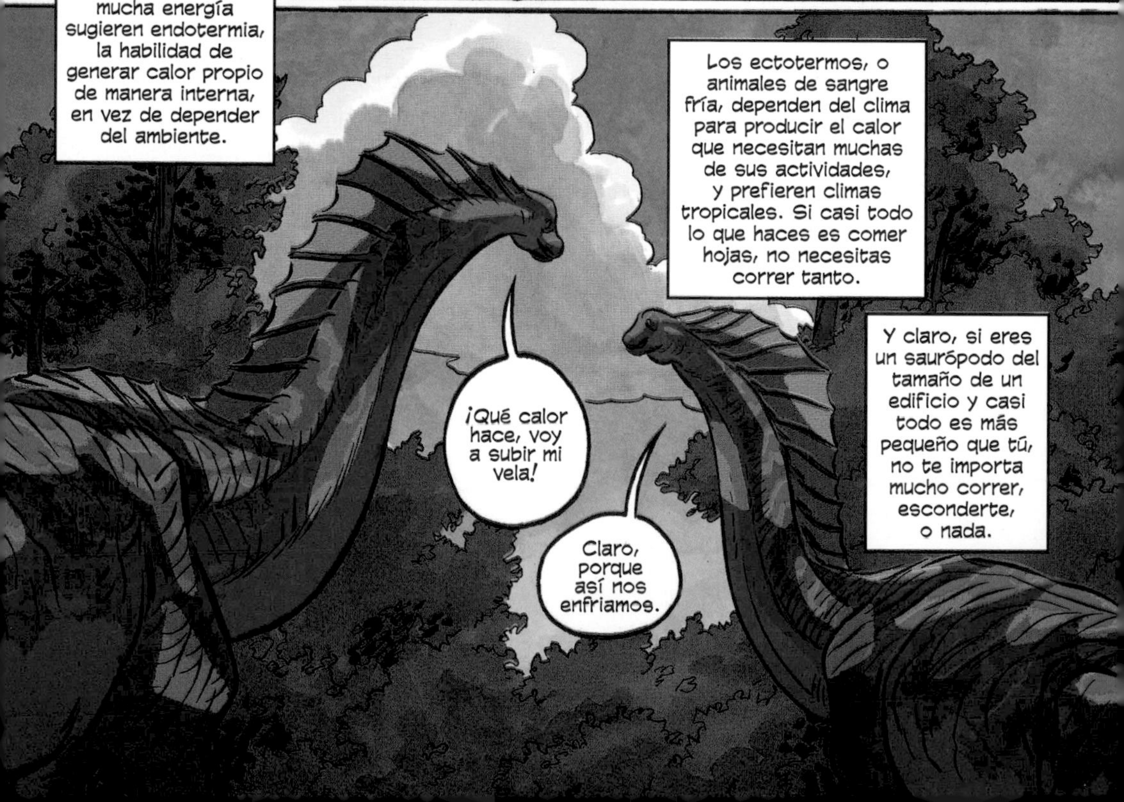
Y actividades de mucha energía sugieren endotermia, la habilidad de generar calor propio de manera interna, en vez de depender del ambiente.
Los ectotermos, o animales de sangre fría, dependen del clima para producir el calor que necesitan muchas de sus actividades, y prefieren climas tropicales. Si casi todo lo que haces es comer hojas, no necesitas correr tanto.
¡Qué calor hace, voy a subir mi vela!
Claro, porque así nos enfriamos.
Y claro, si eres un saurópodo del tamaño de un edificio y casi todo es más pequeño que tú, no te importa mucho correr, esconderte, o nada.

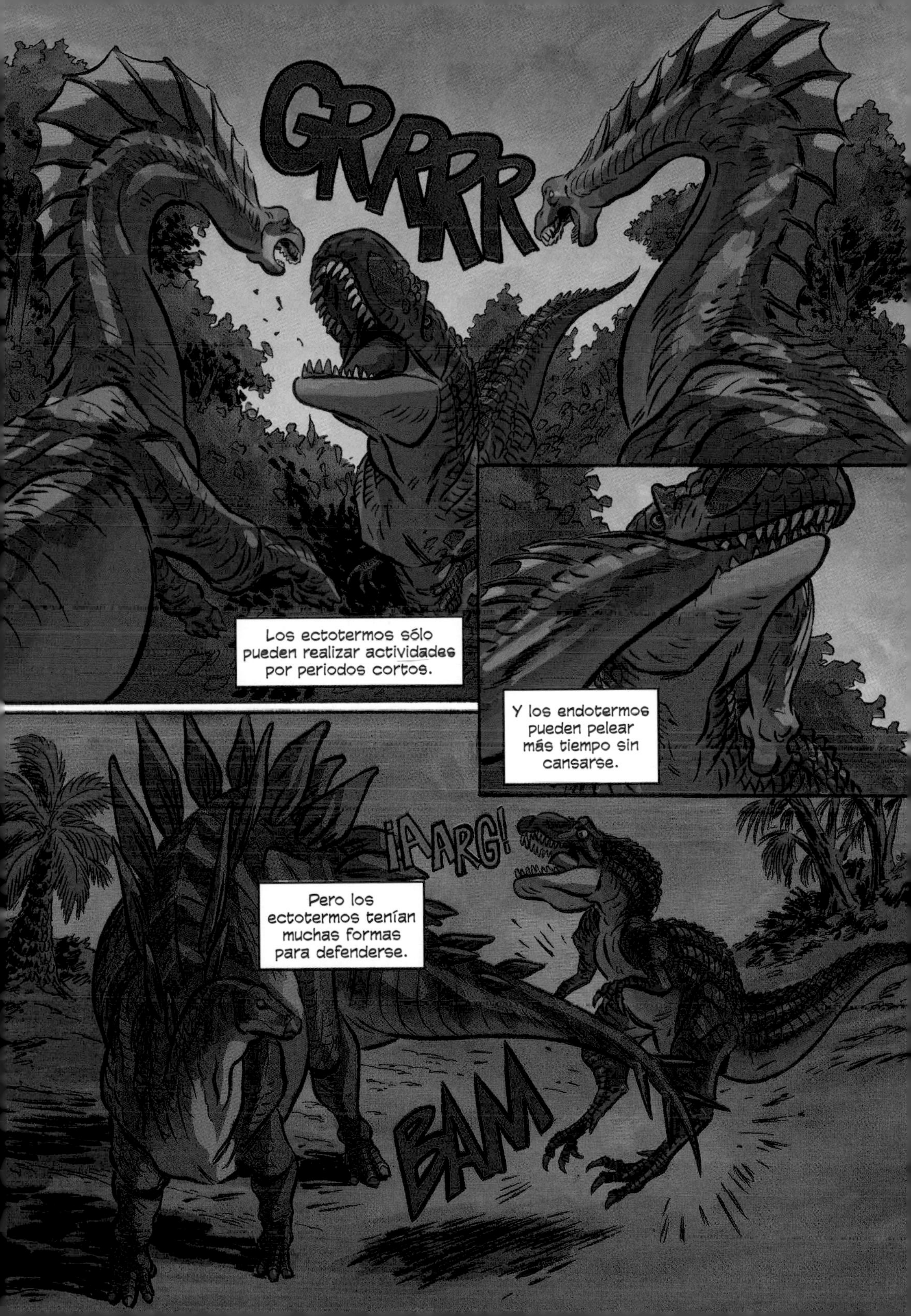
GRRRRR
Los ectotermos sólo pueden realizar actividades por periodos cortos.
Y los endotermos pueden pelear más tiempo sin cansarse.
¡AARG!
Pero los ectotermos tenían muchas formas para defenderse.
BAM

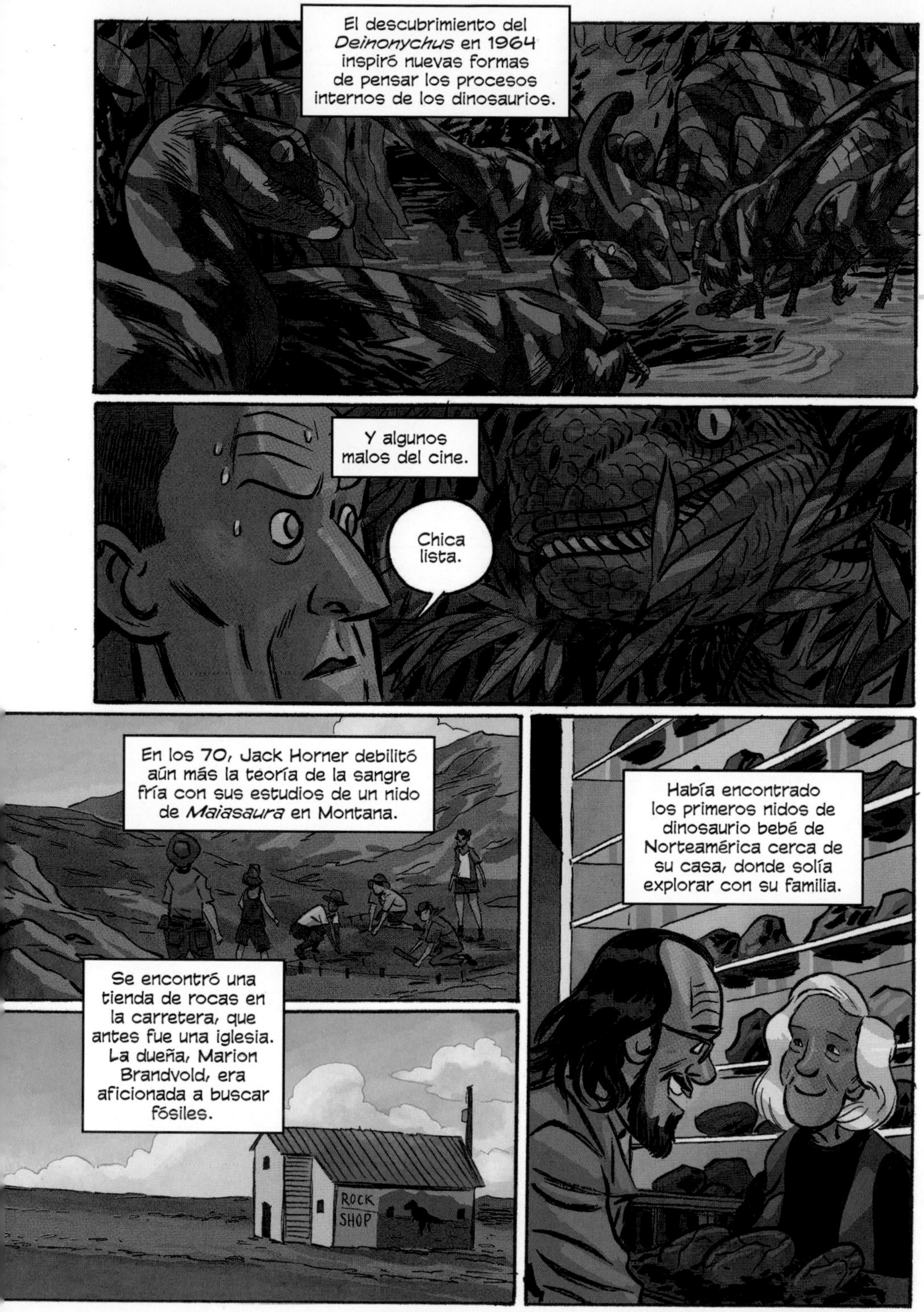
El descubrimiento del *Deinonychus* en 1964 inspiró nuevas formas de pensar los procesos internos de los dinosaurios.
Y algunos malos del cine.
Chica lista.
En los 70, Jack Horner debilitó aún más la teoría de la sangre fría con sus estudios de un nido de *Maiasaura* en Montana.
Se encontró una tienda de rocas en la carretera, que antes fue una iglesia. La dueña, Marion Brandvold, era aficionada a buscar fósiles.
ROCK SHOP
Había encontrado los primeros nidos de dinosaurio bebé de Norteamérica cerca de su casa, donde solía explorar con su familia.

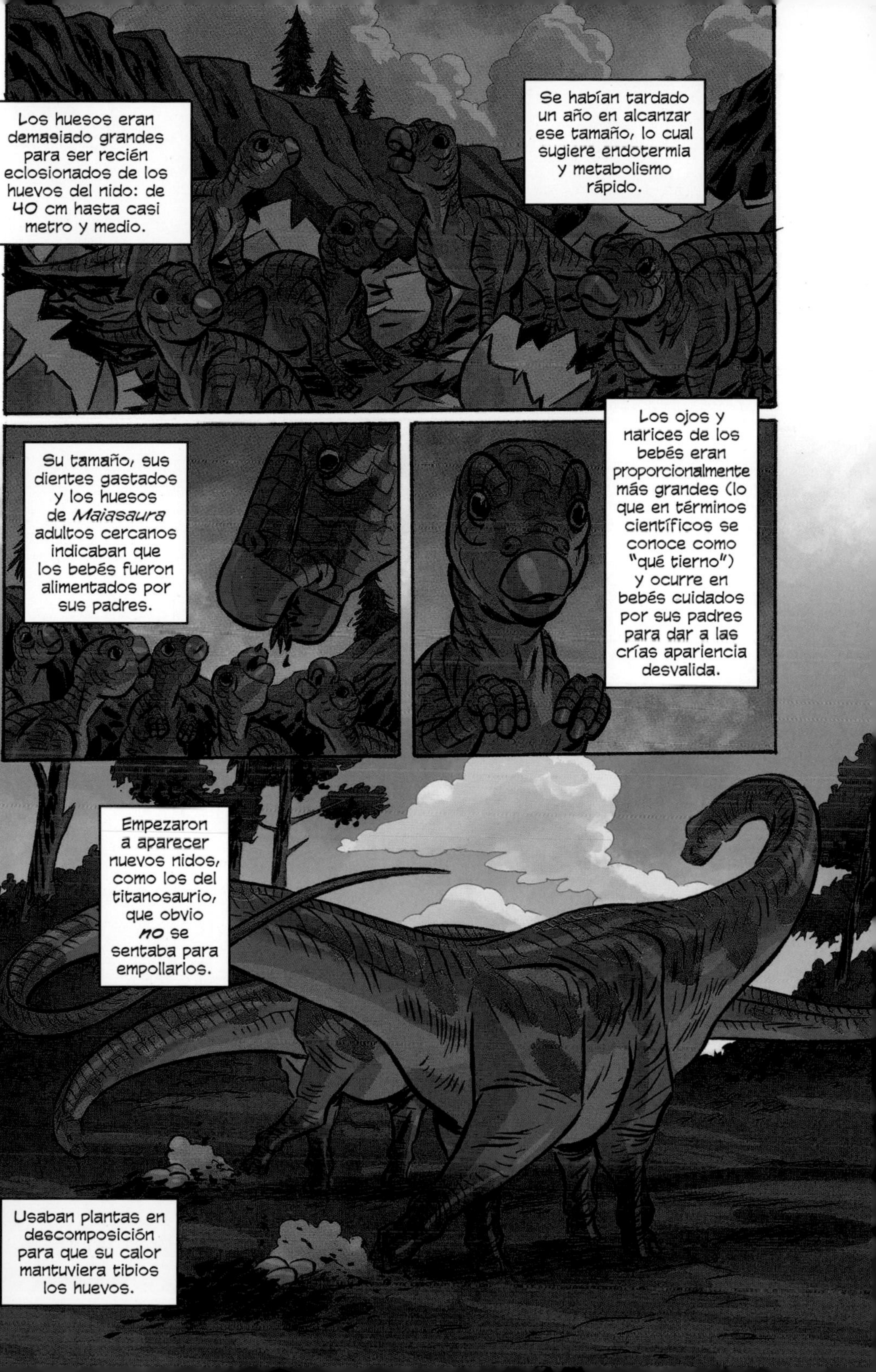
Los huesos eran demasiado grandes para ser recién eclosionados de los huevos del nido: de 40 cm hasta casi metro y medio.
Se habían tardado un año en alcanzar ese tamaño, lo cual sugiere endotermia y metabolismo rápido.
Su tamaño, sus dientes gastados y los huesos de *Maiasaura* adultos cercanos indicaban que los bebés fueron alimentados por sus padres.
Los ojos y narices de los bebés eran proporcionalmente más grandes (lo que en términos científicos se conoce como "qué tierno") y ocurre en bebés cuidados por sus padres para dar a las crías apariencia desvalida.
Empezaron a aparecer nuevos nidos, como los del titanosaurio, que obvio *no* se sentaba para empollarlos.
Usaban plantas en descomposición para que su calor mantuviera tibios los huevos.

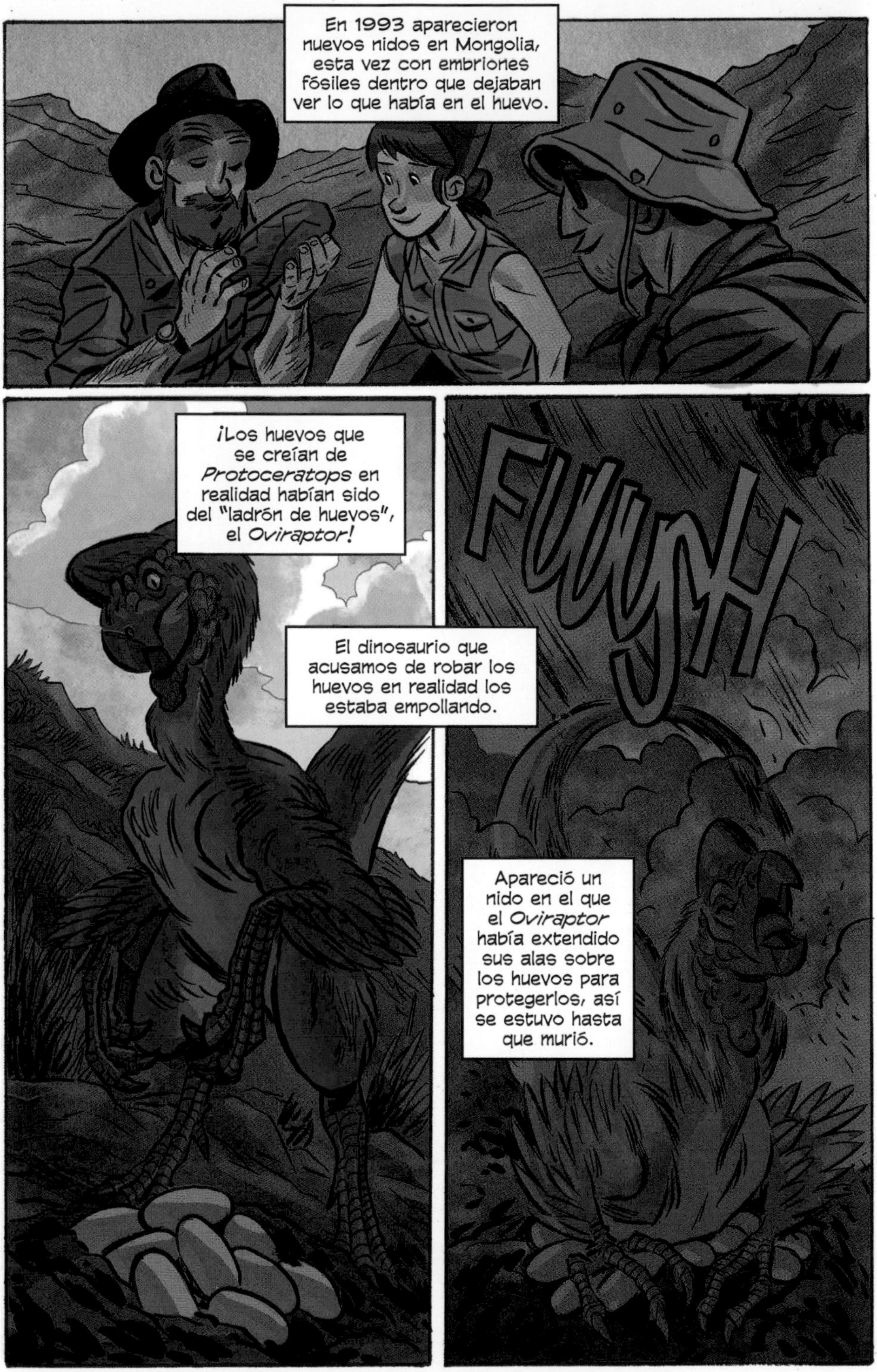
En 1993 aparecieron nuevos nidos en Mongolia, esta vez con embriones fósiles dentro que dejaban ver lo que había en el huevo.
¡Los huevos que se creían de *Protoceratops* en realidad habían sido del "ladrón de huevos", el *Oviraptor*!
El dinosaurio que acusamos de robar los huevos en realidad los estaba empollando.
FUUUSH
Apareció un nido en el que el *Oviraptor* había extendido sus alas sobre los huevos para protegerlos, así se estuvo hasta que murió.

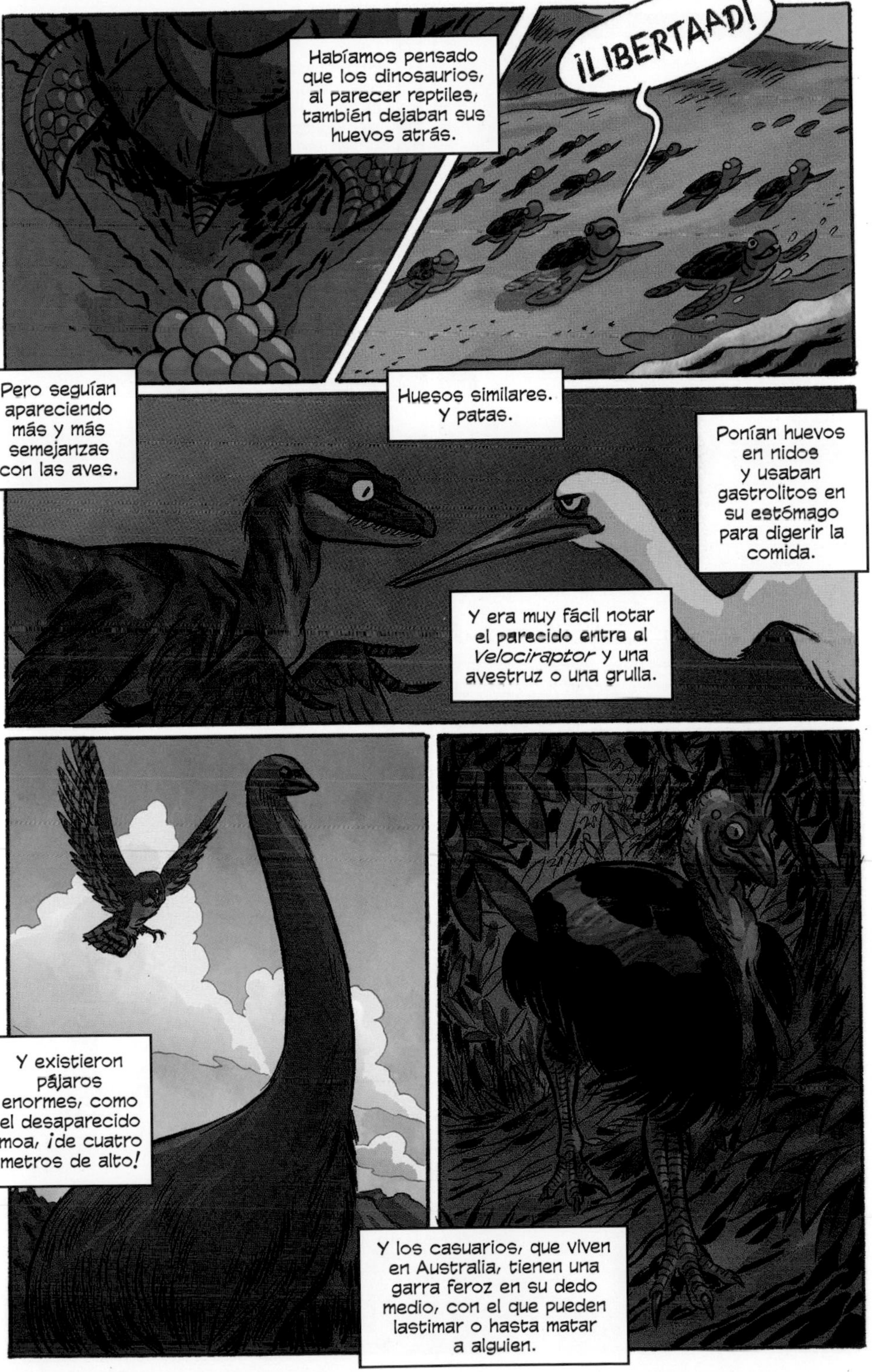
Habíamos pensado que los dinosaurios, al parecer reptiles, también dejaban sus huevos atrás.
¡LIBERTAAD!
Pero seguían apareciendo más y más semejanzas con las aves.
Huesos similares. Y patas.
Ponían huevos en nidos y usaban gastrolitos en su estómago para digerir la comida.
Y era muy fácil notar el parecido entre el *Velociraptor* y una avestruz o una grulla.
Y existieron pájaros enormes, como el desaparecido moa, ¡de cuatro metros de alto!
Y los casuarios, que viven en Australia, tienen una garra feroz en su dedo medio, con el que pueden lastimar o hasta matar a alguien.

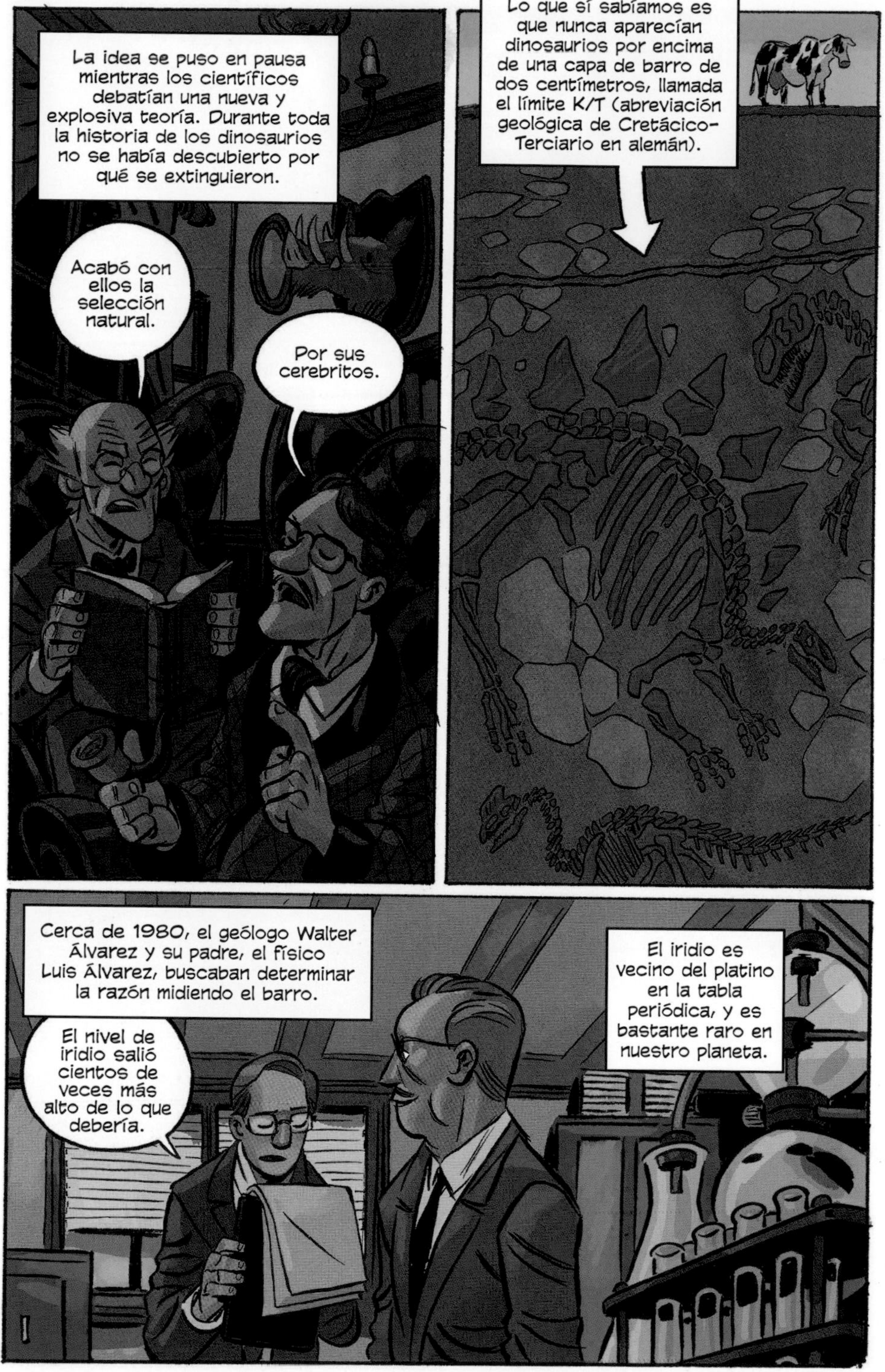
La idea se puso en pausa mientras los científicos debatían una nueva y explosiva teoría. Durante toda la historia de los dinosaurios no se había descubierto por qué se extinguieron.
Acabó con ellos la selección natural.
Por sus cerebritos.
Lo que sí sabíamos es que nunca aparecían dinosaurios por encima de una capa de barro de dos centímetros, llamada el límite K/T (abreviación geológica de Cretácico-Terciario en alemán).
Cerca de 1980, el geólogo Walter Álvarez y su padre, el físico Luis Álvarez, buscaban determinar la razón midiendo el barro.
El nivel de iridio salió cientos de veces más alto de lo que debería.
El iridio es vecino del platino en la tabla periódica, y es bastante raro en nuestro planeta.

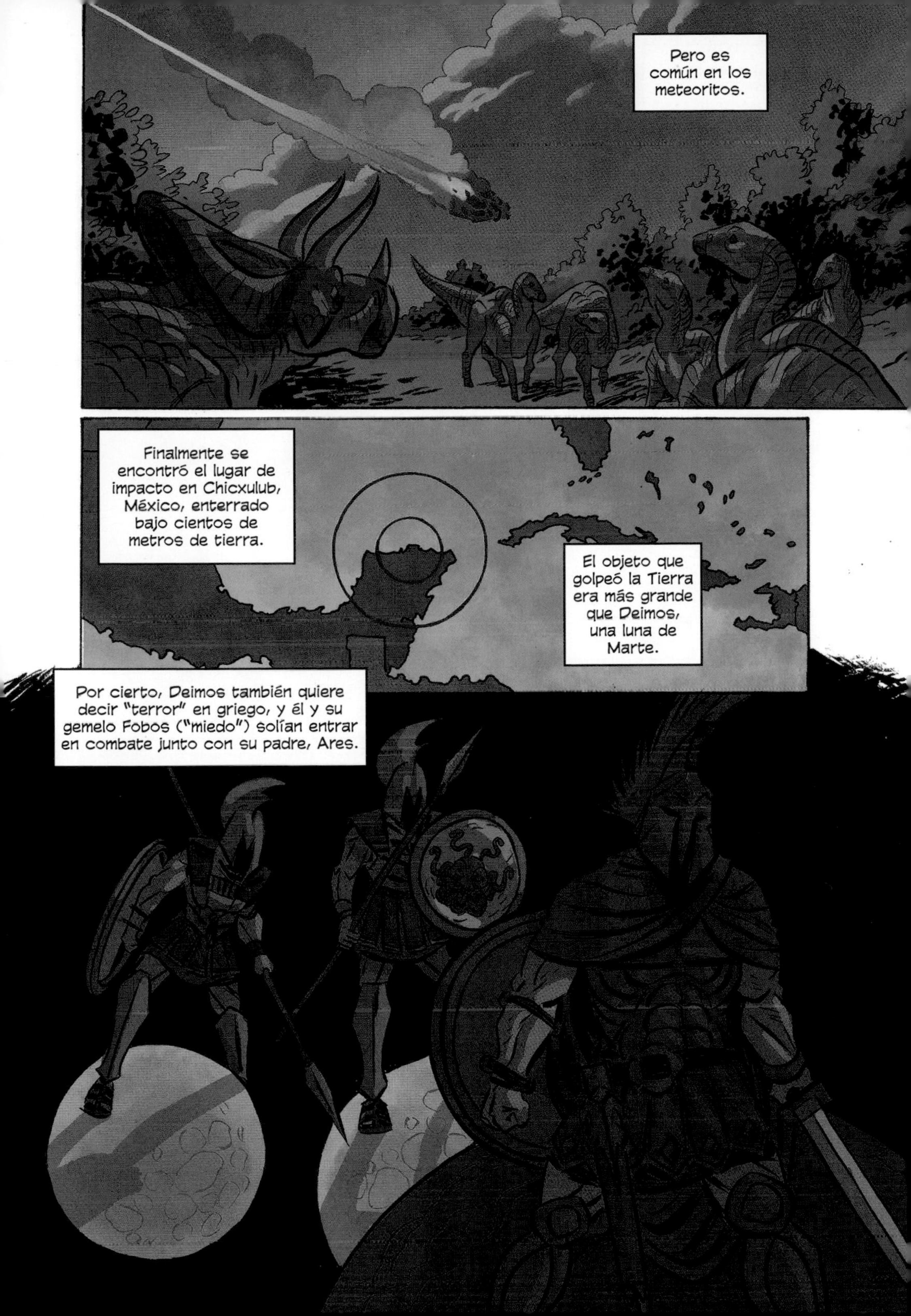

Pero es común en los meteoritos.
Finalmente se encontró el lugar de impacto en Chicxulub, México, enterrado bajo cientos de metros de tierra.
El objeto que golpeó la Tierra era más grande que Deimos, una luna de Marte.
Por cierto, Deimos también quiere decir "terror" en griego, y él y su gemelo Fobos ("miedo") solían entrar en combate junto con su padre, Ares.

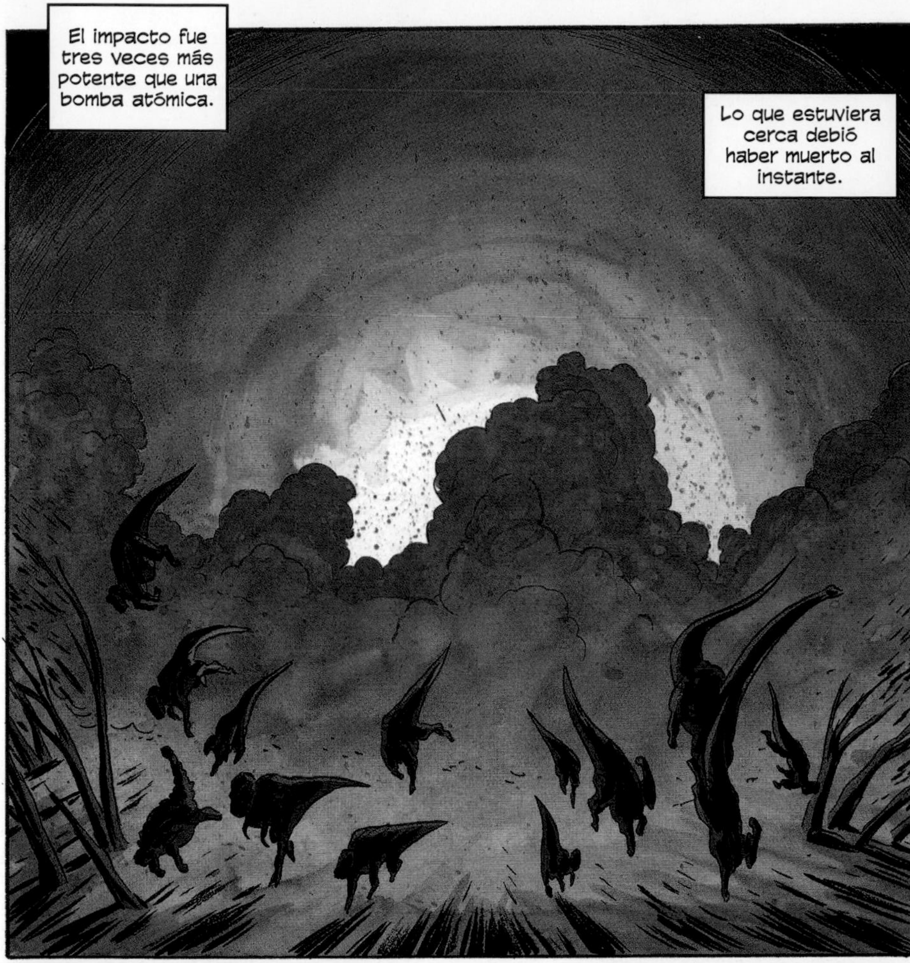
El impacto fue tres veces más potente que una bomba atómica.
Lo que estuviera cerca debió haber muerto al instante.

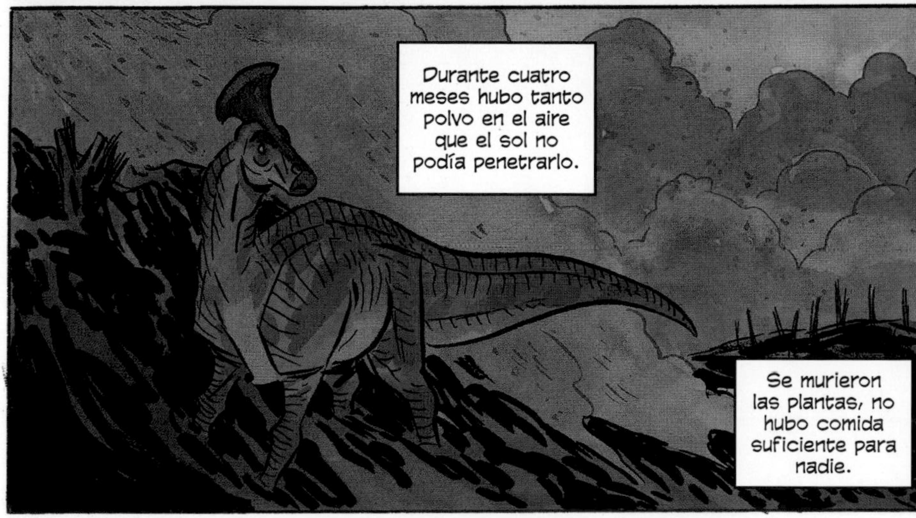
Durante cuatro meses hubo tanto polvo en el aire que el sol no podía penetrarlo.
Se murieron las plantas, no hubo comida suficiente para nadie.

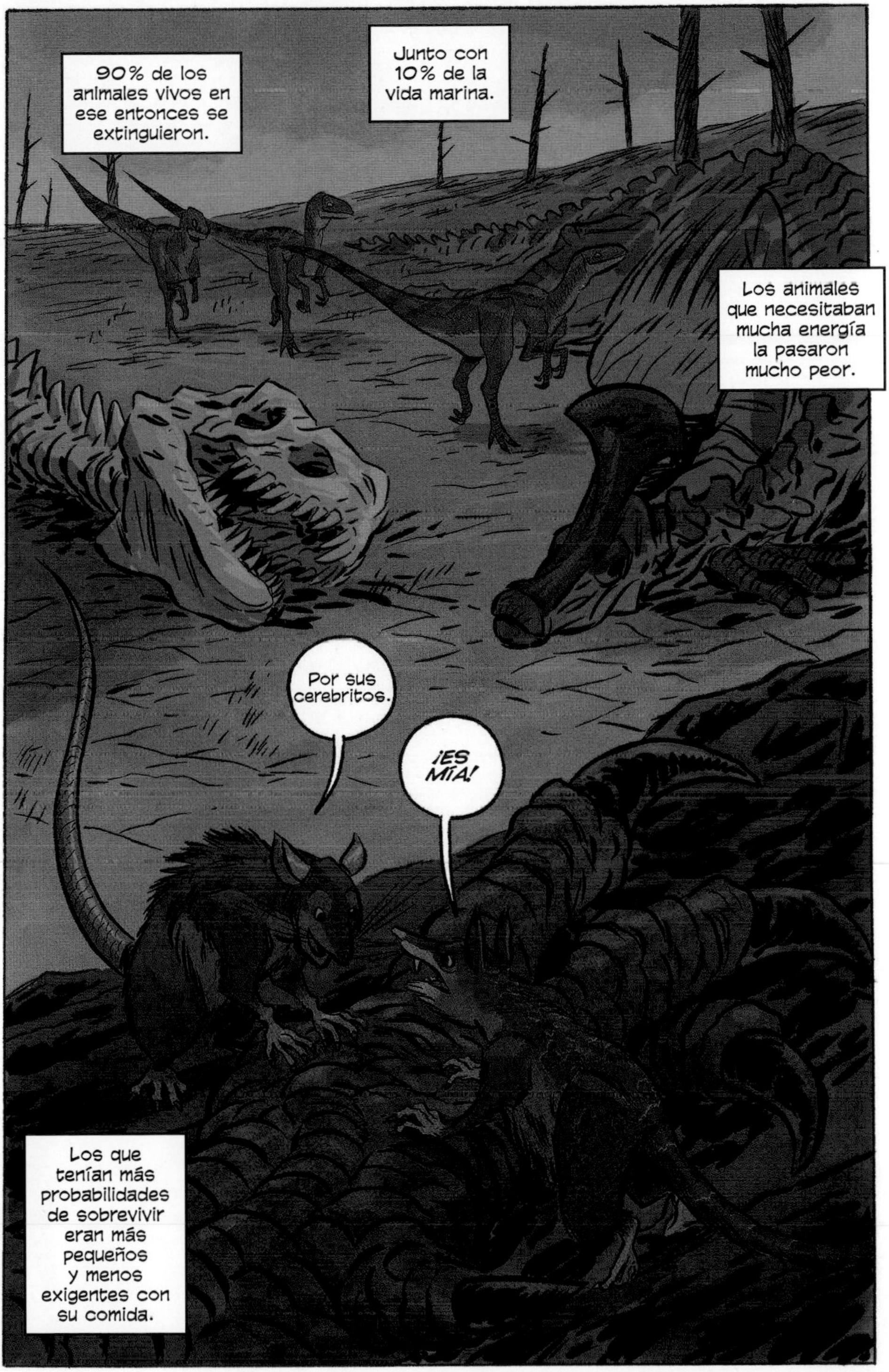
90% de los animales vivos en ese entonces se extinguieron.
Junto con 10% de la vida marina.
Los animales que necesitaban mucha energía la pasaron mucho peor.
Por sus cerebritos.
¡ES MÍA!
Los que tenían más probabilidades de sobrevivir eran más pequeños y menos exigentes con su comida.

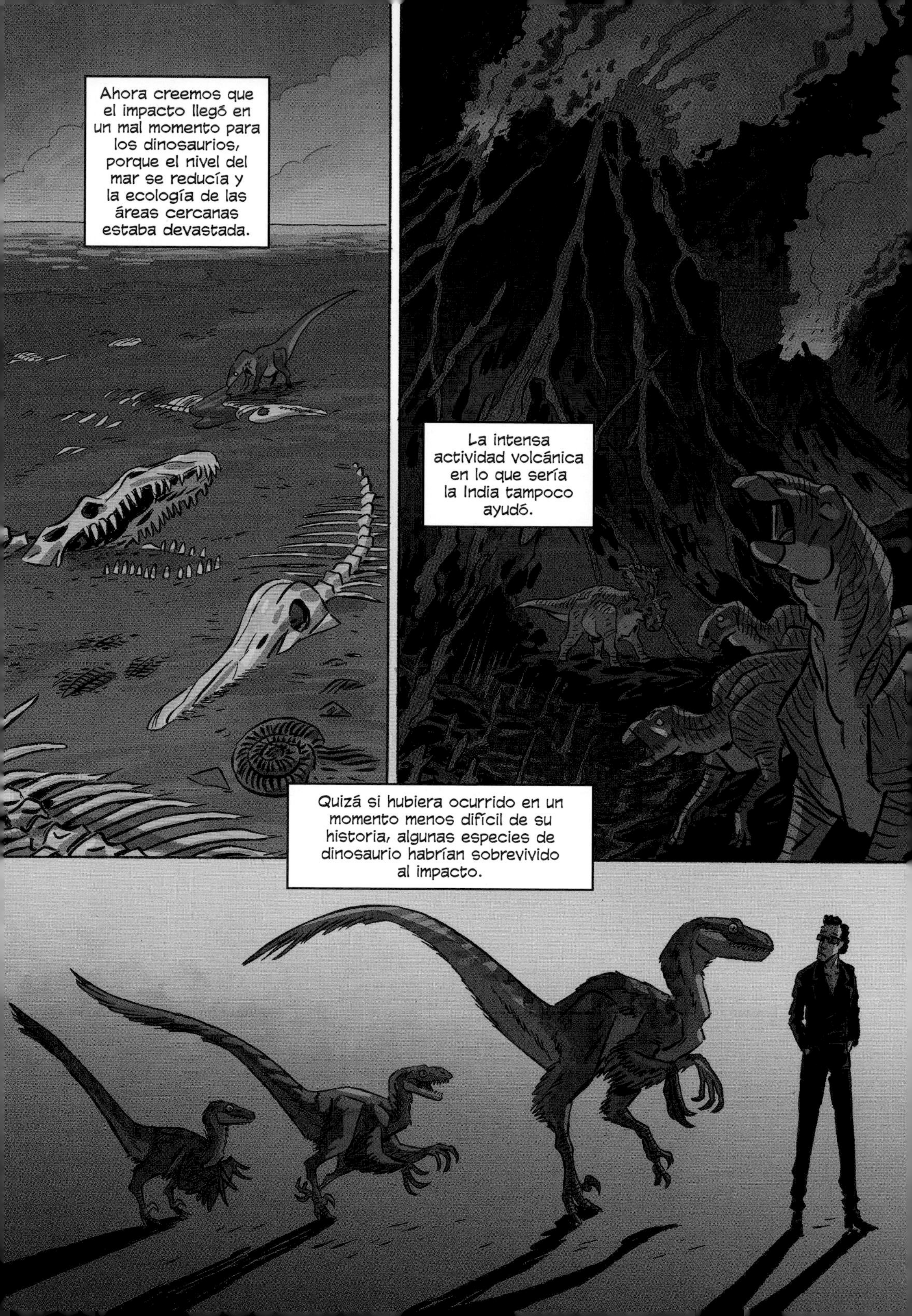
Ahora creemos que el impacto llegó en un mal momento para los dinosaurios, porque el nivel del mar se reducía y la ecología de las áreas cercanas estaba devastada.
La intensa actividad volcánica en lo que sería la India tampoco ayudó.
Quizá si hubiera ocurrido en un momento menos difícil de su historia, algunas especies de dinosaurio habrían sobrevivido al impacto.

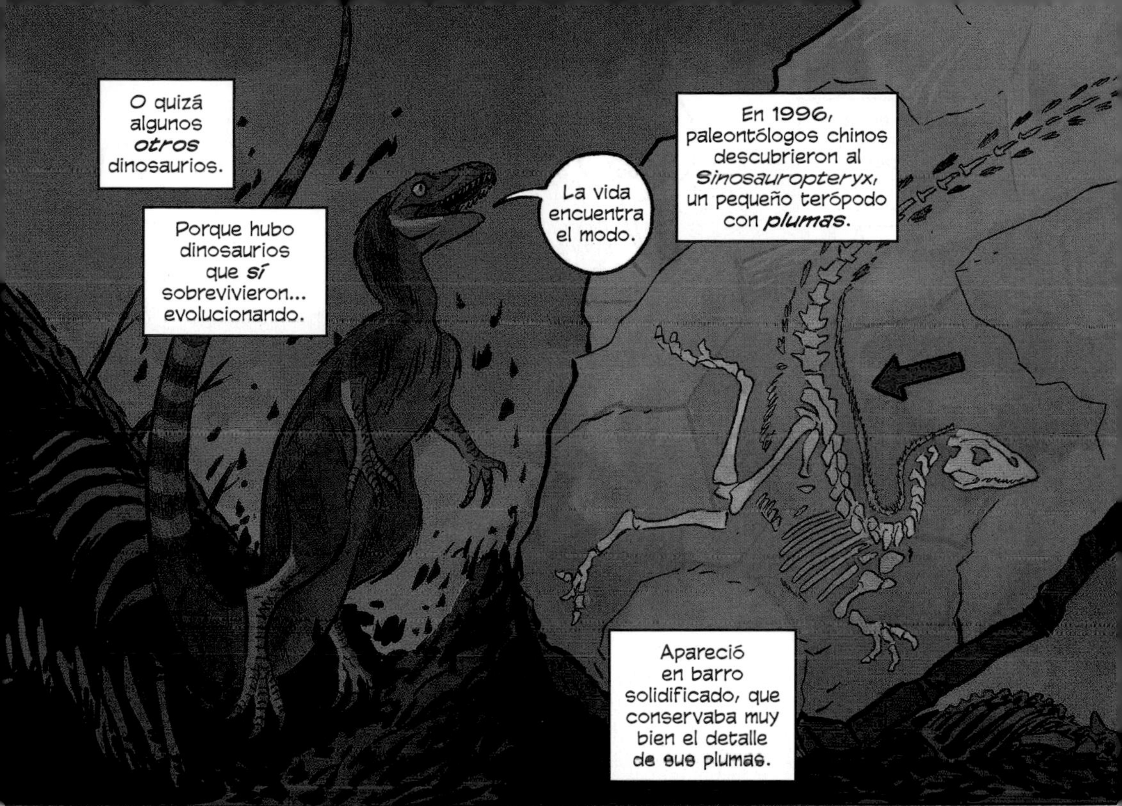
O quizá algunos *otros* dinosaurios.
Porque hubo dinosaurios que *sí* sobrevivieron... evolucionando.
La vida encuentra el modo.
En 1996, paleontólogos chinos descubrieron al *Sinosauropteryx*, un pequeño terópodo con *plumas*.
Apareció en barro solidificado, que conservaba muy bien el detalle de sus plumas.

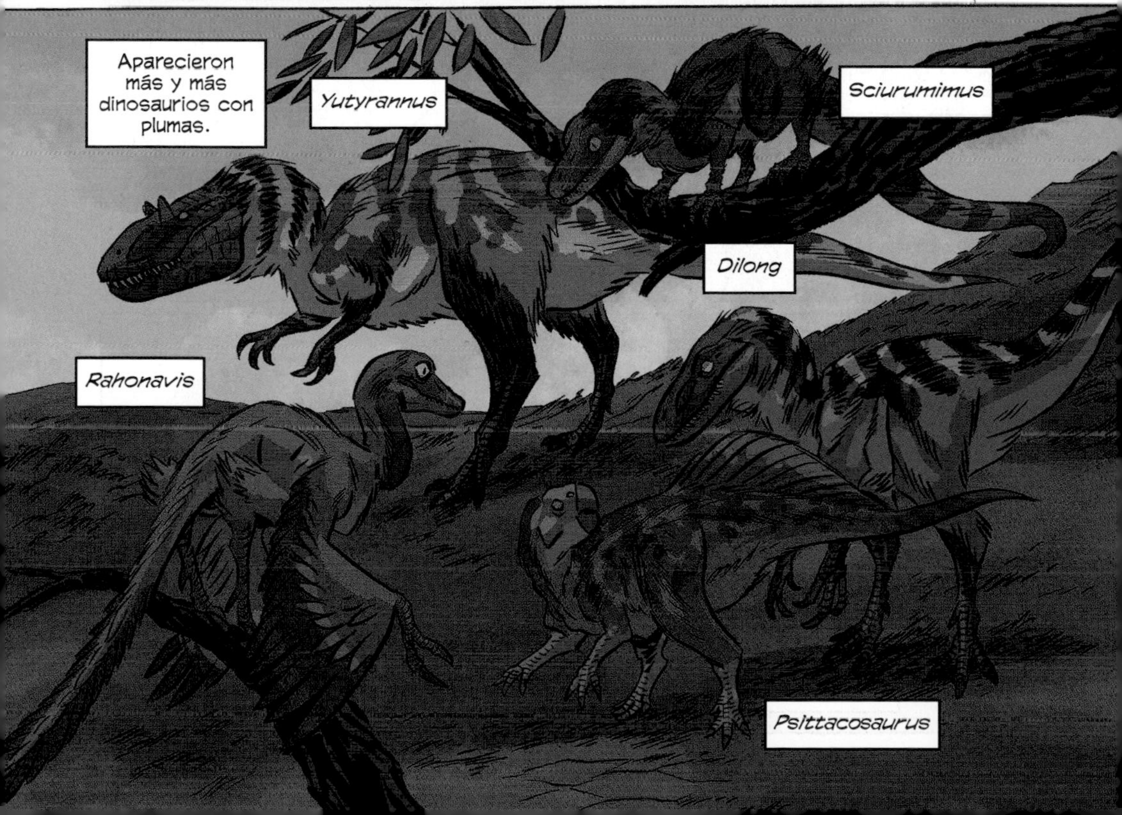
Aparecieron más y más dinosaurios con plumas.
Yutyrannus
Sciurumimus
Dilong
Rahonavis
Psittacosaurus

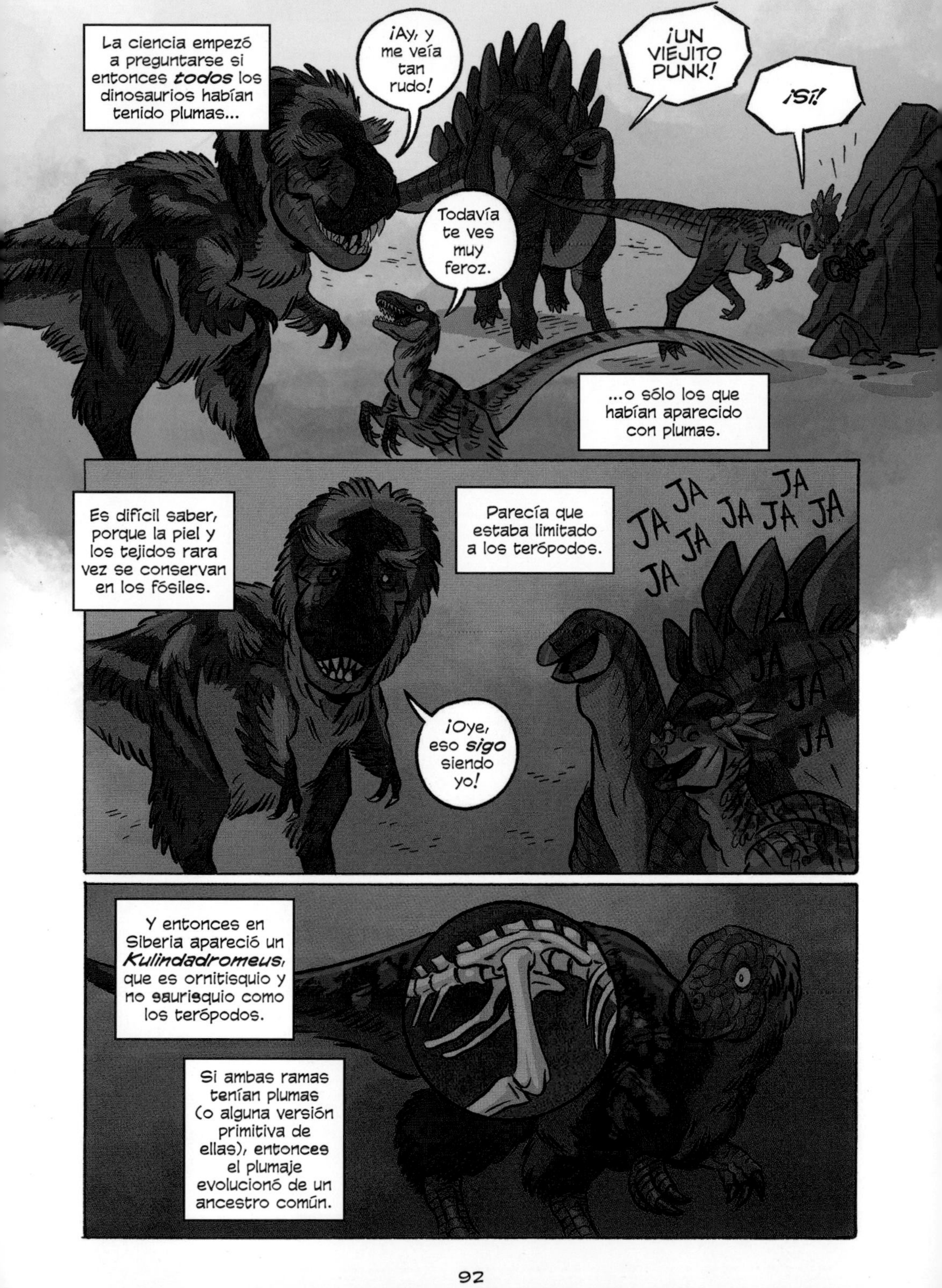

La ciencia empezó a preguntarse si entonces *todos* los dinosaurios habían tenido plumas...
¡Ay, y me veía tan rudo!
¡UN VIEJITO PUNK!
¡SÍ!
Todavía te ves muy feroz.
...o sólo los que habían aparecido con plumas.
Es difícil saber, porque la piel y los tejidos rara vez se conservan en los fósiles.
Parecía que estaba limitado a los terópodos.
JA JA JA JA JA JA JA JA
¡Oye, eso *sigo* siendo yo!
JA JA JA
Y entonces en Siberia apareció un *Kulindadromeus*, que es ornitisquio y no saurisquio como los terópodos.
Si ambas ramas tenían plumas (o alguna versión primitiva de ellas), entonces el plumaje evolucionó de un ancestro común.

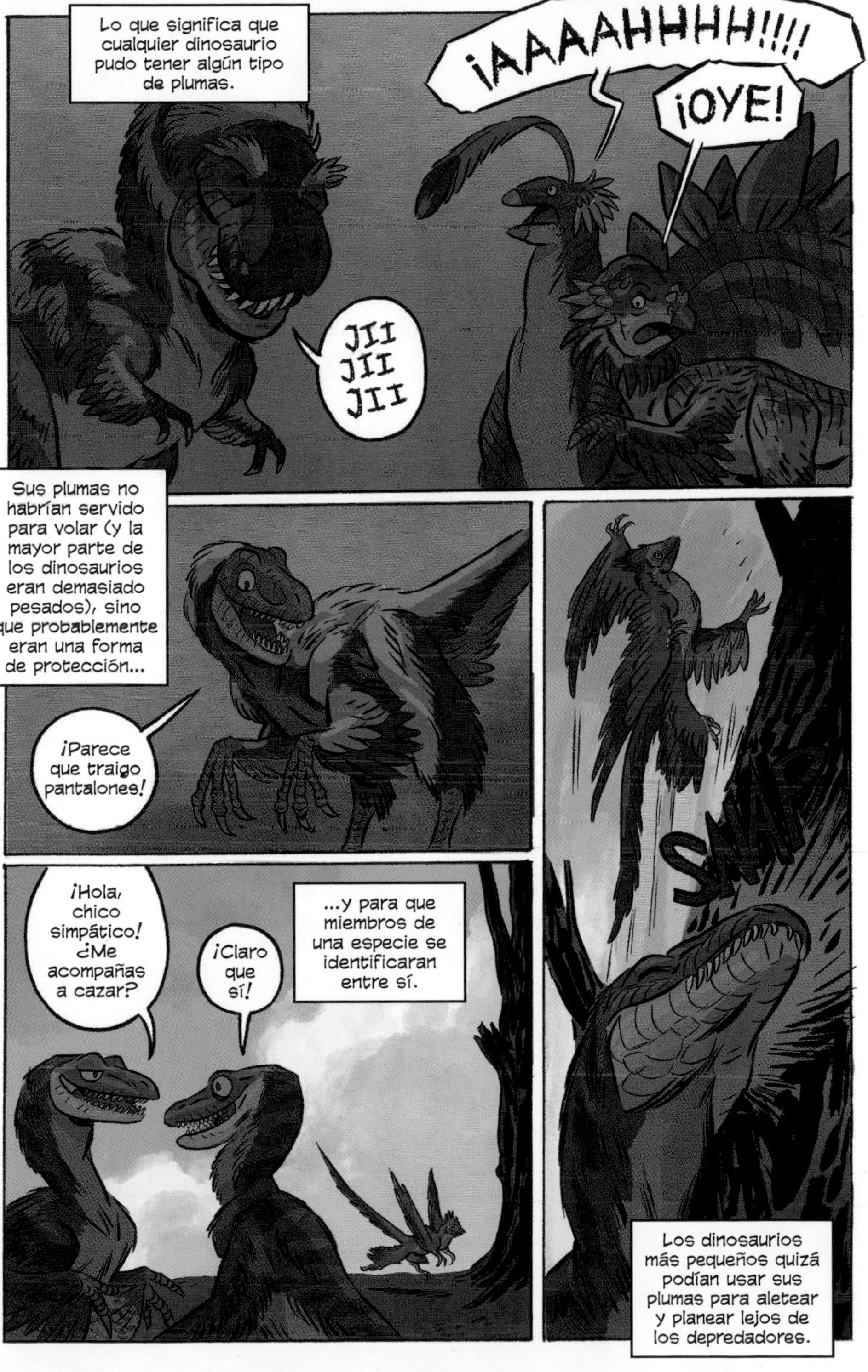

Lo que significa que cualquier dinosaurio pudo tener algún tipo de plumas.
¡AAAAHHHH!!!!
¡OYE!
JII JII JII
Sus plumas no habrían servido para volar (y la mayor parte de los dinosaurios eran demasiado pesados), sino que probablemente eran una forma de protección...
¡Parece que traigo pantalones!
¡Hola, chico simpático! ¿Me acompañas a cazar?
¡Claro que sí!
...y para que miembros de una especie se identificaran entre sí.
SNAP
Los dinosaurios más pequeños quizá podían usar sus plumas para aletear y planear lejos de los depredadores.

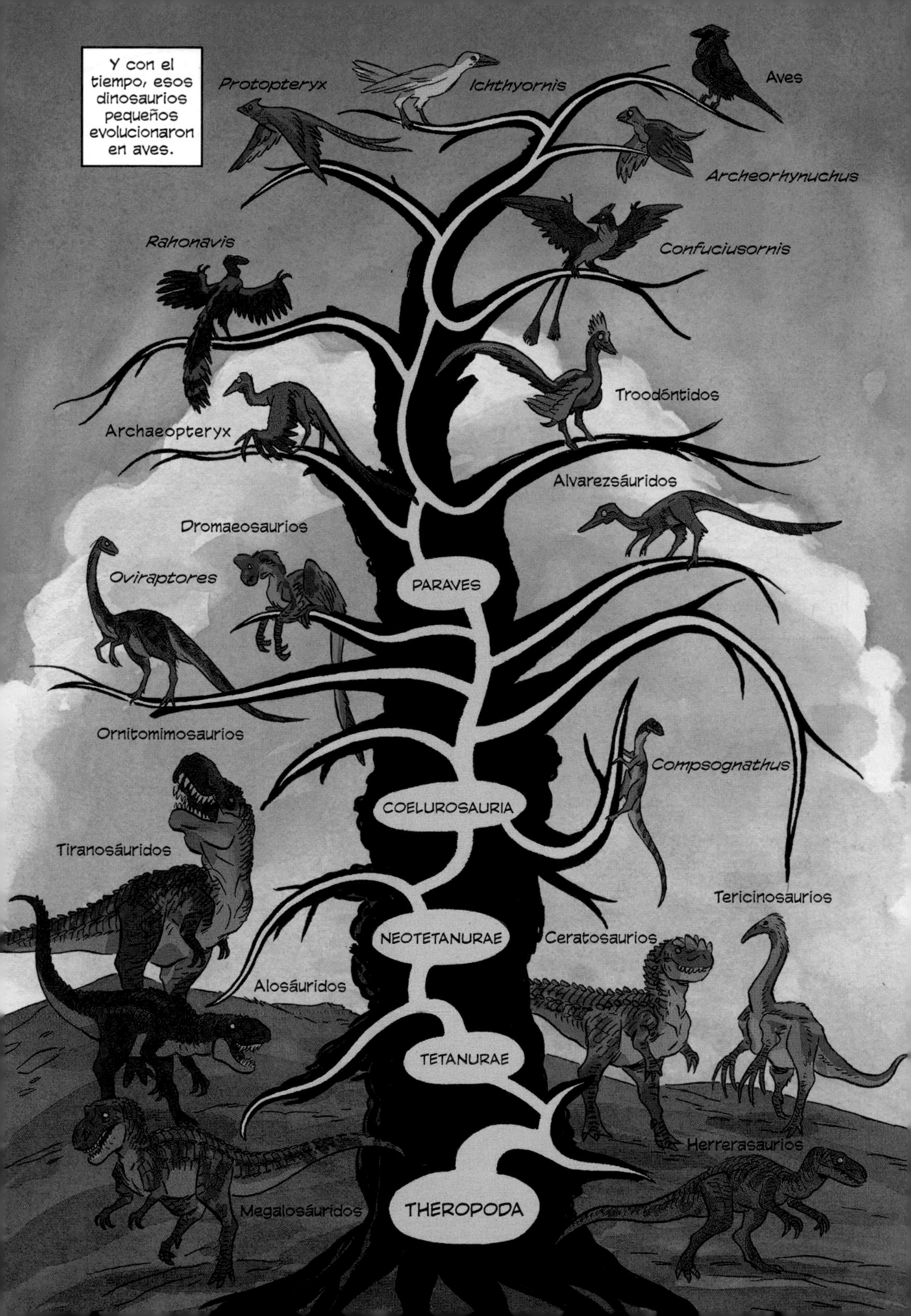
Y con el tiempo, esos dinosaurios pequeños evolucionaron en aves.
Protopteryx
Ichthyornis
Aves
Archeorhynuchus
Rahonavis
Confuciusornis
Troodóntidos
Archaeopteryx
Alvarezsáuridos
Dromaeosaurios
Oviraptores
PARAVES
Ornitomimosaurios
Compsognathus
COELUROSAURIA
Tiranosáuridos
Tericinosaurios
NEOTETANURAE
Ceratosaurios
Alosáuridos
TETANURAE
Herrerasaurios
THEROPODA
Megalosáuridos

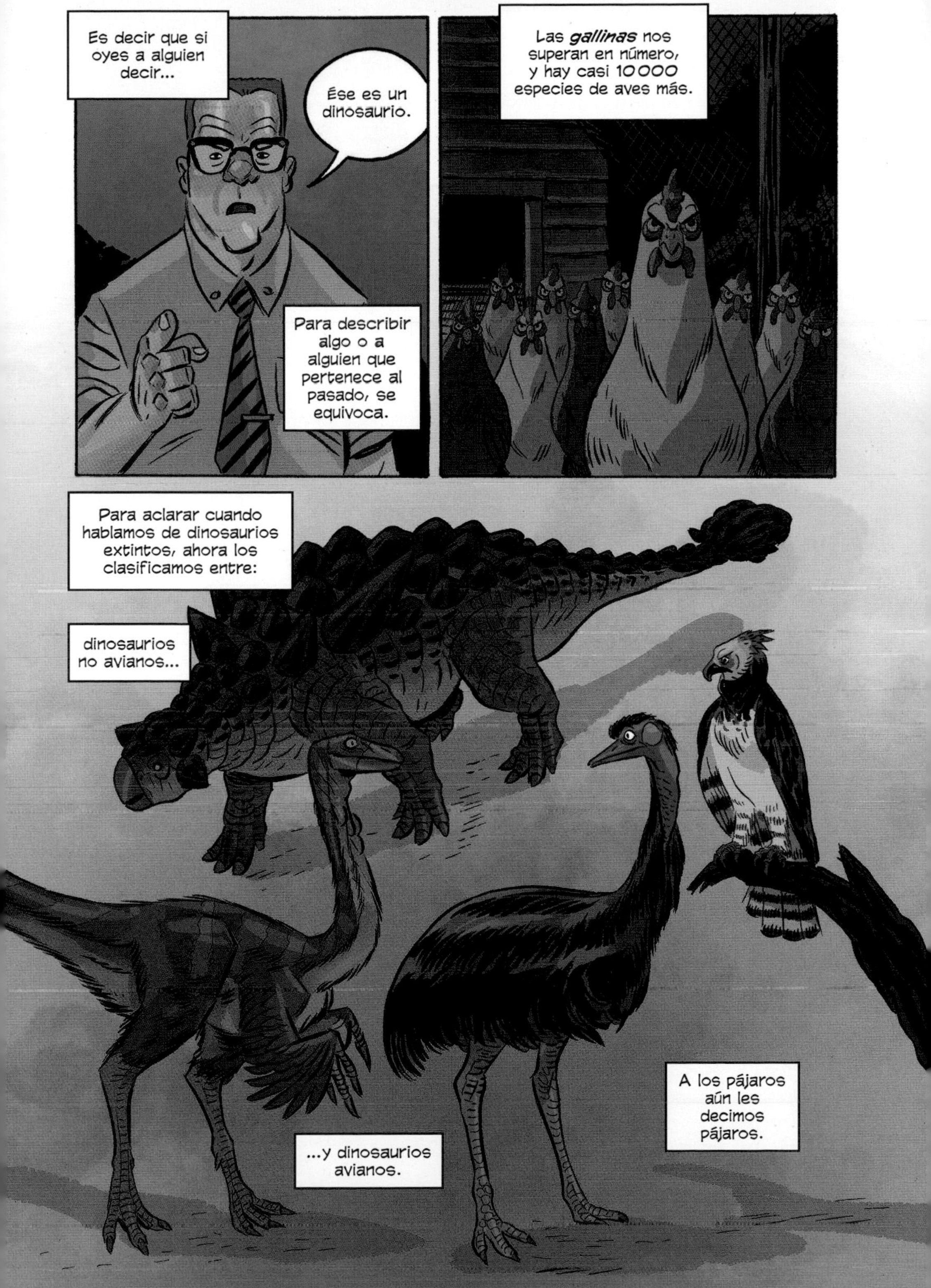
Es decir que si oyes a alguien decir...
Ése es un dinosaurio.
Para describir algo o a alguien que pertenece al pasado, se equivoca.
Las *gallinas* nos superan en número, y hay casi 10 000 especies de aves más.
Para aclarar cuando hablamos de dinosaurios extintos, ahora los clasificamos entre:
dinosaurios no avianos...
...y dinosaurios avianos.
A los pájaros aún les decimos pájaros.

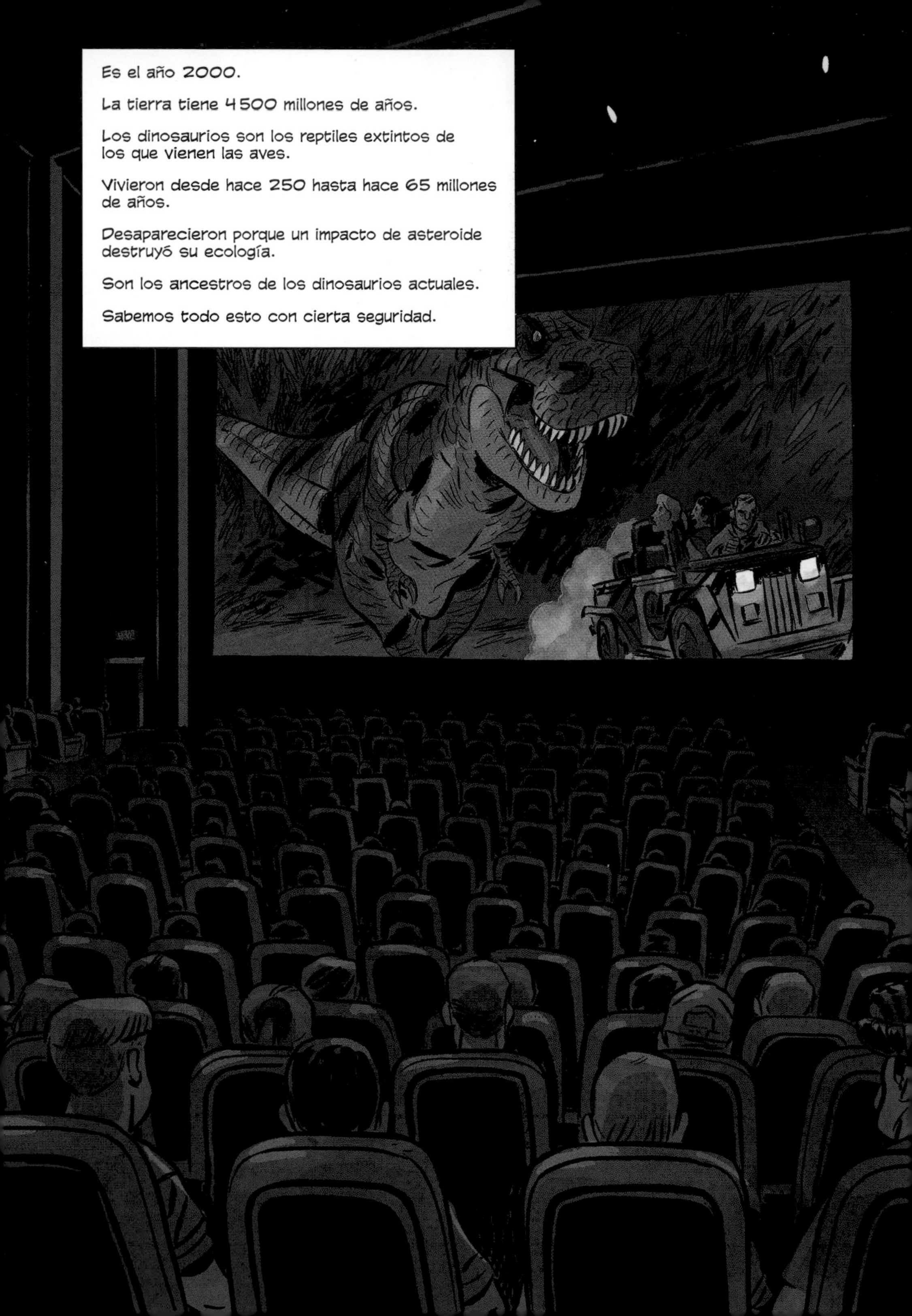
Es el año 2000.
La tierra tiene 4500 millones de años.
Los dinosaurios son los reptiles extintos de los que vienen las aves.
Vivieron desde hace 250 hasta hace 65 millones de años.
Desaparecieron porque un impacto de asteroide destruyó su ecología.
Son los ancestros de los dinosaurios actuales.
Sabemos todo esto con cierta seguridad.

¿DE QUÉ TAMAÑO ERAN LOS DINOSAURIOS Y SUS PARIENTES?

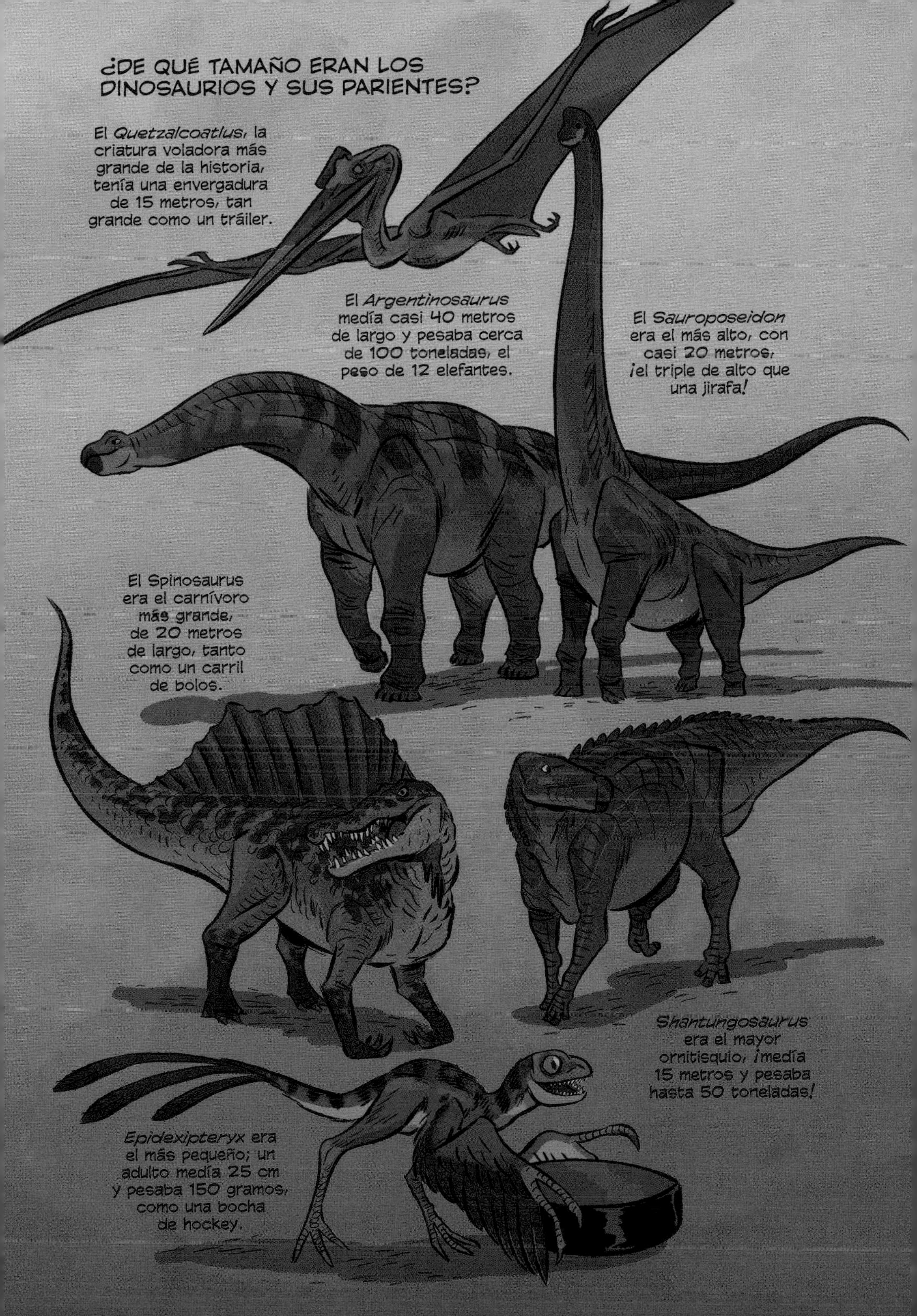
El *Quetzalcoatlus*, la criatura voladora más grande de la historia, tenía una envergadura de 15 metros, tan grande como un tráiler.
El *Argentinosaurus* medía casi 40 metros de largo y pesaba cerca de 100 toneladas, el peso de 12 elefantes.
El *Sauroposeidon* era el más alto, con casi 20 metros, ¡el triple de alto que una jirafa!
El Spinosaurus era el carnívoro más grande, de 20 metros de largo, tanto como un carril de bolos.
Shantungosaurus era el mayor ornitisquio, ¡medía 15 metros y pesaba hasta 50 toneladas!
Epidexipteryx era el más pequeño; un adulto medía 25 cm y pesaba 150 gramos, como una bocha de hockey.

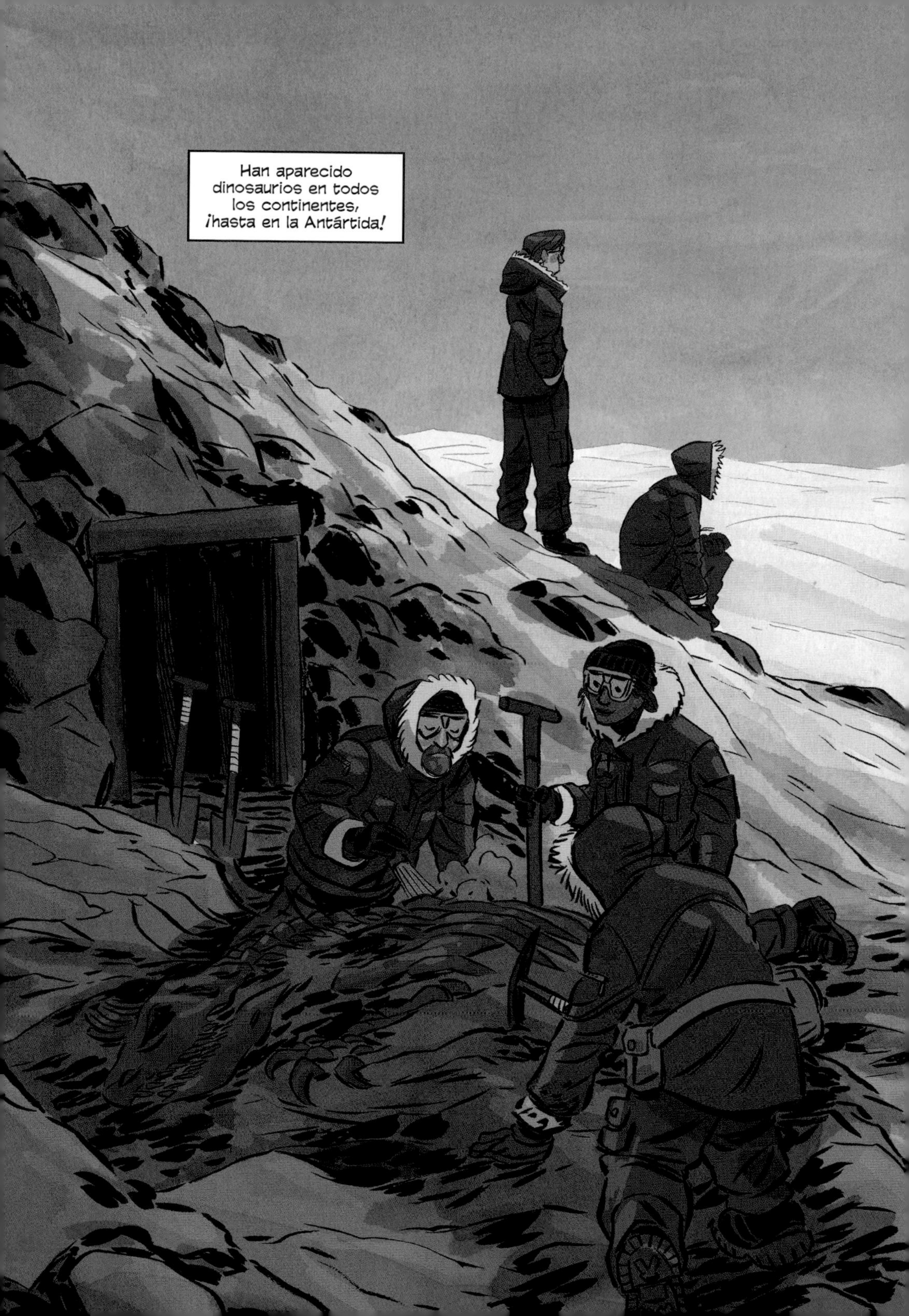
Han aparecido dinosaurios en todos los continentes, ¡hasta en la Antártida!

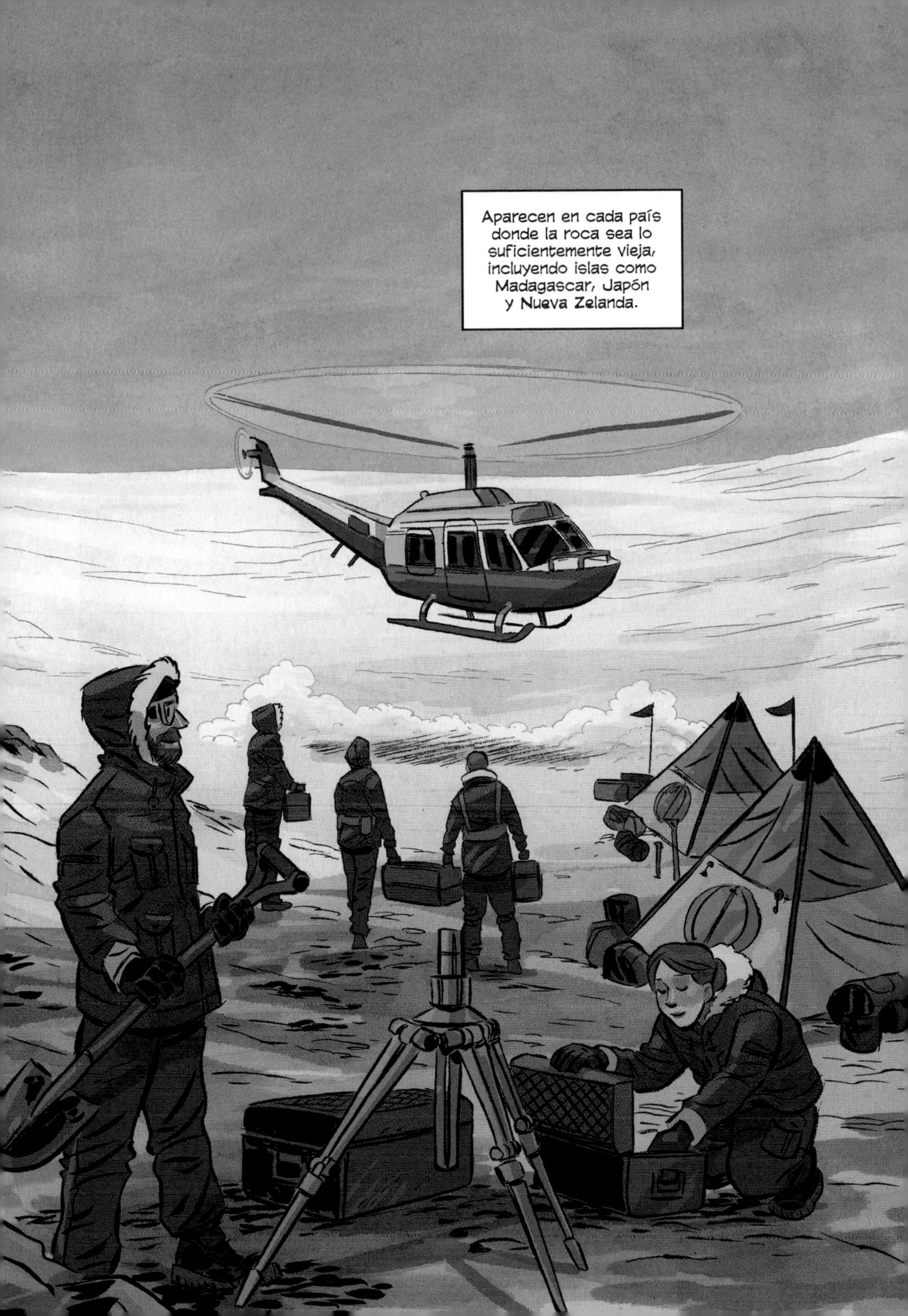
Aparecen en cada país donde la roca sea lo suficientemente vieja, incluyendo islas como Madagascar, Japón y Nueva Zelanda.

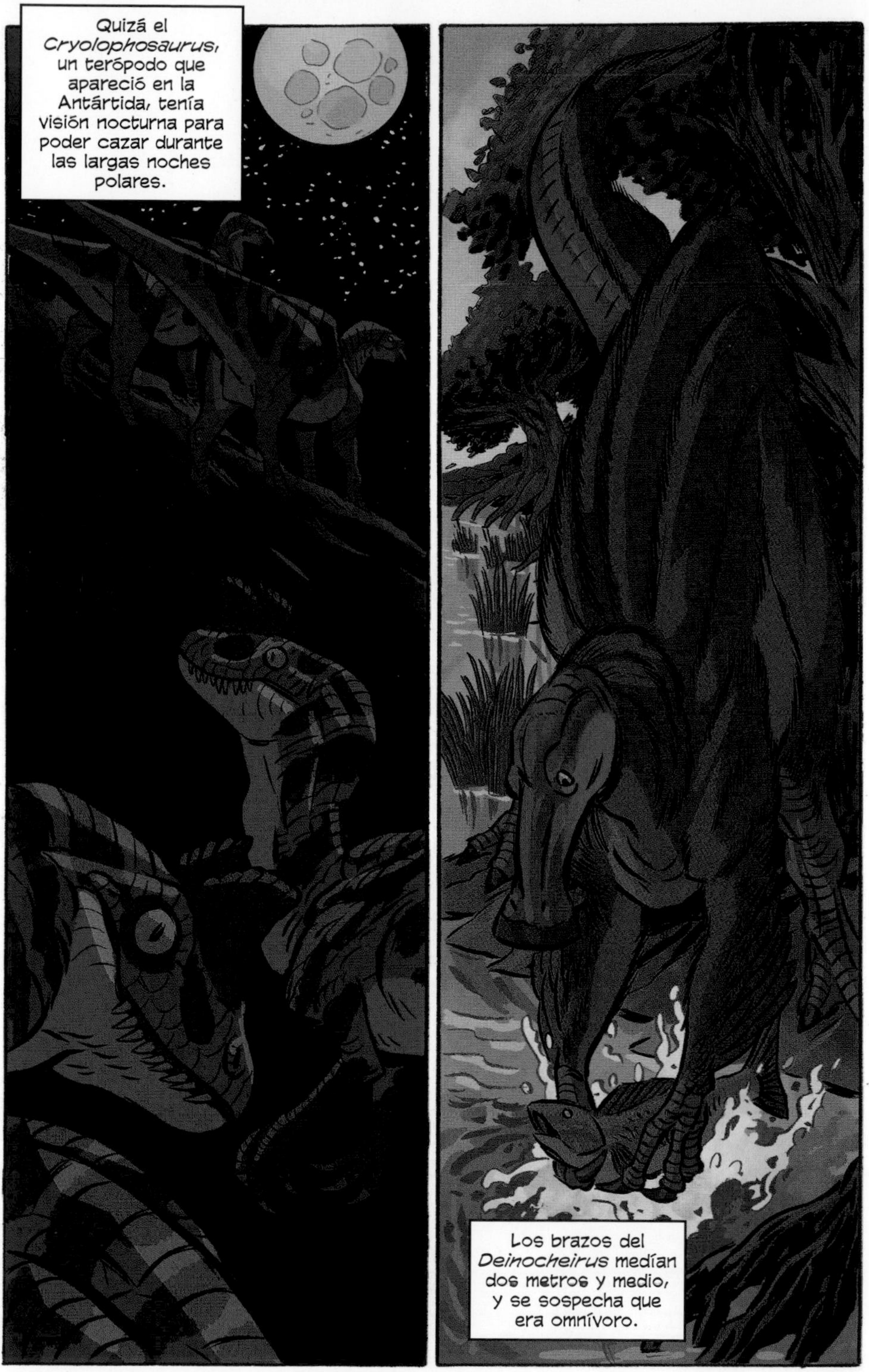
Quizá el *Cryolophosaurus*, un terópodo que apareció en la Antártida, tenía visión nocturna para poder cazar durante las largas noches polares.
Los brazos del *Deinocheirus* medían dos metros y medio, y se sospecha que era omnívoro.

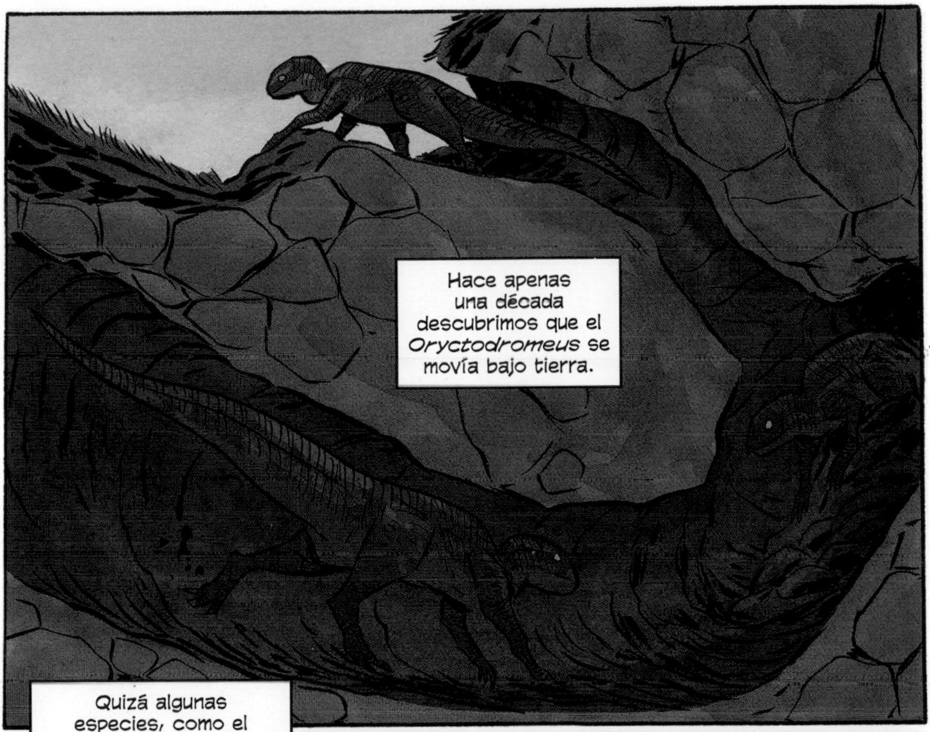
Hace apenas una década descubrimos que el *Oryctodromeus* se movía bajo tierra.

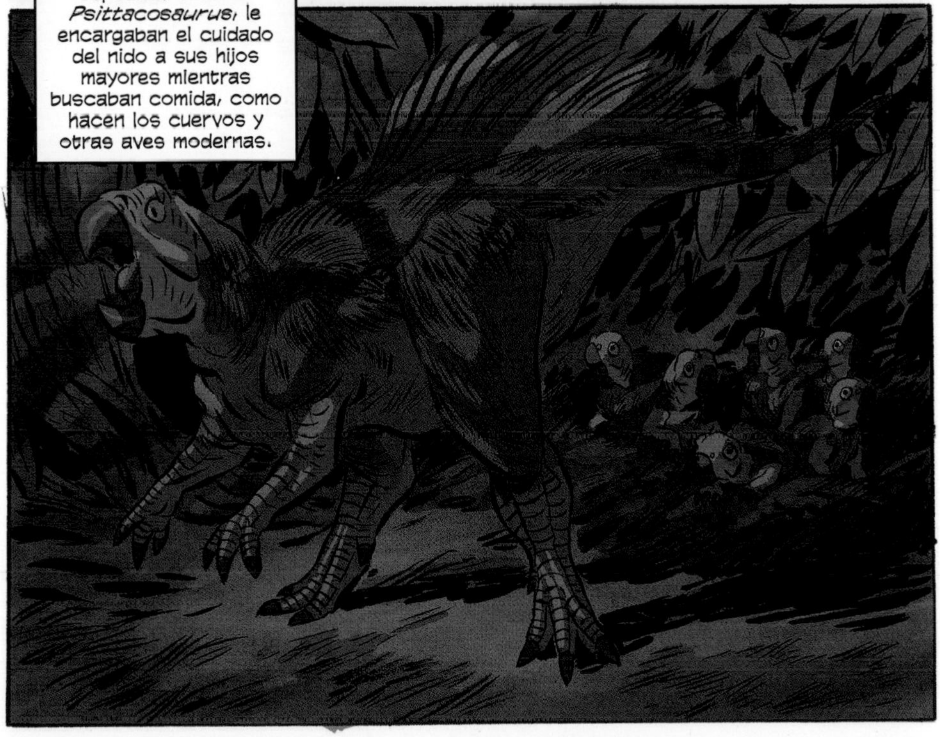
Quizá algunas especies, como el *Psittacosaurus*, le encargaban el cuidado del nido a sus hijos mayores mientras buscaban comida, como hacen los cuervos y otras aves modernas.

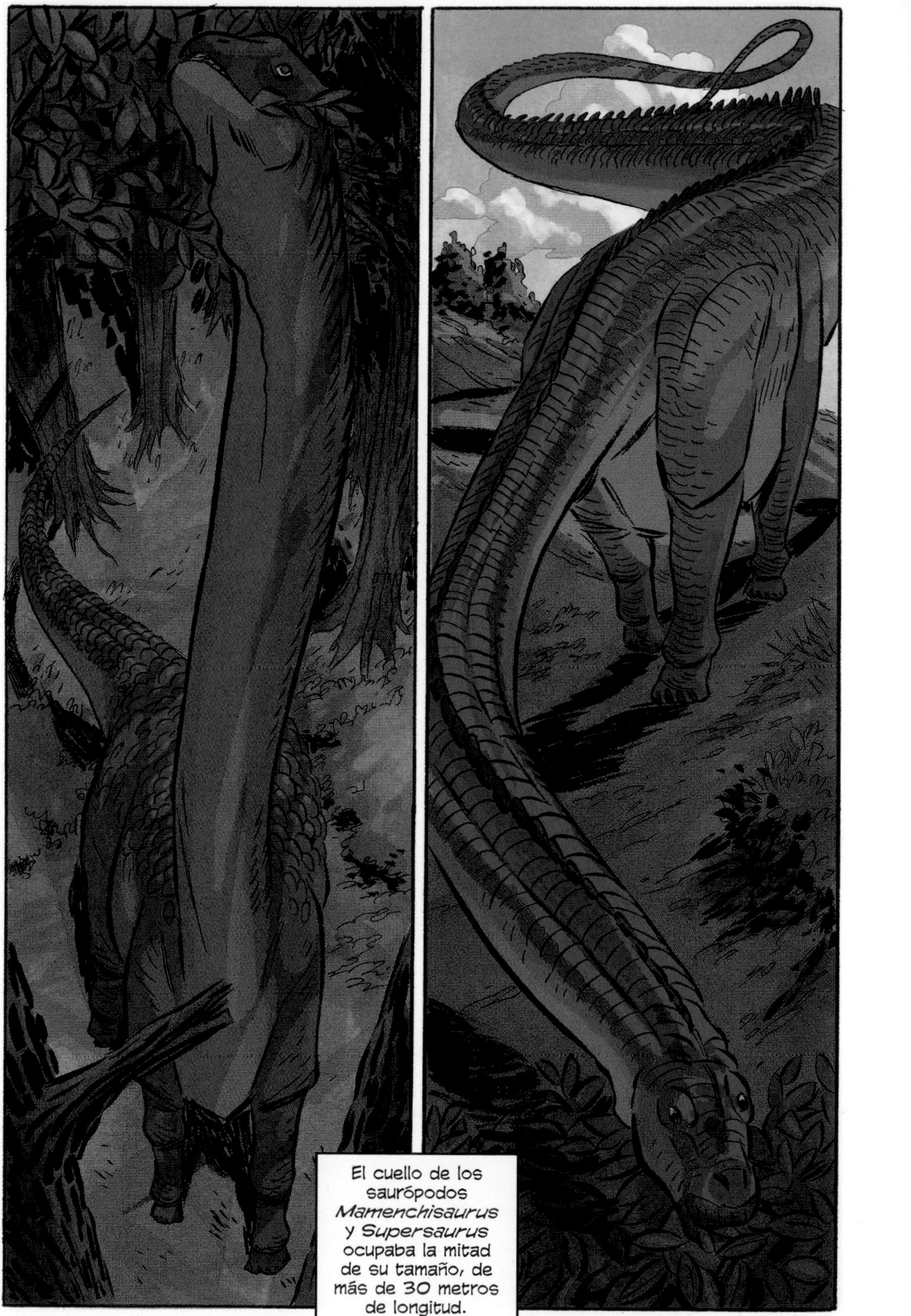
El cuello de los saurópodos *Mamenchisaurus* y *Supersaurus* ocupaba la mitad de su tamaño, de más de 30 metros de longitud.

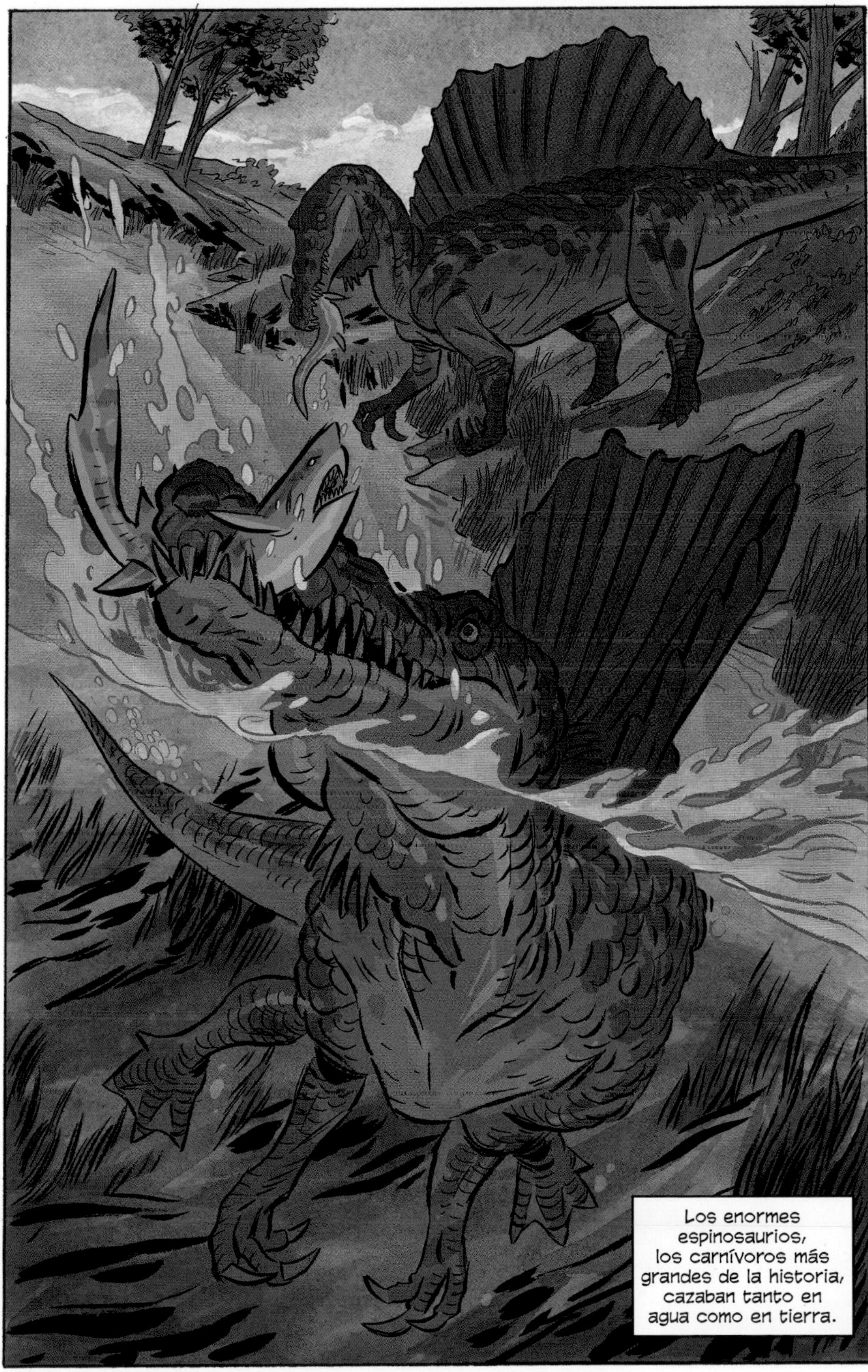
Los enormes espinosaurios, los carnívoros más grandes de la historia, cazaban tanto en agua como en tierra.

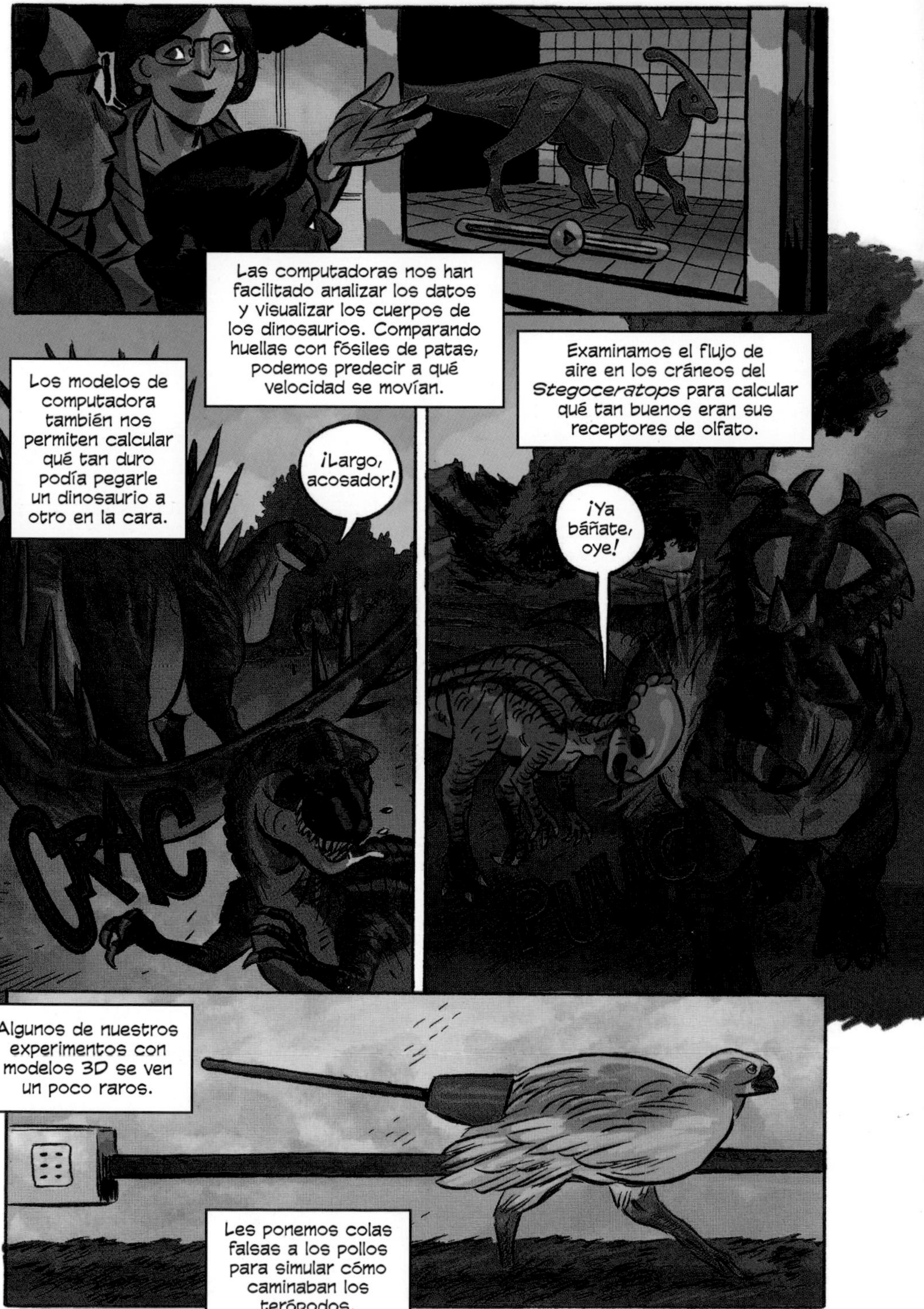
Las computadoras nos han facilitado analizar los datos y visualizar los cuerpos de los dinosaurios. Comparando huellas con fósiles de patas, podemos predecir a qué velocidad se movían.
Los modelos de computadora también nos permiten calcular qué tan duro podía pegarle un dinosaurio a otro en la cara.
¡Largo, acosador!
CRAC
Examinamos el flujo de aire en los cráneos del *Stegoceratops* para calcular qué tan buenos eran sus receptores de olfato.
¡Ya báñate, oye!
Algunos de nuestros experimentos con modelos 3D se ven un poco raros.
Les ponemos colas falsas a los pollos para simular cómo caminaban los terópodos.

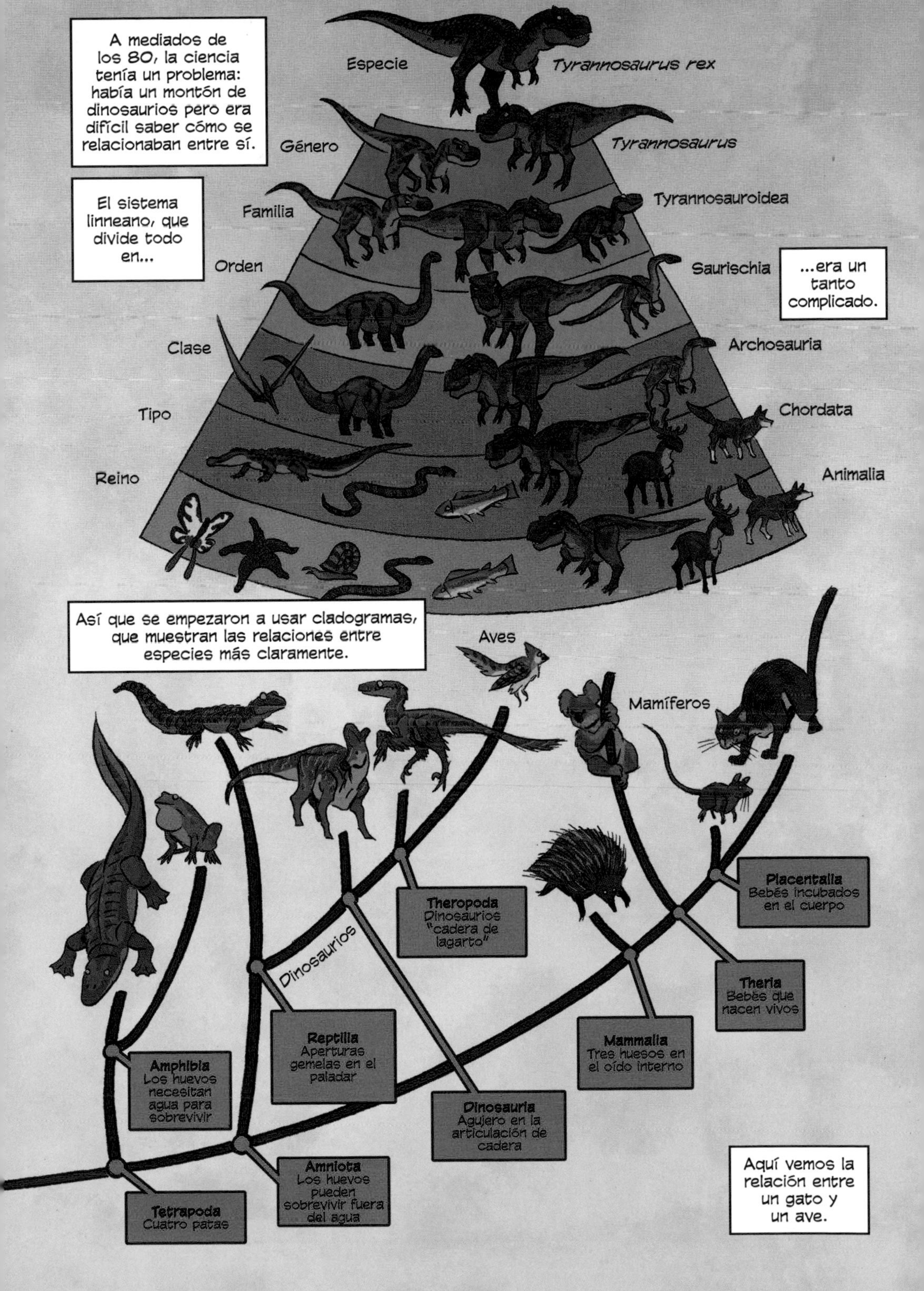

A mediados de los 80, la ciencia tenía un problema: había un montón de dinosaurios pero era difícil saber cómo se relacionaban entre sí.
El sistema linneano, que divide todo en...
...era un tanto complicado.
Especie
Tyrannosaurus rex
Género
Tyrannosaurus
Familia
Tyrannosauroidea
Orden
Saurischia
Clase
Archosauria
Tipo
Chordata
Reino
Animalia
Así que se empezaron a usar cladogramas, que muestran las relaciones entre especies más claramente.
Aves
Mamíferos
Dinosaurios
Placentalia Bebés incubados en el cuerpo
Theropoda Dinosaurios "cadera de lagarto"
Theria Bebés que nacen vivos
Mammalia Tres huesos en el oído interno
Reptilia Aperturas gemelas en el paladar
Amphibia Los huevos necesitan agua para sobrevivir
Dinosauria Agujero en la articulación de cadera
Amniota Los huevos pueden sobrevivir fuera del agua
Tetrapoda Cuatro patas
Aquí vemos la relación entre un gato y un ave.

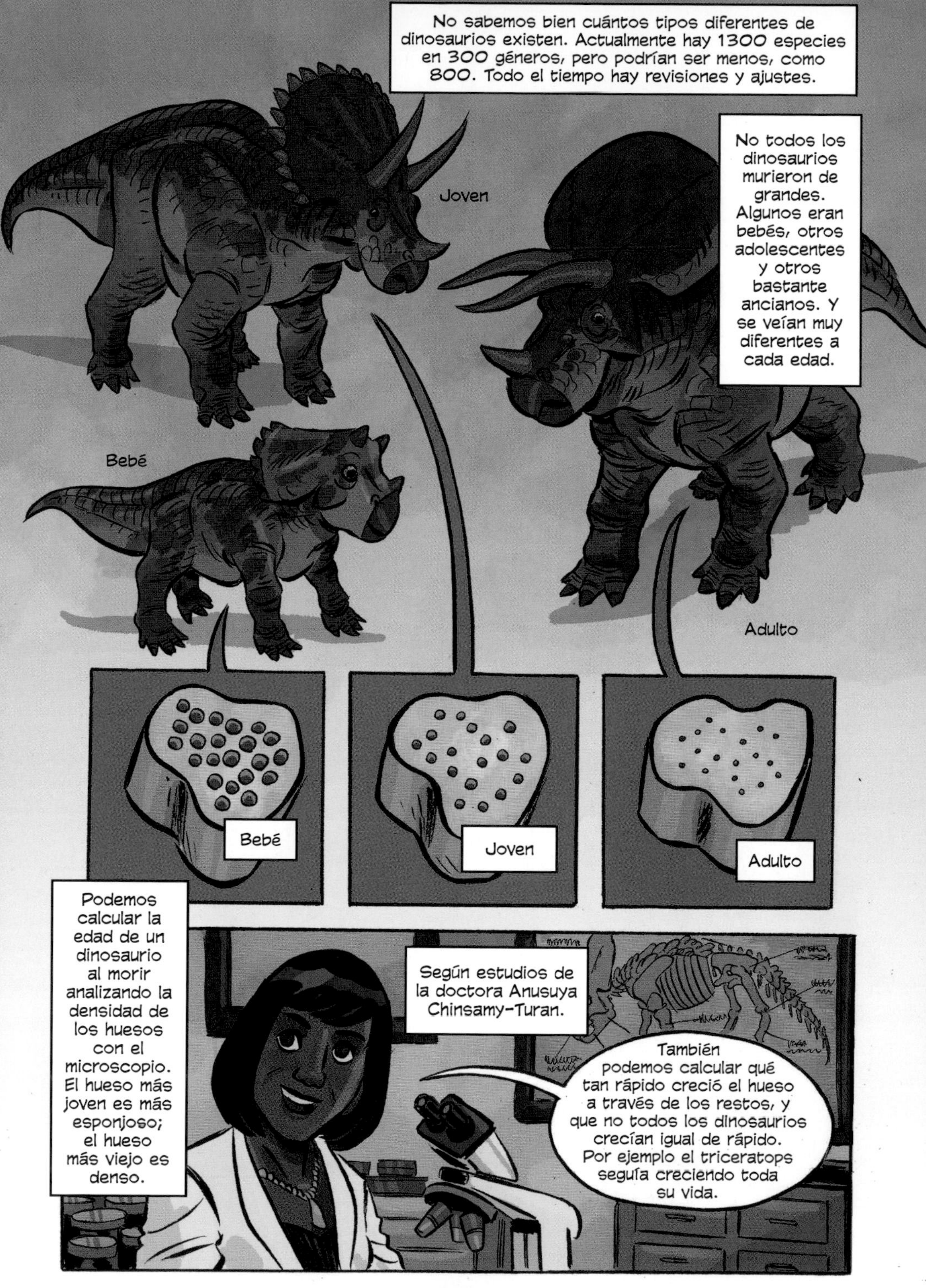

No sabemos bien cuántos tipos diferentes de dinosaurios existen. Actualmente hay 1300 especies en 300 géneros, pero podrían ser menos, como 800. Todo el tiempo hay revisiones y ajustes.

No todos los dinosaurios murieron de grandes. Algunos eran bebés, otros adolescentes y otros bastante ancianos. Y se veían muy diferentes a cada edad.

Joven

Bebé

Adulto

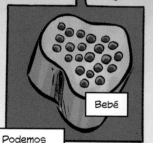

Bebé

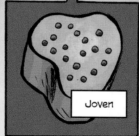

Joven

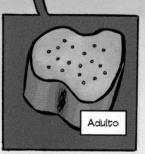

Adulto

Podemos calcular la edad de un dinosaurio al morir analizando la densidad de los huesos con el microscopio. El hueso más joven es más esponjoso; el hueso más viejo es denso.

Según estudios de la doctora Anusuya Chinsamy-Turan.

También podemos calcular qué tan rápido creció el hueso a través de los restos, y que no todos los dinosaurios crecían igual de rápido. Por ejemplo el triceratops seguía creciendo toda su vida.

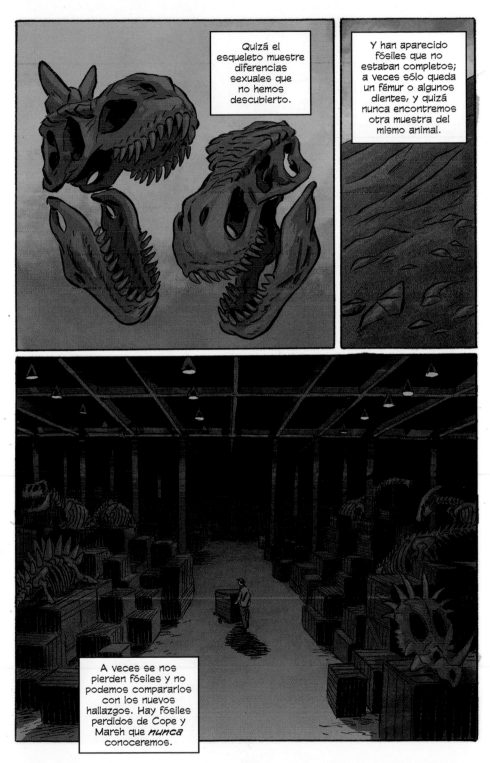

Quizá el esqueleto muestre diferencias sexuales que no hemos descubierto.

Y han aparecido fósiles que no estaban completos; a veces sólo queda un fémur o algunos dientes, y quizá nunca encontremos otra muestra del mismo animal.

A veces se nos pierden fósiles y no podemos compararlos con los nuevos hallazgos. Hay fósiles perdidos de Cope y Marsh que *nunca* conoceremos.

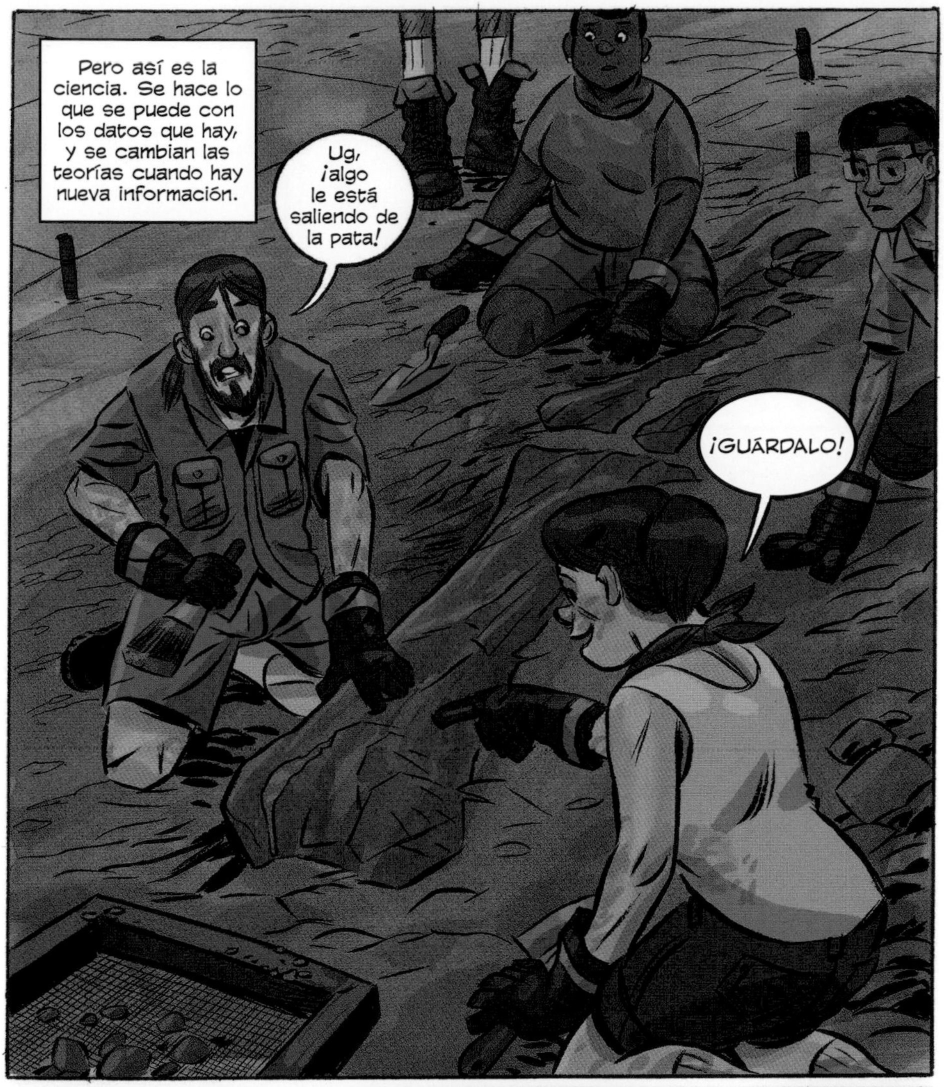
Pero así es la ciencia. Se hace lo que se puede con los datos que hay, y se cambian las teorías cuando hay nueva información.
Ug, ¡algo le está saliendo de la pata!
¡GUÁRDALO!

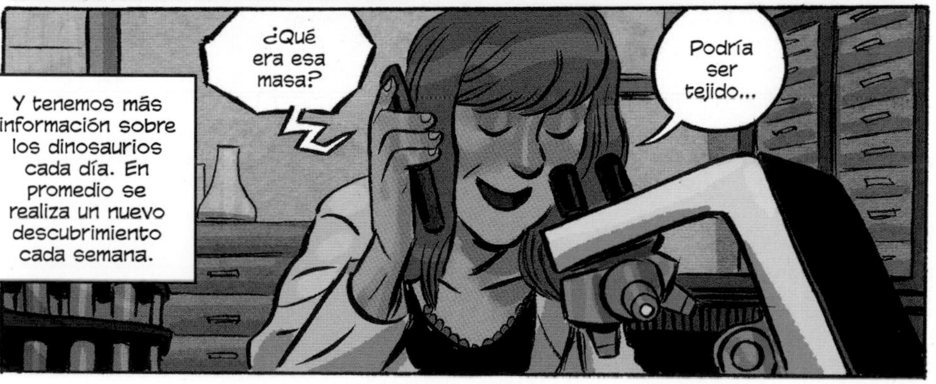
Y tenemos más información sobre los dinosaurios cada día. En promedio se realiza un nuevo descubrimiento cada semana.
¿Qué era esa masa?
Podría ser tejido...

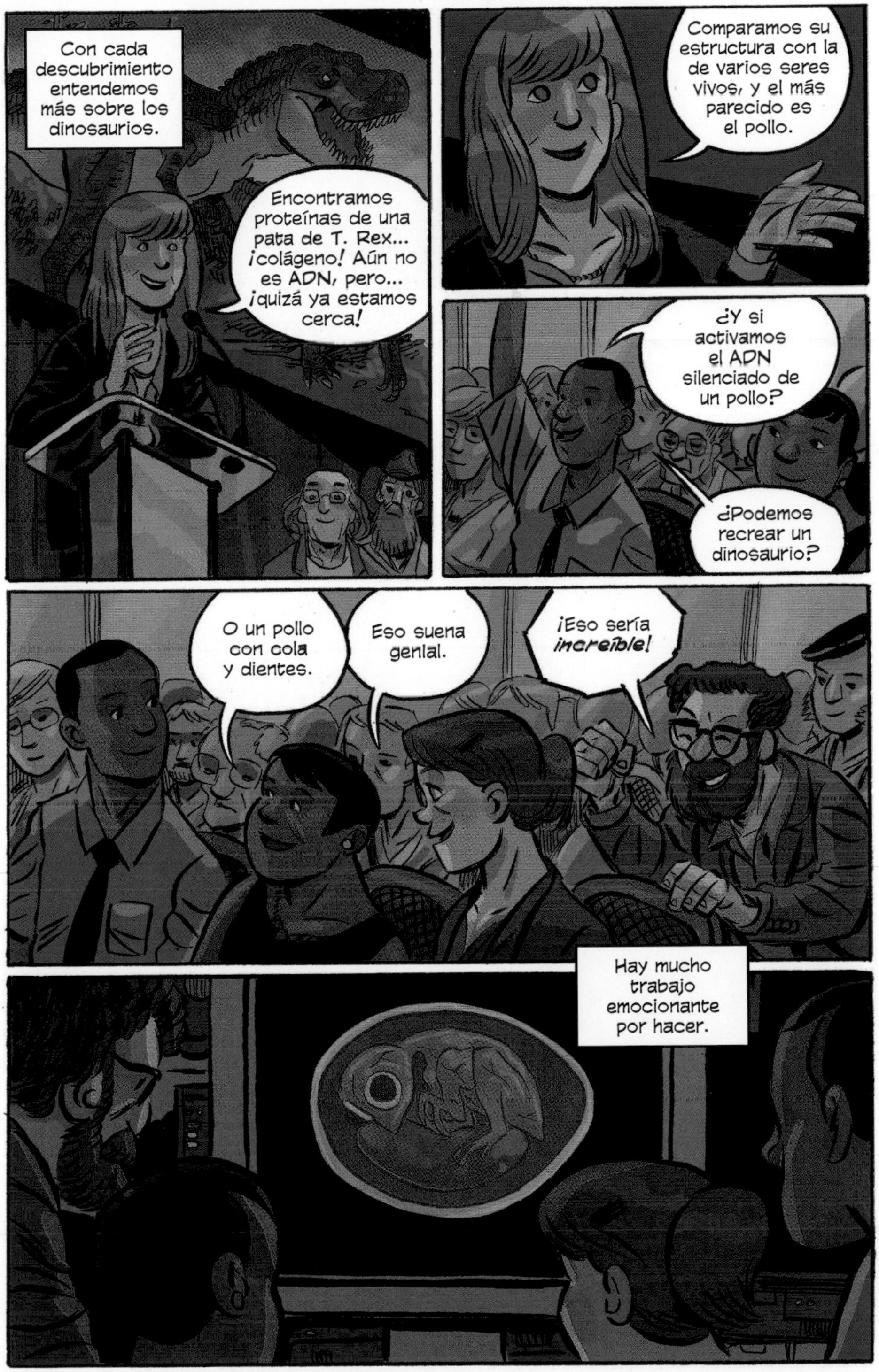
Con cada descubrimiento entendemos más sobre los dinosaurios.
Encontramos proteínas de una pata de T. Rex... ¡colágeno! Aún no es ADN, pero... ¡quizá ya estamos cerca!
Comparamos su estructura con la de varios seres vivos, y el más parecido es el pollo.
¿Y si activamos el ADN silenciado de un pollo?
¿Podemos recrear un dinosaurio?
O un pollo con cola y dientes.
Eso suena genial.
¡Eso sería *increíble*!
Hay mucho trabajo emocionante por hacer.

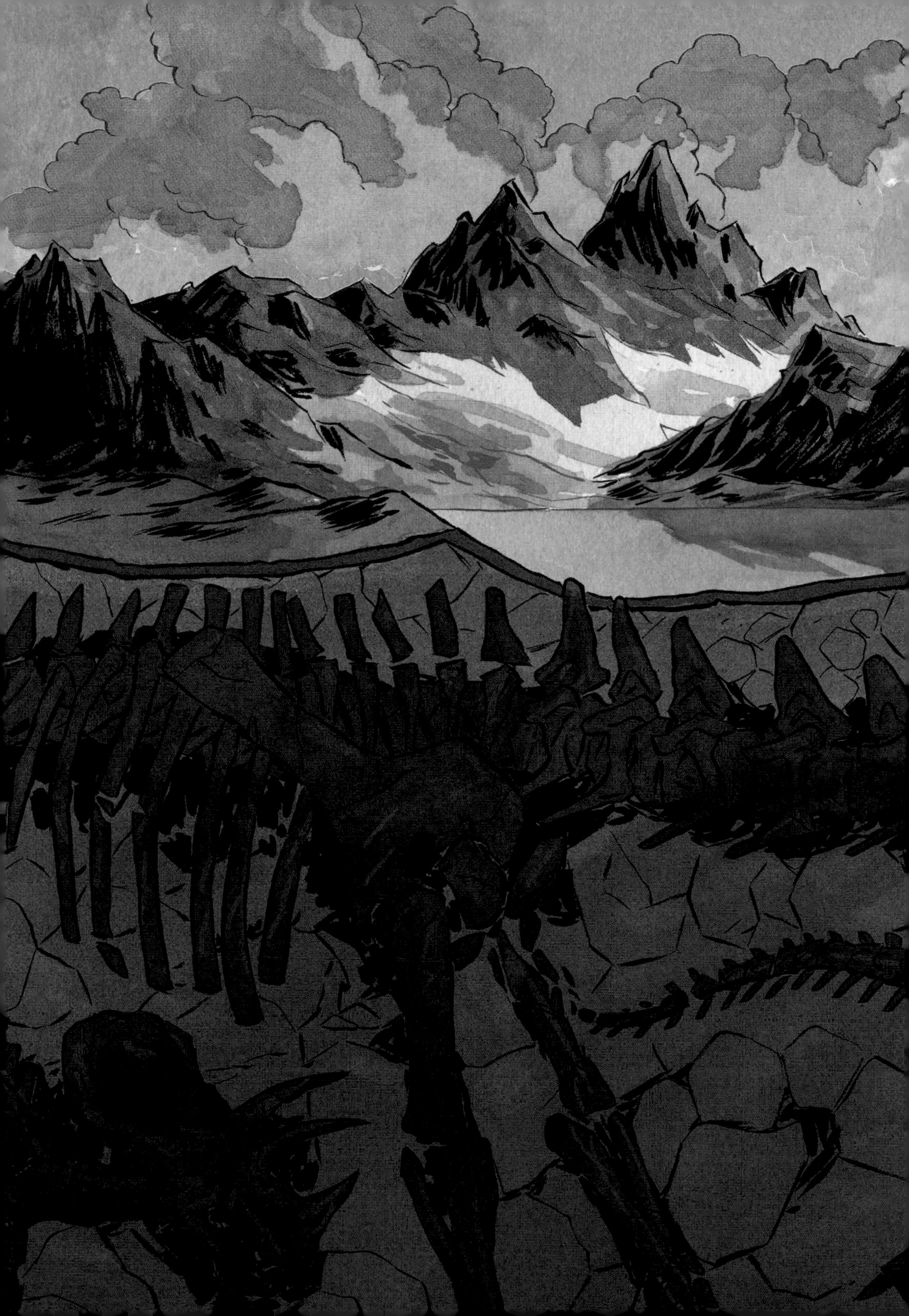

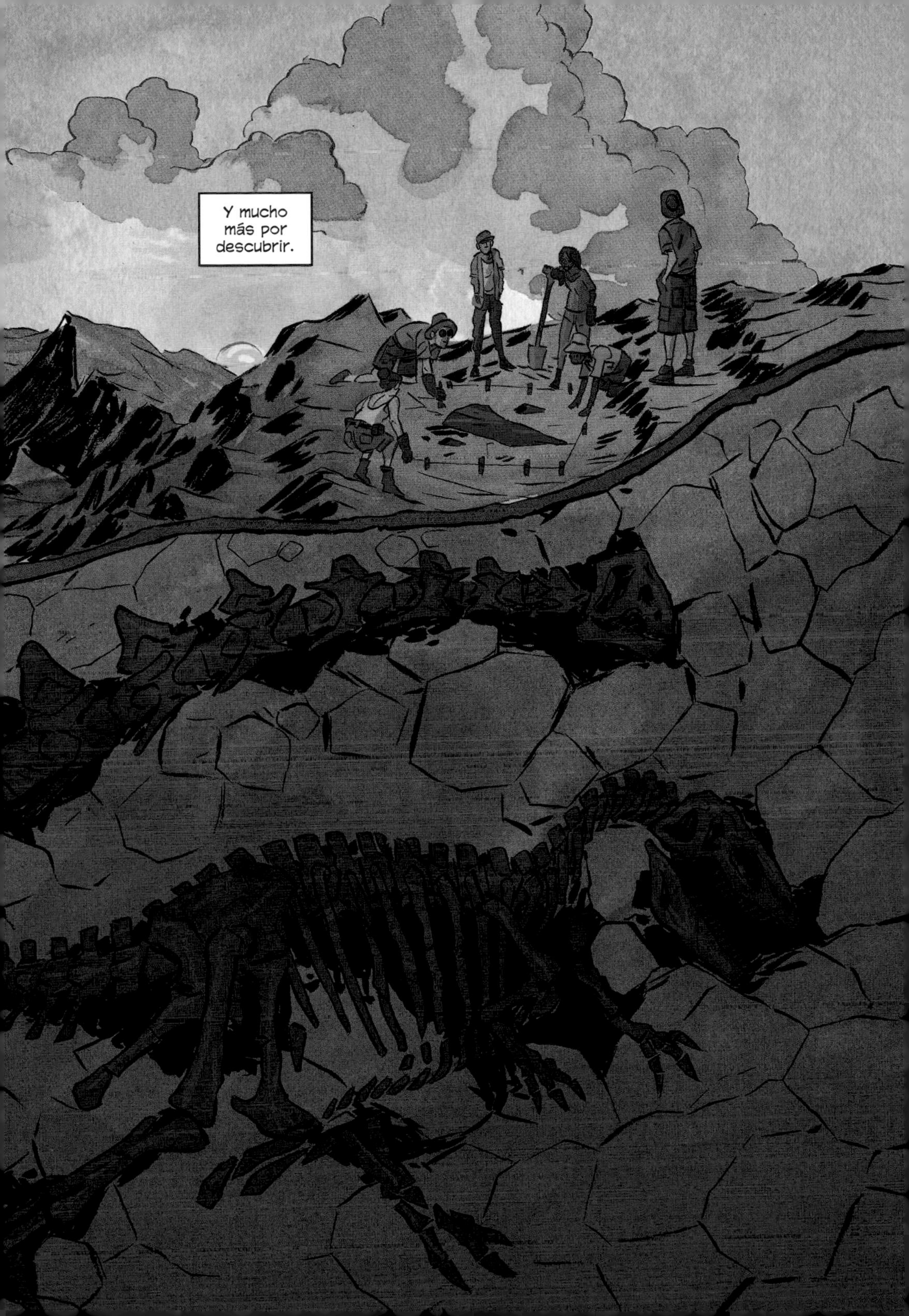
Y mucho más por descubrir.

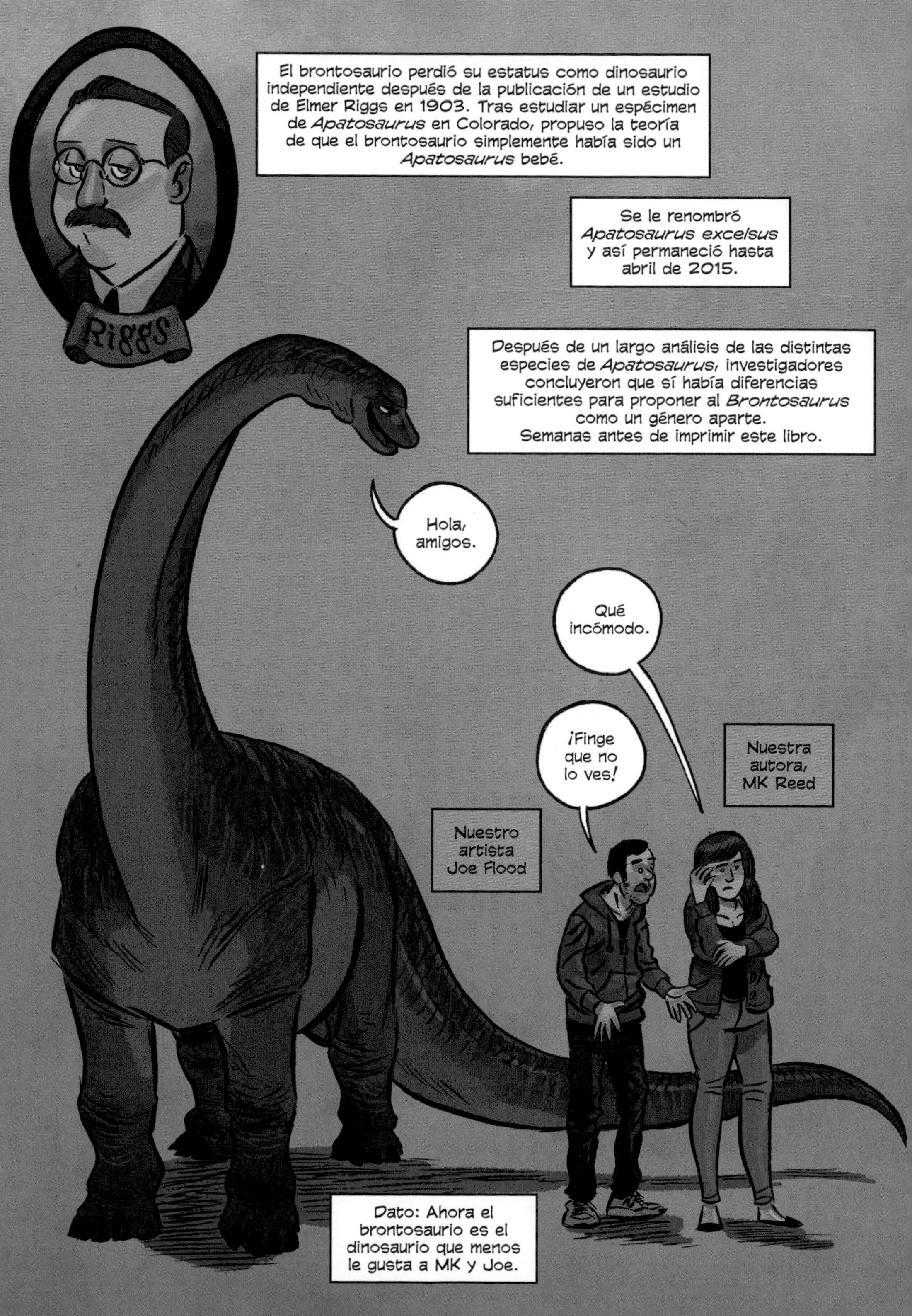

Riggs
El brontosaurio perdió su estatus como dinosaurio independiente después de la publicación de un estudio de Elmer Riggs en 1903. Tras estudiar un espécimen de *Apatosaurus* en Colorado, propuso la teoría de que el brontosaurio simplemente había sido un *Apatosaurus* bebé.
Se le renombró *Apatosaurus excelsus* y así permaneció hasta abril de 2015.
Después de un largo análisis de las distintas especies de *Apatosaurus*, investigadores concluyeron que sí había diferencias suficientes para proponer al *Brontosaurus* como un género aparte. Semanas antes de imprimir este libro.
Hola, amigos.
Qué incómodo.
¡Finge que no lo ves!
Nuestra autora, MK Reed
Nuestro artista Joe Flood
Dato: Ahora el brontosaurio es el dinosaurio que menos le gusta a MK y Joe.

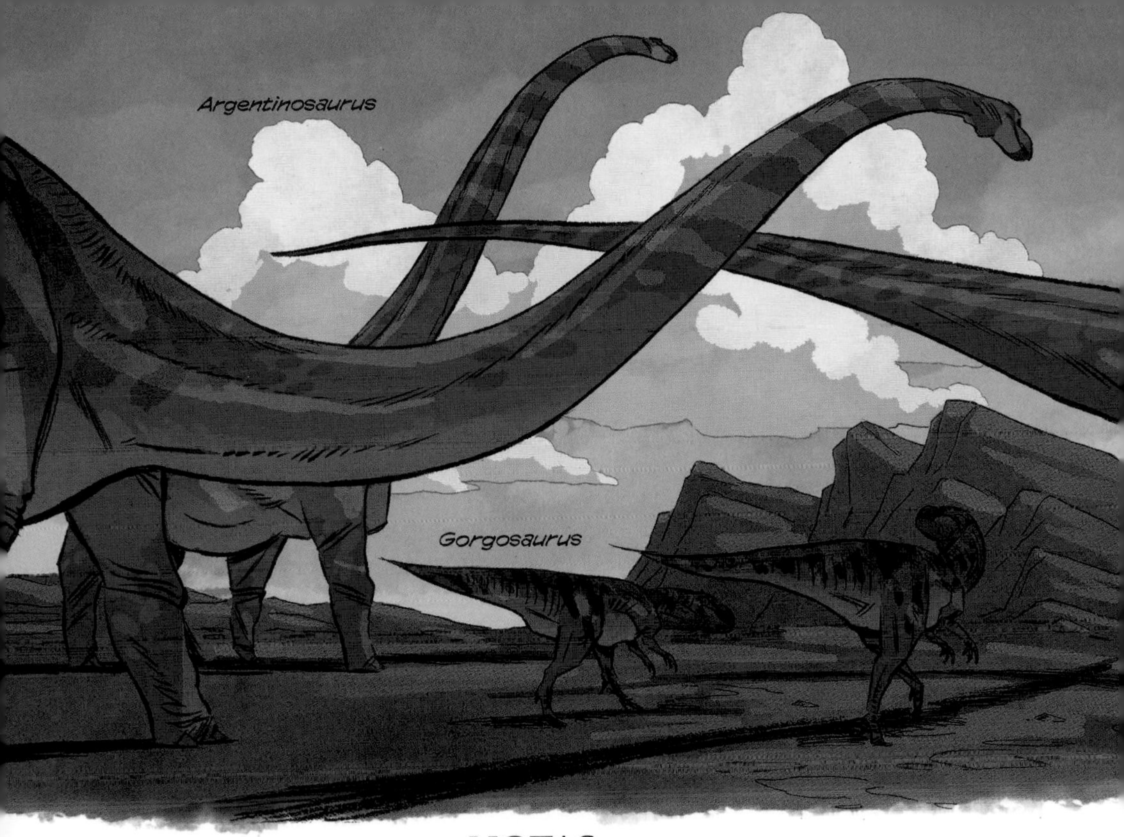
Argentinosaurus
Gorgosaurus

—NOTAS—

p. 34 Los plesiosauros ya no se consideran parte de *Ichthyosauria*.

p. 51 Aún se debate la validez de *Agathaumas* como género.

p. 51 El *Edaphosaurus* vivió entre el Carbonífero y el Pérmico (entre 275 y 300 millones de años atrás), 25 millones de años antes del Mesozoico, que es cuando vivieron los dinosaurios. Es anterior a los dinosaurios y los mamíferos, y es ancestro de ambos.

p. 59 El nombre original de este espécimen era *Archaeopteryx siemensii*, aunque se le suele recordar como "el espécimen de Berlín". Como *A. siemensii* fue registrado antes, *A. owenni* no cuenta.

p. 60 El libro sobre Odontornithes se consideró un desperdicio de dinero de los impuestos, lo que llevó a la expulsión de Marsh del Servicio Geológico de E.U. Todo un escándalo.

p. 65 Esta explicación es un poco simplista. Un isótopo de uranio se desgasta a un ritmo constante comparado con otro, y lo que realmente se mide es la diferencia entre ambos.

p. 70 El espionaje de Roy Chapman Andrews consistía sobre todo en reportar el clima político de los países que visitaba. Era más reportero que agente secreto, pero su vida fue parte de la inspiración para Indiana Jones. Chapman escribió varios libros sobre sus descubrimientos y aventuras, y en los 50 había cómics sobre él.

—GLOSARIO—

Aviano (dinosaurio)
Cualquier ave, ahora que sabemos que descienden de los dinosaurios.

Carnívoro
Animal que come carne.

Cololito
Materia fecal fósil conservada en los intestinos.

Coprolito
Excremento fosilizado.

Ectotermo
Animal que absorbe el calor de su entorno, también llamado "de sangre fría".

Endotermo
Animal que genera su propio calor, también llamado "de sangre caliente".

Estratos
Capas de sedimento que se pueden diferenciar por cambios en su color y textura a partir de la variación de sus materiales a través de miles de años.

Fósil
Un ser vivo o materia orgánica que dejó una impresión en la roca, o que se conservó en sedimento y se volvió roca después de mucho tiempo.

Herbívoro
Animal que come plantas.

No aviano (dinosaurio)
Cualquier especie de Dinosauria fuera del clado aves; cualquier dinosaurio que no sea un pájaro.

Omnívoro
Animal que come tanto carne como plantas.

Paleontología
El estudio de plantas y animales fosilizados.

Permineralización
El proceso que convierte tejido orgánico en fósil, a partir de la absorción de minerales y el endurecimiento.

Petrificación
El proceso por el cual la materia orgánica se endurece como piedra.

Sedimento
Polvo de tierra y rocas.

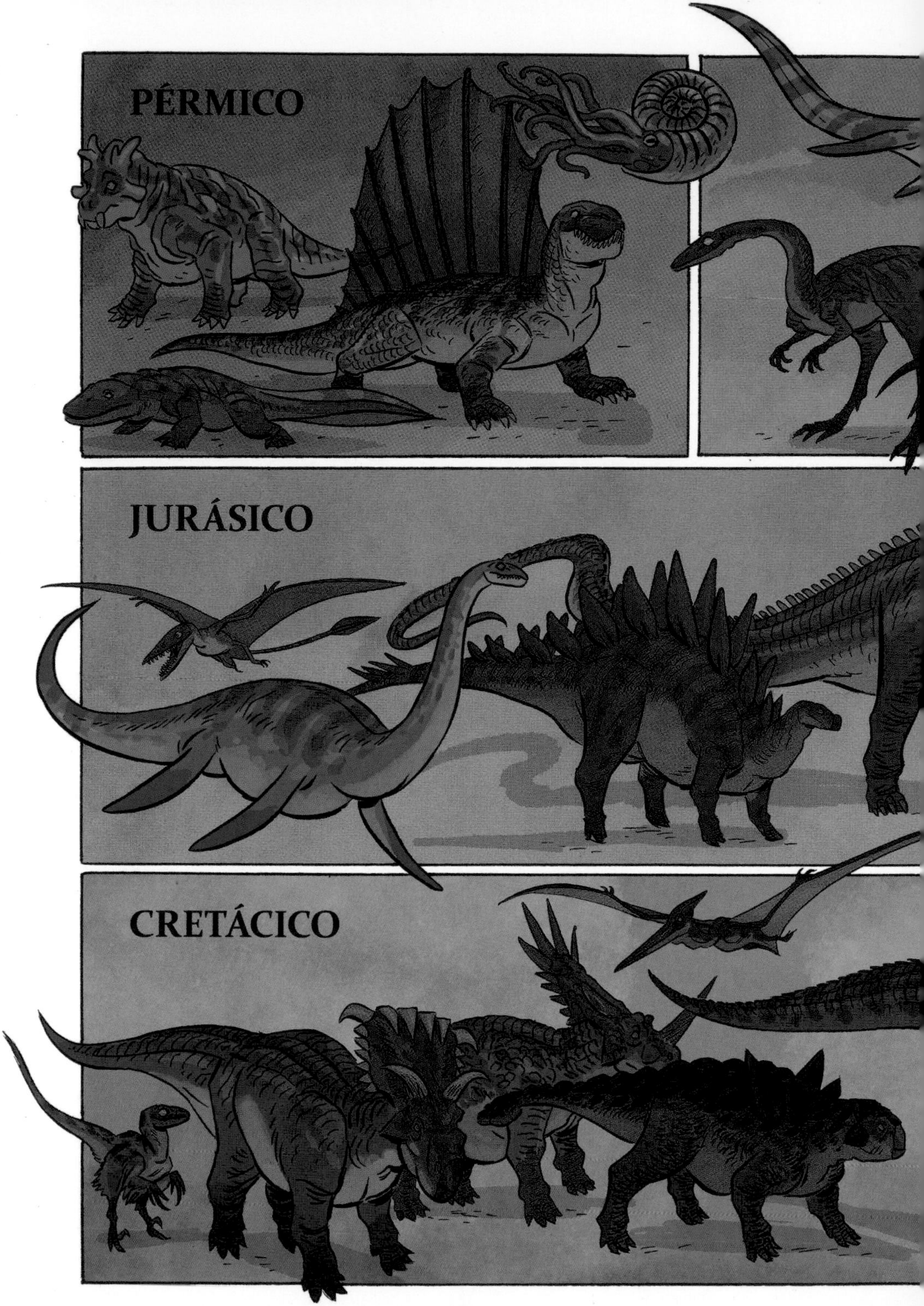
PÉRMICO
JURÁSICO
CRETÁCICO

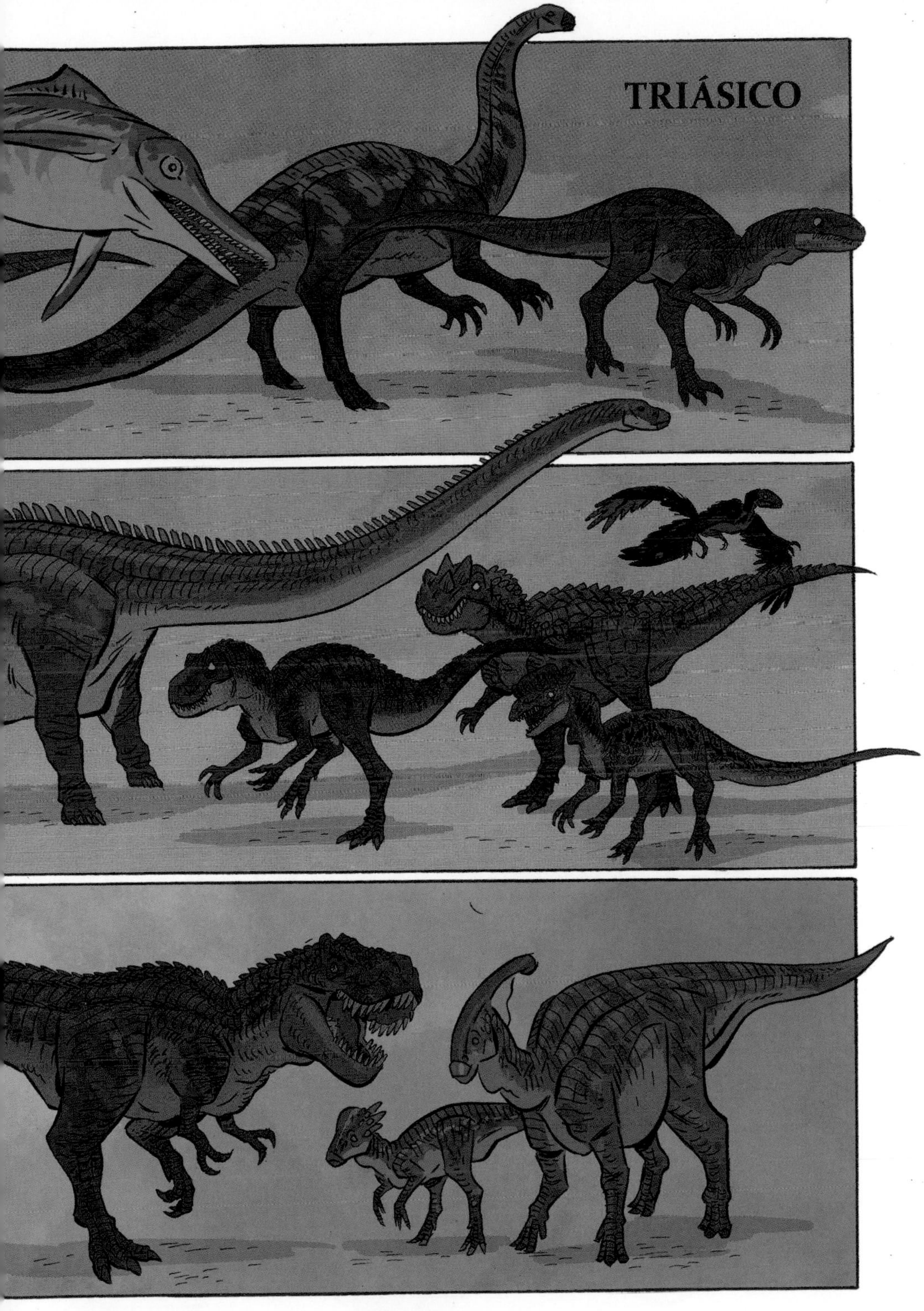
TRIÁSICO

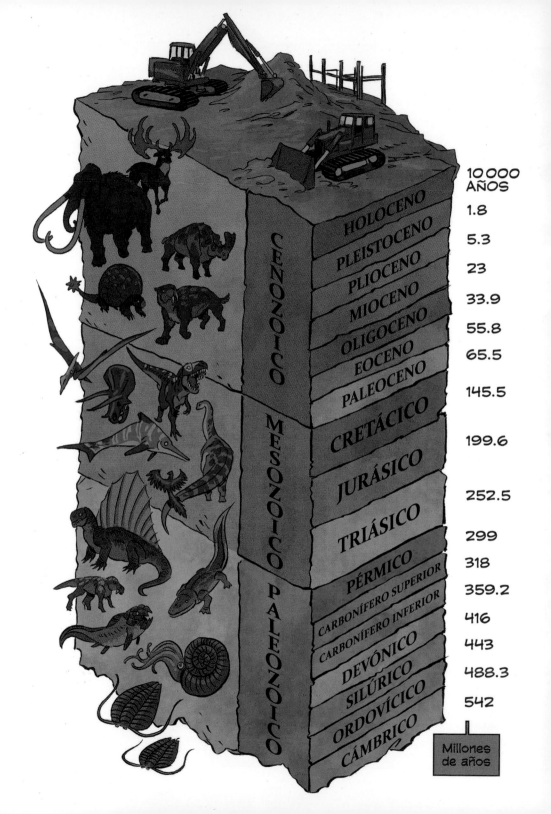

CENOZOICO

HOLOCENO   10 000 AÑOS
PLEISTOCENO   1.8
PLIOCENO   5.3
MIOCENO   23
OLIGOCENO   33.9
EOCENO   55.8
PALEOCENO   65.5

MESOZOICO

CRETÁCICO   145.5
JURÁSICO   199.6
TRIÁSICO   252.5

PALEOZOICO

PÉRMICO   299
CARBONÍFERO SUPERIOR   318
CARBONÍFERO INFERIOR   359.2
DEVÓNICO   416
SILÚRICO   443
ORDOVÍCICO   488.3
CÁMBRICO   542

Millones de años

—PARA LEER MÁS—

Long, John, *Dinosaurios*, Océano Travesía, México, 2008.

Murray, Lily y Chris Wormell, *Dinosaurium*, Océano Travesía, México, 2018.

Nouel-Rénier, Juliette, *Cómo descubrió el hombre que los dinosaurios reinaron sobre la Tierra*, Océano Travesía, México, 2009.

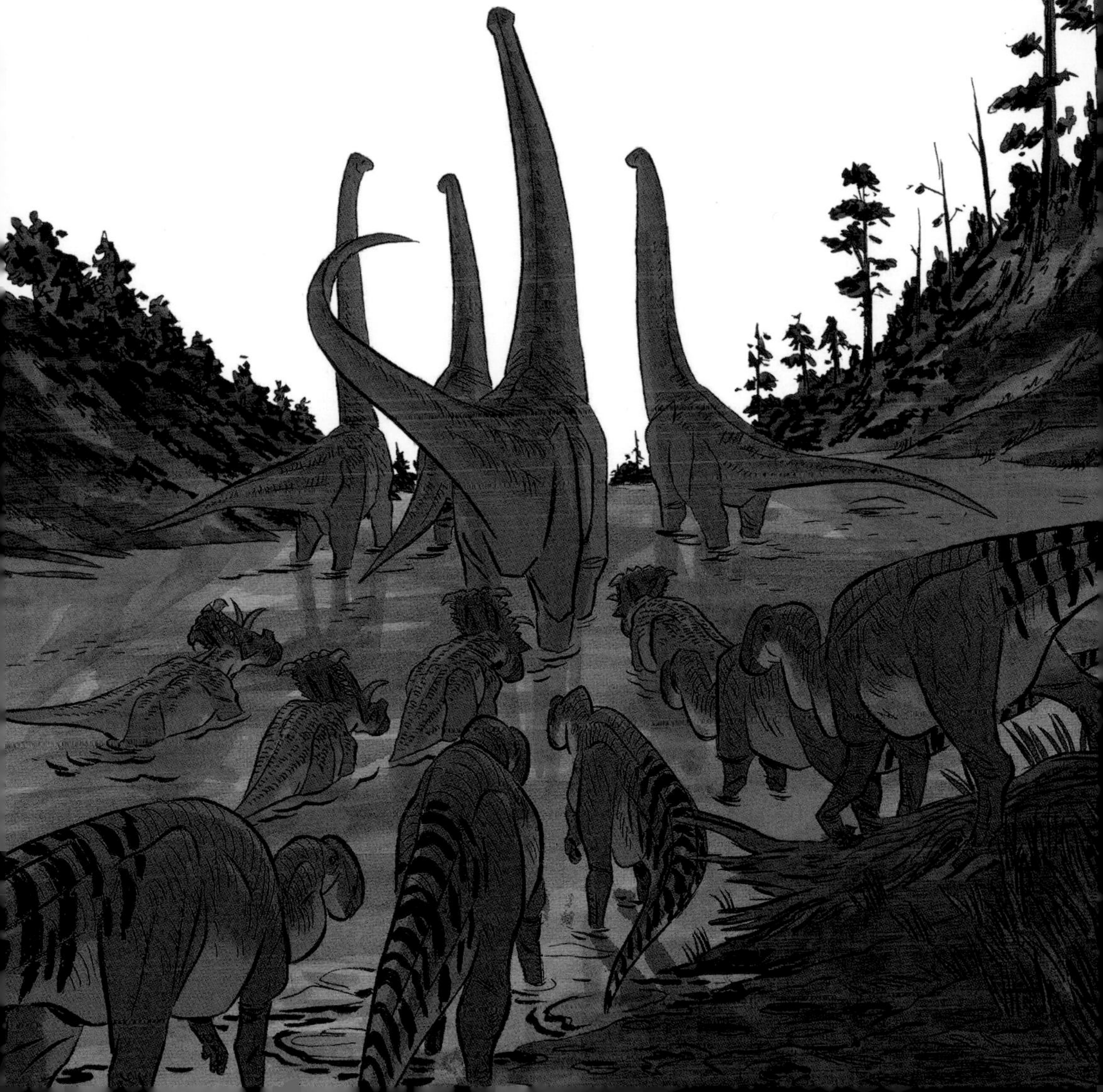